首都师范大学历史学院

中国近现代社会文化史研究中心主办

社会·文化与历史的思想交汇

中国现当代社会文化学术沙龙辑录（第二辑）

主　编◎梁景和

副主编◎黄胤英　芦　玮

社会科学文献出版社

SOCIAL SCIENCES ACADEMIC PRESS (CHINA)

目　　录

序

　　二十年来，我们一直从事社会文化史的研究工作。社会文化史涵盖的内容极为丰富，所以研究社会文化史要集中抓住某些具体内容进行研究。多年来，我们主要以婚姻、家庭、性别、性伦、娱乐等作为重点研究对象。在时间范围内，从晚清到民国，从中华人民共和国成立初期再到"文革"时期，再从改革开放初期到新世纪，均为我们研究思考的时段。我们感到，改革开放三十余年婚姻、家庭、性别、性伦、娱乐等生活现象，是多学科共同关注的研究对象，一直被历史学、伦理学、文学、社会学、法学、教育学、心理学、经济学、政治学、生物学、医学等诸多学科关注着。不同学科有不同学科的理论方法和规范，语言的表述和看问题的视角均有各自的特点。但不同学科对同一问题的认识和理解，也有本质的共通性：既要发现问题，又要阐释问题，还要解决问题，这就有了多学科对话的可能和需要。一门学科的问题域和理论方法视角，以及表述的方式，都会对其他学科产生影响，并受启示而被推进。基于这样的认识，面对当代的社会生活问题，我们愿意来一个多学科的大合作，对同一问题，进行多学科的对话交流和讨论，彼此得到对方的解惑和释疑，进而可以打开眼界，从它学科那里得到滋养。

　　正是基于这样的认识，我们开始组织系列学术讲座和沙龙活动。让关心社会文化的同仁们在这个学术讲座和沙龙的氧吧里，尽情地汲取养料。

　　我们于 2011 年以《社会·文化与历史的思想交汇》出版了

我们系列讲座和沙龙的第一辑。今天我们再把近期的讲座和沙龙整理编辑出版《社会·文化与历史的思想交汇》第二辑。本辑我们邀请了24位学者为主讲,其中历史学13讲,文学4讲,社会学2讲,艺术学1讲,法学1讲,其他3讲。学者的讲解中蕴藏着新颖和深刻的思想,并通过讨论进行对话,不但能碰撞出新的思想火花,而且有助于我们体味学术、理解人文、品尝一种探索性的生活。把这些讲题以及讨论的问题收集并编辑成册,闲暇阅读,或许能有意外的收获。

梁景和
2013 年 3 月 20 日修订

海外华文文学在中国学界的兴起及其意义

时间：2010 年 11 月 15 日下午 3：00 ~ 5：00

地点：首都师范大学校本部主楼 201 会议室

主讲人简介

饶芃子，女，暨南大学中文系教授，博士生导师，海外华文文学与华语传媒研究中心名誉主任，《思想文综》主编，现为中国世界华文文学学会名誉会长，世界华文文学联会副会长，中国比较文学学会副会长。著有《中西戏剧比较教程》《中西比较文艺学》《比较诗学》《世界华文文学的新视野》等著作。

梁景和（主持人）：

各位老师、各位同学，大家下午好！非常高兴能邀请到饶芃子老师来给我们作学术讲演。饶老师在文艺学、比较文学和海外华文文学教学与研究方面做了大量工作，特别是在海外华文文学研究方面，在海外华文文学界、学术界享有很高的声誉。饶老师曾多次主持这一领域的国际学术会议，并多次到国外进行学术交流和讲学。我们今天邀请饶老师作《海外华文文学在中国学界的兴起及其意义》的报告，让我们以热烈的掌声表示欢迎！

饶芃子（主讲人）：

谢谢首都师范大学社科处梁景和处长、中国女性文化研究中心王红旗主任的邀请，才有机会到贵校来作这样一个学术讲演。记得1995年我在中国人民大学有过一次学术讲演，题目是《海外华文文学的命名意义》，后经整理发表于1996年《文学评论》第一期上，受到学界同人的关注。今天，我讲演的题目是《海外华文文学在中国学界的兴起及其意义》，是想接着原先提出的问题继续"说"下去。因为近十五年来，这一领域的学术已有了长足的发展：论著、论文很多；还进入了大学课堂；一些大学高学位的博士点、硕士点已招收和培养了相当数量的研究生（如南京大学、苏州大学、暨南大学、福州师范大学、复旦大学等）。这一领域已经历了初创期（1982～1993）、拓展期（1993～2002），到世纪之交，进入相对成熟的阶段，即朝着学科化的方向前进。

在海外华文文学学科化的进程中，我对它那种特殊的文化形态和文学品质，以及由于它的兴起，对现有各文学学科的互动，特别是对世界性汉语文学观念的形成，有进一步的思考和认识，愿意借此机会就这方面的问题和大家进行对话、交流。

对海外华文文学的界定，学界曾有过几度的讨论，也有一些不尽相同的意见，但从近十几年这一领域所召开的全国/国际学术研讨会提交的论文看，多数人已有了共识，即认为海外华文文学是指在中国以外其他国家、地区用汉语进行写作的文学，是中华文化外传以后，在世界与各种民族文化相遇、交汇开出的文学奇葩。它在大陆学界的兴起与命名，是在20世纪70年代末、80年代初，从台港文学这一"引桥"引发出来的，后来作为一个新的文学领域，进入学界的研究视野。

海外华文文学命名之初，人们只是把它看作一个与本土文学有区别的新的研究对象，并没有认识到它的世界性和独立的学科价值，若干研究成果也未能突破对传统中国文学的理解和诠释。海外华文文学学科意识的萌发，是在 20 世纪 90 年代初，更具体地说，是在 1993 年 6 月，香港岭南学院现代文学研究中心和暨南大学中文系联合召开的"华文文学研究机构联席会议"上提出来的。那次会议，共有大陆和台港 20 个研究机构的学术带头人参加，与会代表在总结、交流经验的基础上，一致认为在新的历史文化背景下，应积极努力，促使其成为富有文学性独立价值的学科之一。之后，才有了学科理念的形成，有了学科建设的自觉性。

海外华文文学作为一种历史的存在，它在世界各国的诞生和发展并不同步，但都与我国"五四"新文学运动的影响有不同程度的关系，早的已有近百年的历史。我今天要讲的不是海外华文文学的发生史，而是学术史，它在中国学界被关注和对其进行研究的历史和意义。下面，我分两个层次来讲这个问题。

一　海外华文文学在中国学界的兴起

我国学者对海外华文文学的关注和研究，起始于 20 世纪 70 年代末、80 年代初，是在我们国家实行改革开放政策之后。首先关注这一领域的是广东、福建等沿海地区的学者，他们早期关注的是中国大陆以外的台港文学，海外华文文学是在台港文学"热"中引发出来的。我之所以把海外华文文学在学界的兴起定位在 20 世纪七八十年代之交，是以下列标志性的事例为依据的。其中之一：1979 年，广州《花城》杂志创刊号刊登了曾敏之先生撰写的《港澳与东南亚汉语文学一瞥》，这是中国大陆文学界第一篇介绍、倡导关注本土以外汉语文学的文章。其中之二：1979 年，北京《当代》杂志刊登了白先勇的短篇小说《永远的尹雪艳》，这是国内文学杂志早期发表的美籍华人作家写的小说之一。该作品语言精练、意蕴丰富，且运用了反讽、象征、意象等多种艺术手法，成功塑造了一个从大陆到台湾的名交际花尹雪艳，那是一个与历史上的名妓、交际花完全不同的带有魔性的美丽女人，通过她和她芬芳、雅致的"尹公馆"，展现台湾社会的"众生相"——一群在历史转弯时堕落在人生泥沼中徒然打滚的人。通过他们围绕着尹雪艳这个"总是不老"的"美丽死神"，自娱，挣扎，走向衰败和死亡，展现出一个与中国内地完全不同的特殊的文学空间。对此，文坛与读者都反响强烈。

白先勇是台湾旅美作家，小说《永远的尹雪艳》的题材是取自台湾社会的生活，而且首先刊登在 1965 年台湾的《现代文学》第 24 期上，虽然这篇小说写于 1965 年，是白先勇到美国以后创作的，应属于美华文学或旅美留学生文学，但因当时"海外华文文学"尚未命名，学界同人均把它当作台湾文学看，并由此发端引出了对"台湾文学""香港文学"的关注，特别是从事中国现当代文学研究的学者，有感于以往的中国现当代文学史中"台港"文学的"缺席"，为填补这一"空白"，很快就在学界掀起台港文学的评介、研究热潮，而且于1981 年 3 月，中国当代文学学会就成立了分支机构"台港文学研究会"。

为推动此项研究，1982 年 6 月，由中国当代文学学会台港文学研究会、厦门大学台湾研究所、福建社科院文学研究所、福建人民出版社、中山大学、华南师范大学、暨南大学中文系等多个单位，在暨南大学联合举办首届"台港文学讨论会"。1984 年，继续在厦门大学举办第二届"台港文学讨论会"。这两次会议的讨论对象都是香港文学、台湾文学，虽有个别海外的学者和作家参加，但未见有提交海外华文文学方面的论文，先后出版的两本会议论文集，也都命名为《台湾香港文学论文集》。

1986 年由深圳大学牵头，联合北京大学、中山大学、暨南大学、华南师范大学等国内多所大学和研究机构，在深圳举办第三届"台港文学讨论会"，海外与会作家较多，如美国的陈若曦、於梨华、非马和东南亚的一些诗人和作家，还有少数学者，如当时在美国加州大学任教的陈幼石教授等，提交研讨会的论文中有 15 篇是研究海外华文作家作品的，因此陈幼石教授对研讨会原来的名称提出质疑，会议更名为"台港与海外华文文学讨论会"。从此，"海外华文文学"得以在研讨会上命名。但由于历史原因和地区的特殊性，中国的台港文学与海外华文文学确有若干粘连和切不断之处，因台港两地的作家经常进出国门，和各国华文作家关系密切；海外华文作家中有不少是从台港地区移民出去的，与这两个地区的文化、文学有割不断的联系，文学形态也有许多相似之处。兼之原先会议的讨论对象是台港文学，所以更改后研讨会的名称依然是台港文学为"主"，海外华文文学为"宾"。尽管如此，第三届研讨会名称的变更，"海外华文文学"的正式命名，学术上的意义不可低估，其创意在于：学界的关注点已从台港文学扩展到海外各国的华文文学，并且在思想上认识到台港文学和海外华文文学的差异性。此后，海外华文文学逐步进入大陆文学研究者的视域。

1988 年在上海复旦大学举办了同名的第四届研讨会。1991年 7 月，紧接着香港作联、《香港文学》、香港联合出版集团、岭南学院等单位在香港召开"世界华文文学研讨会"之后，广东省社会科学院在广东中山市举办第五届研讨会。由于有澳门笔会理事长陶里先生带领的五位澳门文学界的代表参加，并提交有关澳门文学的论文，于是会议又更名为"台港澳暨海外华文文学国际学术研讨会"。至此，大陆本土以外过去被忽略的华文文学"空间"都被清晰地显现出来，成为大陆学者的研究对象。

从海外华文文学学科意识的萌发、孕育、形成历史看，第五届国际学术研讨会有值得注意之处。一是该次研讨会是紧接着香港"世界华文文学研讨会"召开的，有多个国家、地区的海外华文作家、学者参加，在研讨中，海外华文文学的问题成了讨论的一个"热点"，如东南亚各国华文文学的生存与发展、中华文化与海外华文文学的关系等问题，就备受关注；二是在第五届会议所提交的论文中，出现了三篇以"世界华文文学"为题的论文，它们分别是许翼心的《世界华文文学的历史发展与多元格局》、赖伯疆的《世界华文文学的同质性和异质性（摘要）》和王润华的《从中国文学传统到海外本土文学传统——论世界华文文学之形成》。这三篇论文从不同的方面论述了如何从总体上认识、把握世界华文文学的问题。

之后，1993 年 8 月在江西庐山召开的第六届研讨会上，学者们有感于世界范围内的"华文热"正在升温，汉语文学日益成为一种世界性的文学现象，它同英语文学、法语文学、西班牙语文学、阿拉伯语文学一样，在世界上已形成一个体系，是一种跨国别的语种文学，许多国家也已先后成立了华文文学的机构。于是经过酝酿，大家一致同意将研讨会名称更改为"世界华文文学国际研讨会"，并成立了"中国世界华文文学学会筹委会"，选举曾敏之先生为筹委会主任，张炯先生和本人为筹委会副主任。

研讨会名字的更改和"筹委会"的成立，意味着一种新的学术观念在汉语学界出现，即：人们认识到汉语文学不只是中国的文学，而且是世界性的语种文学之一，应建立世界华文文学的整体观。也就是说，无论是研究海外文学还是中国文学，都要从人类文化、世界文学的基点和世界汉语文学总体背景来考察。尽管此前在香港召开的"世界华文文学研讨会"，就已启用"世界华文文学"这一概念，研讨会的主题就是"世界华文文学与华文文学世界"。会议主持人刘以鬯先生在会上还明确提出：华文文学发展到今天，已进入了一个新的阶段，世界华文文学是一个有机的整体，很应该加强这一"世界"内部的凝聚力，把世界华文文学作为一个整体来推动。但当时内地学界对此尚未有明确的认识。所以第六届研讨会的收获和创意在于：通过讨论，学者们已认识到在华文文学研究中应有一种更为博大的世界华文文学整体观，这是认识上的提升，也标志着这一领域新的学术理念的形成。

经过八年的艰苦努力，2002 年 5 月，"中国世界华文文学学会"获国家民政部批准，在暨南大学召开成立大会，从此结束了学会的"史前史"阶段。学会的成立，不仅有助于加强自身的凝聚力，吸引更多学人参与，而且有助于吸引对这方面有兴趣的年轻学者更早地关注和尝试进入这一领域，对促进世界范围内华文文学的交流、互动，也有十分重要的意义。

在江西庐山会议之后，我们又分别在云南玉溪、江苏南京、北京、福建泉州、广东汕头、上海浦东、山东威海、吉林长春、广西南宁、湖北武汉召开了第七至第十六届国际研讨会，有关学科建设的一些基本理论问题不断被提出来加以讨论。

回顾海外华文文学"兴起"以来的这个过程，就大的学术论题而言，这个领域经历了海外华文文学"空间"的界定，世界各个国家、地区海外华文文学历史状态和区域性特色的探索，海外华文文学与中华文化关系探源，如何将海外华文文学进行整合研究，如何撰写"史"——从文化上、美学上探讨这一领域各种特殊的理论问题（如文化认同、文化身份、族裔经验与文化想象、历史隐喻与个人传奇，以及这一领域各种相关文学母题的研究），显示出这一新兴学科的学术生机和创造力。

以上，是我所了解和经历的海外华文文学在中国学界"兴起"以来的历史进程。从学术层面看，学界同人对学科建设与方法论的选择等问题的研讨已有一种可贵的学术自觉，但这种自觉必须转化为系统的、有深度的学术成果，为这一领域的学科建设奠基。

目前，从学科建立看，我们尚处于"达而未达"的尴尬状态，所谓"妾身身份未明"，也就是处于"无名"状态。但我相信，这只是暂时状态，因为 2009 年暨南大学文学院已成功申报教育部"研究生教育创新计划项目"——"海外华文文学与诗学"全国博士生学术论坛。据我所知，这是教育部批准的第一个这一领域的论坛，这就说明，海外华文文学作为一个学科已进入教育部的视野。兼之，由本人和杨匡汉教授主编的《海外华文文学教程》及其配套的四卷《读本》，也已于 2009 年 7 月正式出版，并为许多高校所使用。所以，只要学界同人继续努力，从"无名"到"有名"，是可以和能够达到的。

二 海外华文文学兴起的学科意义

学术史上许多学科在形成过程中的经验说明，学术研究如没有终极目标，就很难探得其本真的意义。因此，把握海外华文文学这一特殊文学空间的根性和特性，探讨这一领域给人们提供了何种新的学术思维，是关系到它是否能够作为一个学科存在的科学性问题。也就是说，从学科建立的角度，我们还要进一步追问：作为一个新的文学学科，它从哪些方面表现了人类生存的独特方式？有哪些是别的学科所不能取代的？它对原有各文学学科有何补充、推动和影响？关于这些问题，我以自己的认识作如下的回应。

1. 海外华文文学的兴起为我们展现了一个特殊的汉语文学空间

作为一个汉语文学空间，海外华文文学的特殊性主要表现在它的世界性、边缘性和跨文化性。

首先，海外华文文学作为一种世界性的文学现象，迄今已有大半个世纪的历史，尽管引起人们关注和研究的历史只有二十多年。由于海外华文作家都是处在世界各地，在"他种"民族文化包围下写作，是在不同时空复杂背景下，流动的、富有情感与思想的作家群体或个体，其以华文为文心的情缘、墨缘，以及文学作品中所表现的各个国家、地区华人独特的生存方式，不同民族文化的重叠与交汇，具有与中国本土文学不同的研究内涵和文学审美形态，是一个具有世界性和民族性的汉语文学领域，有它自身的活力和张力。

其次，海外华文文学作家是在本土以外用民族语言书写情志，以文学的形式生长在异国他乡，这无论是从居住国或祖居国的角度，都是处于边缘的地位。在他们的作品里，充满异域感、陌生化、放逐和漂泊的无奈。"我是谁?""我的根在哪里?"成为他们作品中的一个普遍的主题。因为从文化上他们不属于生存的地方，也不属于故乡故土，自身就是一种边缘性的存在，所以海外华文文学具有明显的边缘性特色。由于海外华文作家绝大多数是从中国移居海外的华人，而他们移居的国家、地区又是各不相同的，但他们都是生活在异族文化包围的环境里，所以在文学中的文化诉说和表现也就十分复杂和多样，总是这样或那样地表现出中外文化复合的跨文化特色。这也是它区别于中国本土文学的最基本的特征。

2. 海外华文文学的兴起，已直接间接地推动了中国文学现有各学科的发展

第一，整合了中国现当代文学，拓展了中国现当代文学的研究范围和视野。20世纪80年代以前，台港澳文学在中国现当代文学史中是"缺席"的，因而这个文学史的"版图"是不完整的。近二十多年来，作为海外华文文学"引桥"的台港澳文学的研究成果，已不同程度地被运用于中国现当代文学史的教学和教材之中，使中国现当代文学具有了完整的形态。另外，海外华文文学的早期发展，是受到中国"五四"新文学的影响和激发，有些国家海外华文文学的拓荒者，就是移居海外的中国现代作家，所以海外华文文学与中国现当代文学之间，常常有一些共同或相似的命题、话语和主题，在其早期，甚至有彼此呼应和同步的现象。20世纪下半叶，随着世界的发展和多元

文化的崛起，在新的语境下，海外华文文学有了更加广阔的空间，文学母题的演进、更新，艺术模式的多样化，文学中文化内涵的丰富性等，体现出自己鲜明的文学特点。近二十多年来，不少中国现当代文学学者，特别是中青年学者已通过有效的学术研究，探索中国现当代文学的外传及其影响；同时，还吸取不同语境下不同国家华文文学创作与批评的经验，互动互促，拓展了自身的研究视野，为营造该学科新的学术语境做出了突出的成绩。

第二，为文艺学提供了一些新的命题，如语言与文化、文化与文学、中心与边缘、世界性与民族性等理论问题的探索，以及这一领域文学作品中表现出来的无根意识、怀乡情结和漂泊心态等带有某种母题性质问题的阐释。近几年，海外诗学家、批评家也成为理论界新的研究对象。学者们对他们著作中的一些新的文学观念、文学研究方法已有所关注，并将其作为更新本学科理论话语时的参照和借鉴。

第三，间接地推动了中国古代文学学者对中外汉语文学关系史、世界汉语文学史以及域外汉学的研究。此外，由于海外华文文学在学界的兴起与发展，对英美文学等专业也有一定的促进作用，主要是引起对世界华裔/亚裔英语文学的关注和研究，而且已经出现了不少的成果。

第四，为比较文学提供了一个极富创造性的探讨对象和新的学术空间。比较文学的学科精神是"跨越"，通过跨文化、跨国别、跨学科等的文学研究，实现不同文化之间的沟通和理解。海外华文文学是中华文化在世界各国的传播过程中，与各种"异"文化接触而结出的文学奇葩，是一个各具特色、丰富多彩的"文学世界"。所以这个领域所面对的是多种不同中外"混合"文化主体之间的多元对话。这种对话既不是一个民族内部不同地域的"对话"，也不是同一民族的过去视域与今日视域的"对话"，而是一个民族的文化向世界各方移动以后形成的种种不同视域的"会谈"。这当中有许多两个文化圈之间的相互交叉点，这是海外华文作家从自身的体验出发，以文学的形式，表现这些"家在别处"的华人，在双重文化背景中的各种生存状态和情感世界，是他们感受文化差异之后的艺术结晶，极具跨文化特色，对其作解读和文化诠释，是比较文学跨文化研究的一个新领域。所以海外华文文学的创作实践，海外华文文学研究的兴起，是在一个方面拓宽了比较文学的研究对象和内涵。

第五，海外华文文学的兴起，还为比较文学提供了一系列新的视域、新的对话模式、新的融合和超越的机缘。海外华文文学在各国"旅行"、"居住"、开花结果，生成、发育、发展的条件和土壤很不一样，对它在各个国家、地域的起点、传播、中介、影响、融合、变形等的追问，就极具比较文学的价值和意义。

3. 海外华文文学的兴起，从整体上改变了世界华文文学的格局

从人文学科史的经验看，每一个学科的形成和稳定，除有该学科的学术成果、学术组织、学术刊物和研究队伍外，还应有独具特色的理论著作。海外华文文学是一种具有世界性的特殊的汉语文学，它的根是中华文化，但有与本土文学不同的文化内涵和文学审美形态。在某种程度上，海外华文文学已经具有世界性的因素和视野，有其自身的理论问题，这方面的研究成果，是它作为一个人文学科得以建立的"理论依据"。所以，如何从理论层面对世界各地区、国家华文文学创作及其发展情况进行梳理，弄清其演变过程和方式，中外文化融合的程度，本民族文化、文学特色的保留、延伸、创造等，对其进行归纳，找出其独特性、原创性、学理性，以及其多元和多重的思维表现、审美价值，将有助于深化我们对海外华文文学存在及其意义的认识。

、 经过近三十年的开拓与发展，从文学研究的成果看，这一领域兴起的意义，不仅在于有了许多具体的成果，更重要的是：它从整体上改变了海外华文文学的格局，它不再只是中国以外一些国家的少数民族文学，它们之间也不是孤立（隔绝）的文

学空间或流程，而是世界文学格局中的一种语种（汉语）文学。它与英语文学、法语文学、西班牙语文学、阿拉伯语文学一样，在世界已形成一个体系，是世界性的语种文学之一。现在的问题是如何把这一观念与我们未来的研究联系起来，如何做到在世界文学的格局中，从理论上进一步来探讨海外华文文学的特点、意义和价值。

这种研究，可从下列三个层面着手：

（1）从文学发生学的层面，揭示其与世界文化的联系，确认其在世界文学进程中有其独特的生命力。在一般情况下，海外华文文学文本的产生，应有三种语境：①本民族文化现实的语境；②异质文化透入、融合的文化语境；③显示人类思维共同特征的文化语境。研究者要通过文本解读，分析这三方面在作品中的情况。

（2）从文学传播学的层面，展示其民族文化、文学与世界文化、文学的连接，指出其创新与独特之处，避免孤立地就作品论作品。不但要关注其对本民族内部文化、文学传统的承传和创造，更要关注和展现其与世界各种文化的互动，以及由此而形成的传播与扩散的丰富状态。

（3）从文学阐释学的层面，将其作为人类共同的精神产品，在文本解读层面上，克服对民族文化、文学传统单一求"同"的观念，从作品实际出发分析，以一种开放的世界视野和文学观念，将其作为凝聚人类共同智慧的精神产品解读。

我个人认为，对上述问题的追问和关注，有可能为海外华文文学研究的突破性进展，提供一些新的思路。

以上是我的一些认识。希望通过和大家交流，能让朋友们对海外华文文学这一新兴领域产生兴趣，有更多的人前来参与。作为较早介入、参加这方面研究工作的学者，我深知这一切来之不易，未来的学术道路依然充满艰辛和挑战，但是我们已取得的成果足以给自己信心和力量，只要学界同人不懈努力，它一定能成为一个有自己独特研究内涵的学科，受到社会和人们的关注。我期待有更多的学者，特别是青年学者进入这一领域。最后，再次谢谢首都师范大学梁景和处长、王红旗主任的邀请！谢谢今天前来参加这个讲座的老师和同学们！

讨　　论

高永平（首都师范大学历史学院副教授）：饶老师您好！我想请教您一个问题。您刚才提到海外华文文学有三个特性：世界性、边缘性和跨文化性。我是学社会学的，对您所说的跨文化性很感兴趣。海外华文文学是文化交汇的前沿，我感觉海外的文学更可能获得国际性的声誉，有能实现伟大突破的能力，一个典型的例子就是卡夫卡，他是用德语写作的，去年的诺贝尔文学奖也是给了一个德语的女作家赫塔·米勒。我想问的就是目前国外的华文作家是否有潜力达到这样一个水平？

饶芃子：我认为诺贝尔奖有一种意识形态的东西，不知这样讲是否妥当。我这样讲可能有些海外作家不是很高兴，我认为北美的作家成就比较高，他们在60年代出国的时候，有的已经是专家了，在那边有比较好的生活基础，所以他们的第三种经历还不是那么痛苦，他们有充足的时间营造自己的艺术世界。我认为有些作品还是不错的，他们都很注重创意，这也是他们的作品能够立得住的一点。

张弛（首都师范大学历史学院博士研究生）：饶老师您好，我想请教您一个问题。您所谈到的海外华文文学的一个背景，我想有没有1949年的一个背景在里面，很多没有相同政治认同的人去了台湾或者海外。有很多人在谈到背景划分时都会谈到1949年，比如龙应台也谈到1949年这样家国情怀、漂泊的背景，这是不是一种将个人经历融入历史的个人史的过程，是不是有这种倾向？

饶芃子：你提到的问题很有意思，我曾经在一篇文章里讲到，海外华文文学是很多样的，有战争、有离乱、有政治、有灾荒，在我们中国的几个重大的历史转折，总有一批人到外面去，你说的其实是第二代过去的人，我认为在重重叠叠的汉字背后，因战争离乱，因自然灾难和出于生存需要，是会融汇各种各样历史的选择和苦难的。

张弛：海外华文文学作为一个新兴的学科，发展得如此迅速，中国在发展的过程中，需要逐渐在国外形成话语权，宣传一下正面的价值观和中国形象，而我们看到在国外享有高话语权的一些作家，对于中国来说写的很多内容并非都是正面的，我想海外文学在国内的兴起和发展，是不是有整合意识形态、调整话语权的作用？

饶芃子：那是当然了，如我刚才的陈述，学科的发展是需要体制的支持的。你所提到的海外华文文学提升中国形象的问题，我认为有这方面的内容，但是我所提到的海外华文文学主要还是指 20 世纪 80 年代的海外华文文学，主要是改革开放以后，因为有了对话，继而产生了互动。我在 2002 年，作为文艺理论家代表团来到台湾，在台大作了讲演，在文学方面的对话我们是很好的。国家在学术交流方面也是比较支持的，当然也有一定的原则，但是总体来看我认为是很乐观的。至于现在海外的作家，其实心态也比较释然，我海外的朋友，来华也是十分开心的。

上下流行的生活时尚
——以《忐忑》为例

时间：**2011 年 3 月 13 日上午 9：00～11：00**
地点：**首都师范大学本部主楼 201 会议室**

主讲人简介

白路，博士，笔名采采卷耳，天津工业大学艺术学院副教授，硕士生导师，主要研究领域为审美文化、女性文化、艺术批评。

梁景和（主持人）：

今天我们请来天津工业大学艺术学院的白路老师，白老师主要研究中国传统文化、中国女性学和美学等领域。白老师不但学问做得好，而且风趣幽默，今天有幸请到白老师来为我们作讲演，大家欢迎。

白路（主讲人）：

同学们好，今天我也谈不上作讲座，梁老师和王老师都是我的老师，他们在业界都拥有很高的声望，学术上也都很有建树。我来这里是向大家学习的，今天就是一个起点，我希望能和大家多多互动，多多交流。大家都是学习社会文化史的，我们现在坐的这个距离可以促膝而谈，进行深入的探讨，因此我就选取一个大家感兴趣而我又较为熟悉的流行文化点作为切入。首先我们各自谈谈自己对这个现象的理解，然后我们通过对这个文化现象的解读，把握这个时代的文化脉络。比如今天的风尚，我们为什么会这样想。我的本科生和研究生都向我推荐《忐忑》，足见它的流行广泛，然而似乎全世界都在"忐忑"，而我依然镇定，因为我没有时间看电视。如今吸收知识的时代已经过去，拒绝知识的时代已经来临，在这样的一个信息时代，"忐忑"现象的出现应该如何解读。下面请大家谈谈自己对《忐忑》的认识吧。

王唯（首都师范大学历史学院硕士研究生）： 我是因为很偶然的一次机会在朋友那儿听到这首歌，于是便从网上下载了反复听。我的习惯是边听歌边写东西，但当听到这首歌的时候，我实在是没法写下去了。所以我觉得这首歌所要表现的"忐忑"这种情感还是很到位的，至少对我是有影响的。另外，它也反映了现代文化形式化的趋势，这首没有歌词的曲子十分闹腾，完全没有以前古典音乐的安静与悠扬。不过，单纯地作为一种文化现象来说，它是现在特有文化现象的一种表征。此外，它要表现的人的心理状态还是十分到位的。

白路： 你的发言中涉及了流行文化的一个特征——它能表现人的心理状态。当流行文化与人的某种心情相契合的时候，流行文化作为一种工具，可以用来模拟、传达和释放这种心情。如果我创作的艺术形式或作品能够引起受众的共鸣，并且有效地模拟和释放了某种情绪，那么它就能成为一种流行的元素。而你对这首歌的感觉则表明它颠覆了你心里对音乐的既有形象，其实所有的艺术在最初时都没有既定的范式，都在一步步地发展。而当它发展到最高形式的时候，它就经典化了。通过传播与传承，经典就成了我们脑海里对各个艺术门类的模板。因此经典化后就形成了各种各样的标准，当某个作品进行了颠覆性的创作，不再符合以前的标准时，人内心自然就会感受到强大的冲击力，显然这需要一个适应的过程。

而所有的审美都是从惊奇开始的，打破陈旧的范式之后会逐渐形成一种新的审美时尚，这种审美时尚与社会发展是相适应的，会随着社会文化的变迁而变迁。当审美的东西逐渐向高峰攀爬的时候，人们会有一种审美的快感。然而当它物化成为经典范式后，总有一天会变为陈词滥调。这时候，人们在它的面前会感到很恐惧，因为它太高了，人们无法够着。它不再是人们娱乐的东西了，反而变成了压迫人们的东西，此时就需要人们通过对既定审美范式的反抗与颠覆来打碎它，这就是所谓惊奇的开始。然后通过升华与经典化的发展，会出现新的审美范式，如此周而复始的模式渗透到了艺术的各个方面。

汤诗艺（首都师范大学历史学院硕士研究生）： 我是因为我弟弟而知道这首歌的，他非常喜欢这首歌，而且每天都在我们吃饭的时候播放。但是我不喜欢，我觉得特闹腾，有些让人受不了。不过大部分的90后似乎都挺喜欢这首歌的。我认为每首歌在不同的环境下人的接受状态不同，如果是在十分安静的环境里，我是很讨厌这首歌，但是如果本身就是十分嘈杂或热闹的场合，我想我还能接受。所以应该是根据环境的不同，对这首歌的看法也是不同的。例如，在一期《快乐大本营》中，主持人们集体合唱《忐忑》，我觉得听上去十分和谐，并没有之前所听的那么让人讨厌，总之，在这其中，环境是个很重要的因素。

白路： 从你的发言可以看出你有非常清醒的审美态度。如果你作为设计师，你会有一个很好的直觉。那什么是美呢？一方面我们说美是有标准的，另一方面我们又说美是没有标准的。我觉得"美"最恰当的定义就是适宜，只要合适的就是美的。比如说去海边你不可能穿晚礼服，或者见克林顿时你总不能穿比基尼吧。这都是需要随着环境的不同而改变的。

但是我们现在的谈话需要设定在当前既定的社会框架下，包括现有的社会文化、我们的社会生活与家庭婚姻状况。这个女孩就是在这样的框架下经过了训练，形成了一种大众的审美观念，这也就是她适合做设计师的原因。但是我俩不一样，比如说《忐忑》，我在任何情况下都是喜欢或不喜欢它，对于我来说，没有任何的环境约束。人其实不断在构建自己，通过各种审美符号打扮自己。同时，人又不断地在给自己设计环境，然后适应环境。

郑丽霞（首都师范大学历史学院硕士研究生）：我也不喜欢这首歌，但是我觉得它的创作本身就是一种创新，它没有歌词，全部都是用语气词进行连接的，给人感觉很新颖，这是值得肯定的地方。不过，又会让人感觉社会怎么发展到这种地步了，这样的歌曲受到如此广泛的人的喜爱，这个社会究竟怎么了？

白路：我也和你一样惊奇，这个社会怎么发展成这样了。龚琳娜和她的丈夫也是这样的心情，她无法描述现代社会，因此采取了这种方式来表达自己的心情。而没有歌词的歌曲实际上表现了社会的审美思潮或是哲学思潮进入了众生齐鸣的时代，所有人都有机会表达自己的感情。没有了歌词的约束，也就没有了文体、思想、伦理的约束，唱歌的时候，思想是你自己的。

沈钰（首都师范大学历史学院硕士研究生）：我是和宿舍人一起看湖南卫视跨年晚会时听到这首歌的，它结合了中西方的文化，既有中国京剧的唱腔，又有美国黑人音乐的节奏。对于90后的孩子来说，可能比较喜欢快节奏的音乐，因此这首歌能够在一定程度上得到他们的喜爱。

白路：中西方文化的结合说得很对，龚琳娜本身是受过经典的学院派训练的，她曾经是民歌之王。而她与德国丈夫的婚姻本身也是中西方的结合，他们双方对各自传统经典的文化范式是非常熟悉的，也有能力操作这样的艺术。他们创作的这首《忐忑》从声乐上来说有意大利的歌剧和中国的京剧，同时有中国古典唱法与西方古典唱法的糅合；从器乐上来说有西方的大提琴，中国的笙、笛子、锣等。这种结合让这首歌什么都是，又什么都不是；什么元素都有，但什么元素都不占据主流地位。

这样就让人感觉特别新鲜。

姜虹（首都师范大学历史学院博士研究生）：当时我们是三个博士生一块听的，感觉特别新奇，梁静茹也曾经翻唱过，但是让我感觉浑身难受。所以，龚琳娜的唱功不是一般人能比拟的，别人不一定能像她这样完整地唱下来。白老师，我还想请教您一个问题，是不是有一种演唱方式就是像《忐忑》这样没有歌词的？

白路：你说到三个博士聊天，聊这个话题挺有趣的。而且你说到用流行的方式演绎的经典让你感觉难受，这里有你敏锐的地方。这首曲子完全是经典打碎了之后的重组，将它分解之后全是已经经典化的曲目。所以，这确实需要有强大的唱功，才能在各个经典之间自由地转换。也说明了艺术需要有高于生活的地方，否则无法称其为艺术。这是一种艺术的创作，同时也成为艺术创作的主题。在《忐忑》出来后，社会上各行各业都有许多的模仿，比如相声版的、民歌版的、大众版的、动画版的等。这就成为一种流行现象，大众以各自熟悉的方式将其进行重新的演绎。

另外，关于你的问题，所有的语气词始终存在于音乐或是文学里，在上古时期，我们的文明还没有形成，而语言也没有能力表现我们内心的喜怒哀乐、爱恨情仇的时候，就出现了咏叹的形式。到了今天，我们拥有足够强大的语言文字、叙述方法与技巧、成熟的表达文本，语气词就变成了一种辅助性的手段。社会发展到今天，社会是如此的复杂多元，而当所有的语言文字都无法表现出内心的感受的时候，《忐忑》就对我们长期以来的经典语气词的辅助方式进行了全方位的颠覆。因此，就语气词而言，我们可以说它是一种创新，也可以说是源远流长。

张弛：先说一个趣事，CBA曾有一段时间流行在主队进攻时，主场DJ打碟播放《忐忑》来扰乱客队的防守，造成客队球员心理上的波动，进而造成其防守漏人、进攻受挫。后来中国篮协特意下文规定禁止赛场上播放《忐忑》这类歌曲，并且认定这是有利主队的作弊行为。我想说的是，这首歌曲的流行跟眼下新媒体的兴起是密不可分的。据我所知，《忐忑》的爆红在很大程度上是缘于王菲的一条微博推荐，她说，最近流行一首歌曲叫《忐忑》，连自己都模仿不来，演唱者龚琳娜在唱的时候手眼并用、眉飞色舞，不得不甘拜下风。因为觉得连天后都这样推崇，所以好多人都去转发，导致网络上的"围观"，最后流行到了传统媒体上。姑且不论这首歌的好坏优劣，但它的流行一定和当下新媒体技术的盛行以及资讯的爆炸密不可分。

白路：你刚才说得很好，和前面那个同学说得有些相似。CBA联赛球场上播放《忐忑》，使得球队一听就军心涣散，没法继续，最后导致输球。男子本来集中的阳刚之气好像被这首歌给消解掉了，所以最后被禁播。《忐忑》的模仿功能强大到能模仿你的心理状态，一方面能让你解放，另一方面也能击败你。本来在某些场合你是警惕某种情绪的，但它出其不意地突然袭击，变成了一种武器，却也反证了它有别样的感染力。你说它是基于资讯爆炸才流行，但换个角度讲，资讯这样爆炸，我们拒绝知识的时代已然来临，它还能从这样爆炸的时代里跳跃出来，那它肯定是有一些元素的。它成为我们社会文化、日常生活的一部分，肯定是有一些特定原因的。

李慧波（首都师范大学历史学院博士研究生）：这种现象其实表现了文化的多样性，不像以前我们总是唱红歌，歌颂祖国江山一片红，或者有些歌曲甚至不让唱。例如，我们在一次歌咏比赛中，将结尾部分"让我们自由自在的恋爱"的歌词改为"让我们自由自在的飞翔"。如果按原来的歌词唱的话，是不让参加比赛的。总的来说，在现代多元文化的社会里，不同的歌曲应该适用于不同的场合。

白路：就像你说的《忐忑》反映了文化的多元性，没有歌词，你可以随便唱。龚琳娜每次唱《忐忑》所运用的语气词也都是不一样的，大家都是可以自由选择的，就如同黑格尔所说的趣味无争辩，我们并不追求真理。

徐晨光（首都师范大学历史学院硕士研究生）：我在《忐忑》成为神曲之前就听过这首歌，是在大学本科时期。最初以为是在跳大神儿时使用的满语歌曲，到读研之后第二次听，才知道它不是满语，而是结合京剧唱腔、唱法的"神曲"。最令我感到特别的地方是，这首歌是由龚琳娜的外国丈夫写成的。虽然如此，就我个人而言，我非常不喜欢这首歌曲，因为我听完后有种发瘆的感觉，令人联想起禁曲《黑色星期五》在世界各地传播后的情形。另外，据我所知，2010年北京网络春晚将由百人合唱《忐忑》，在歌曲的基础上又加入舞蹈动作，这也是我接受不了的。上面所谈是我的个人感受，下面我想谈一下对《忐忑》盛行现象的一点分析。其一，《忐忑》实际上是为当今社会人们提供了一种减压、宣泄的途径；其二，《忐忑》的创作背景显示出当今中西文化交流的融合与创新，给国人以文化启示。除此之外，我的一点疑问是：《忐忑》无歌词含义的创作形式是否会成为流行音乐的主流，如果这种形式被广泛使用，是否会造成流行文化碎片化的后果。还请白老师予以指教。

白路：把《忐忑》听成跳大神儿，没问题，怎么解读都可以。你关心的是"心理"问题，可以说《忐忑》是博采众长的产物，也可以说《忐忑》是非驴非马的东西，不管喜欢还是不喜欢，它都扑面而来，有些东西可以拒绝，但有些东西拒绝不了，因此我们需要一起来研究。

谭君（首都师范大学历史学院硕士研究生）：老师您好，这首歌我可能听过，也可能没听过。我在网上和报纸上都看到过《忐忑》，至于听没听过，现在我还说不好。不过，刚才听师哥、师姐们谈到，说这首歌挺闹腾的，那我肯定是不喜欢这种类型的歌。一方面，我听歌听得不多。另一方面，我比较喜欢经典老歌和红色歌曲，例如，《歌声飘过30年》，我觉得挺好的。我现在天天在听的是单田芳先生的评书，所以我对评书还是有些想法的。

白路：你能说一下你为什么喜欢评书吗？

谭君：我们家邻居，一个和我同龄的男孩，我上小学的时候，他向我推荐了单田芳先生的《水浒外传》，这是我听的第一部评书。我认为，单田芳先生的评书，声音模仿特别好，很生动，也很吸引人。从此，我也就对评书入了迷。听完这部书，又听了《说岳后传》《隋唐演义》等。后来上高中学习紧张，曾停止过一段时间。等考上本科以后，又恢复了这个习惯。现在我基本上是天天都听，已经成为一种习惯了，甚至在睡觉之前也听上一段，有点催眠的意思。

白路：那你现在听和你小的时候听，你的期待视野、审美感受、解读的视角和解读的能力肯定是不一样的，你现在已经是硕士了，为什么现在还能喜欢小的时候喜欢的东西呢？我完全相信，单田芳先生的声音模仿，如马跑等声音对你有直接的感官刺激，促使你自己也有模仿的冲动。你能不能辨析一下，是什么吸引了你？我想，应该增加了一些新的内容，是这个评书本身带给了你深入阅读的可能性，还是它带给了你精神上的安慰？你为什么愿意把它作为一个生活的伙伴？

谭君：我想，应该有以下三点。第一，我从评书中了解和学习历史，单田芳先生的评书，基本上都是历史故事，从中可以了解一些历史故事和人物。比如说，《隋唐演义》《曾国藩》等。第二，是生活休闲的因素。我现在听评书，就是一种放松、休闲的方式。我觉得最理想的状态是，坐在沙发上，两边放上高品质的立体声喇叭，中间泡上一杯茶，放上一碟花生米，这是一件十分惬意的事。第三，现在听和小时候听不同，我开始试着从艺术的角度去欣赏它。单田芳播讲的评书，特别是传统评书，有其独特的艺术魅力，那沙沙哑哑的嗓音，将历史知识、中华民族优良传统与形象逼真的说书技法融会贯通，能使听众在获得艺术享受的同时，也潜移默化地接受一种道德教育和情操陶冶。他的评书还具有很高的美学价值，继承和发展了传统评书文化。

白路：这位同学说他喜欢评书很有意思。有时候我感觉审美它也是一种强迫，过了强迫的阶段后，它就变成了你心里的依恋，你只要听到它就会有催眠或安慰作用。刚开始的时候你是跟着邻居听，到现在你自由自在地听，甚至可以泡壶茶，买一碟花生米，用音响听。从审美的角度来看，如果你从小建立起了这个范式，那么它就会变成你一生的安慰，跟功利等不相关。当你孤独、迷茫的时候，或是感到人生荒芜的时候，审美的爱好永远都是你终极的安慰。就你而言，其实听评书就是你的一种安慰。可是为什么书上写的不能给你安慰，而换成听觉就能给你安慰呢，因为这是你喜欢的方式，没有人强迫你。而给你看印刷版的，你就找不到那个最好的感觉。审美地去获得这个内容，和你被强迫地去获得这个内容，那是完全不一样的，这是两种人的存在方式。

谭君：老师，我觉得您说的对。我一直认为，动态的刺激要比静态的刺激给人的印象深刻，如果是多重刺激同时作用，那么效果会更好。所以，有的时候，我喜欢听，而不是看。

白路：对，这就是你通过你的生命体验体会出来的。你在听的时候肯定会找一个让你自己最舒服的感觉，这种舒服的感觉会置换成审美的感觉，然后你才会想到泡壶茶去听评书，你就会认为，这个时候的你感觉最舒服。每个人其实都在找这个最舒服的感觉，无论你学什么、研究什么，你的终极就是想让你的生活设定在一个最舒服的状态，也就是我说的审美的状态。

孙卫（首都师范大学政法学院硕士研究生）：我是从北京台的春晚上听到这首歌的，我觉得这首歌是专业领域的一次流行化、大众化的尝试。而龚琳娜本人是一个民歌皇后，这首歌普通人很难模仿。另外，它汇集了不同唱腔和不同剧种，也可以说是传统文化的复兴。

白路：确实，这是经典打碎之后的重组。不仅是歌曲本身，连化妆、服装也是如此。整个的艺术范式就是重新进行了创作，符合了民主时代大众狂欢的要求。不管多经典的东西，都不能独掌话语权，每个人都能从糅合的经典中找到自己心仪的东西。其实，这种现象在任何一个领域中都会出现。

讨　论

梁景和：学术问题可以讨论，可以有共识。艺术感受问题可以讨论吗？讨论的结果是什么？艺术感受可以交流，艺术完全是一个个性化的东西，是自我的感觉。比如"春晚"，我看过各种各样的讨论它的文章，但没有一个结论，因为艺术就是个人感受，群体感受很难有统一的标准。

王红旗（首都师范大学女性文化研究中心主任）：这种现象表达了人们心灵存在着无奈、寂寞和孤独，太需要一种适合的"伴侣"。所以大家都想去体验，同时这也表达了当代年轻人的很多欲望。荒诞的形式却表达了一种真实的东西。最近很多文化现象都反映出人们孤独和渺茫的心理。给人的感觉是：什么都是，又什么都不是。表达了人们没有办法寻找出的一种困惑。

多元文化融合是人类正确的方式，但在寻找的时候会失去很多。我们每一次拿起传统，在心理上是不一样的，作用也是不一样的。歌这种文化现象，拿起传统，拿起博爱，从样式上来说这首歌是打破经典的重组，但仅仅只是重组吗？打破之后，我们应该从社会多个侧面去思考，考虑它的文化意义、现实意义以及个人心理。也就是说审美感是个性，而当它成为一种文化现象时，一定要深层次地讨论和思考。我们在这样一个云计算时代，面对各种各样的文化，我们学者更要有责任感，使得一种文化有一种对人类更有益的导向。这是我听了白老师富有诗意般的解读后的感受。

张弛："春晚"往往把前一年的热点或人们关注的东西尽可能地网罗，如"旭日阳刚""西单女孩"。但《志忐》却未被央视采纳，只有在网络上才能找到。央视从某种程度而言代表官方态度，央视认为的中西融合就是请留学生参加演出。《志忐》

这种杂交式的方式却未被央视接受，它并非官方主流吸纳的东西。从这个层面而言，《志忐》并不一定广为流行，只是流行于一部分对网络有接触的人当中。

白路：流行时尚的研究直接反映在社会生活里，把当今最为流行的吃穿话题，用音乐描出来去讨论，去感受。审美千变万化，但有很多规范，有生命的尊严。解读使得我们更清醒更理性，使每个生命过得更好。每个人都有表达的权利，这是时代的进步。允许其发出声音，但并不代表就是我的符号，因为审美也需要升华。至于没有被"春晚"采纳，这里面有很多因素。

徐晨光：白老师所讲的体现了阳春白雪的审美观。从精英层面到流行文化离不开人们的感受。这个传播的过程不可忽视，也即人们怎么看待它。比如《志忐》这首歌，许多人没有解读到您那个层面，人们不会去欣赏这种中西融合、打破各种经典重组的歌曲，更多的是像看"小丑"一样去看待它。我想龚琳娜不会如此去想。这种创新，为什么民众会把它畸形化？怎样能使精英文化和大众文化更好地融合在一起？从这里我们也看到《志忐》从高雅到民间传播的这种畸形化。其中可能会有民间对精英反作用的一个过程。精英对于民间的影响，以及民间对精英的反作用，这个过程又有何不同？我觉得一方面需要学习，提高欣赏水平，一方面也要关注为什么会出现这种畸形。

白路：《诗经》最初也不是经典，"关关雎鸠，在河之洲"，"窈窕淑女，君子好逑"全是民间的东西。当汉乐府经过不断重组，就成为标准的汉乐府。然后不断变形到宋词，更婉转更细致地表达人们的情感。所有的经典最初都来自民间，不断丰富成为标准，然后扩散，不断变化，表达我们的喜怒哀乐。不是精英一下子就创造出来的，它是有一个漫长的历史脉络的，谁也不能创造经典，经典是民间的经典。

这位同学所提到的这个问题，也反映了一个非常"悲哀"的现象，就是文化的断裂。中国传统农业社会中农家的"六艺", 男人需要"剑胆琴心"。然而中国近现代的苦难史, 烟片战争、洋务运动、北伐、抗日战争、解放战争、"反右"、"文革" 使得日常生活中文化出现断裂, 使得每个人都苦大仇深, 形成了中国人简陋、粗鄙的生活习惯。"四书五经" 在以前小学课本里就有, 但后来没有了。审美生活在最近一百多年里出现了断裂。为什么《论语》在今天看来那么高不可攀, 就是因为出现了文化的断裂。所以说, 真正文化的和谐美好还在于日常生活细节的重建。

辛亥革命时期知识界的
平民意识

时间：**2011 年 3 月 31 日下午 3:00 ~ 5:00**
地点：**首都师范大学本部主楼 201 会议室**

主讲人简介

郭双林，1960 年生。男，河南省林州人。汉族。1993 年进入中国人民大学历史系中国近现代史教研室担任教学工作。自 1996 年起担任历史系中国近现代史教研室主任至今。同时于 1997 年至 2002 年任历史系副主任，1998 年至 2006 年兼教育部第一届历史教学指导委员会秘书、第二届历史教学指导委员会委员兼秘书。2005 年入选教育部"新世纪优秀人才支持计划"。2009 年 2 月至 12 月在美国哥伦比亚大学做访问学者，其间曾到斯坦福大学和加州大学伯克利分校作短期讲学和研究。现为中国人民大学历史系教授、博士研究生导师，兼中国义和团运动研究会理事、当代北京史研究会理事、中国社会科学院中国现代文化学会学术委员、中国社会科学院近代史研究所思想史研究中心副主任等。主要研究方向为中国近现代思想文化史、中西文化交流史、中国近现代社会史，近年对史学理论亦颇感兴趣。主要著作：《中华民国史·志·思想文化志》《大学历史学论文读本系列》《八十年代以来的文化论争》《中华文化劫难录》（主编）等。

梁景和（主持人）：

今天我们请来郭双林老师为同学们作学术报告，郭老师现为中国人民大学历史系教授、博士研究生导师，兼中国义和团运动研究会理事、当代北京史研究会理事、中国社会科学院中国现代文化学会学术委员、中国社科院近代史研究所思想史研究中心副主任等。主要研究方向为中国近现代思想文化史、中西文化交流史、中国近现代社会史，近年对史学理论亦颇感兴趣。主要著作：《中华民国史·志·思想文化志》《大学历史学论文读本系列》《八十年代以来的文化论争》《中华文化劫难录》（主编）等。郭老师今天要报告的题目是《辛亥革命时期知识界的平民意识》，下面请大家以热烈的掌声欢迎郭老师！

郭双林（主讲人）：

翻开辛亥革命时期的报纸杂志，会发现当时一些知识界人士，特别是一些革命党人在思想上带有浓厚的平民色彩。他们不仅同情、尊崇平民，而且贬抑权贵，公然声称自己从事的革命为"平民革命"，革命的目标是建立"平民政治"。当然，他们没有也不可能完成这个任务。与当时澎湃的民族主义、民主主义、君主立宪等社会思潮相比，这种思想倾向尚比较微弱，在理论上也不够成熟，称之为"平民意识"或许更合适一些。知识界的这种平民意识在辛亥革命失败后并未消失，反而愈益壮大，到五四前后遂成为一股引人注目的时代潮流——平民主义思潮，并对现代中国社会的发展产生了巨大而深远的影响。以往学术界虽曾注意过五四时期的平民主义，也明白"没有晚清何来五四"，但似乎没有人对辛亥革命时期知识界的平民意识关注过。近年虽有学者开始注意清季十年思想中的"民"意识，但很明显，"民"与"平民"是两个概念。下面我将对辛亥革命时期知识界的平民意识作些阐述，不当之处敬请批评指正。

一　平民释义

何谓"平民"？所谓"平民"，泛指一般普通百姓，以区别于贵族或特权阶级。"平民"一词，在中国古代就有。如《尚书·周书·吕刑》："蚩尤惟始作乱，延及于平民。"根据汉代孔安国所作的《传》和唐孔颖达所作的《疏》，这里的"平民"，并非我们今天所说的平民，而是指"平善之人"。《左传》中也曾提到，孔子听说卫国以诸侯之礼朝见齐侯时感叹道："惜也！不如多与之邑。唯器与名，不可以假人……名以出信，信以守器，器以藏礼，礼以行义，义以生利，利以平民，政之大节也。若以假人，与人政也。政亡，则国家从之，弗可止也已。"这里的"利以平民"四字，据唐孔颖达《疏》，意为"成就下民"。另外《国语·周语下》亦提到"所以咏歌九则，平民无贰"。东汉郑玄在注《仪礼》和《礼记》时均曾引用这句话，根据唐贾公彦在《仪礼注疏》和孔颖达在《礼记正义》中的解释，这里的"平民"之"平"，亦为动词。

今天意义上的"平民"一词，可能形成于两汉时期。西汉刘向在《说苑》中写道："是故皋陶为大理乎，民各服得其实。"扬雄在《廷尉箴》中也写道："天降五刑，维夏之绩，乱兹平民，不回不僻。昔在蚩尤，爰作淫刑。延于苗民，夏氏不宁。"这里的"平民"，与我们今天所说的平民，已相差无几。进入东汉后，这类用法更多，如延平元年（106）五月皇太后在发布的大赦诏书中就说："……自建武以来诸犯禁锢，诏书虽解，有司持重，多不奉行，其皆复为平民。"同年七月又敕司隶校尉、部刺史曰："夫天降灾戾，应政而至。间者郡国或有水灾，妨害秋稼。朝廷惟咎，忧惶悼惧。而郡国欲获丰穰虚饰之誉，遂覆蔽灾害……贪苛惨毒，延及平民。"这里的"平民"一词，与我们今天所说的"平民"在内涵上已完全相同。

先秦时期虽无"平民"这一概念，但并不意味着没有"平民"这一阶层。汉刘向在《说苑》中引用古人之言:"触情从欲,谓之禽兽。苟可而行,谓之野人。安故重迁,谓之众庶。辨然否,通古今之道,谓之士。进贤达能,谓之大夫。敬上爱下,谓之诸侯。天覆地载,谓之天子。"在这里,"众庶"的阶级位于"野人"之上,"士"之下,大致相当于后世的平民。《礼记》中的《祭法》在论及周代祭祀制度时也曾写道:天子七庙,诸侯五,大夫三,士二,而"庶人无庙"。根据唐杨士勋的解释,"庶人者,谓平民也。以其贱,故无庙也"。可见,当时的平民一般称作"众庶""庶人"。

日本平民的含义与中国略为相仿。日本的平民是从阶级上的区别得来的,有贵族、华族、士族的分别,士族以下的才是平民。

在西方,平民概念有两个重要来源:一个是古希腊,一个是古罗马。在古希腊,平民即"德谟"(Demos),其原意为与城市相对的"乡郊"。该词用于人民,原指散居郊区的庶民,相对于城居的王族或贵族,自"德谟"成为城乡共同区划后,"德谟忒"也成为坊社居民的通称。"德谟克拉西"(Democracy)就是从"德谟"衍生来的。在亚里士多德的《政治学》一书中,"德谟"的用法颇为复杂,概括地讲,它主要指与贵族、高尚人士、富人、有产者相对的居于城郊和乡村、薄有财产或没有财产的多数自由民,包括艺工和商人,但不包括重装兵,属于第四级民众,大约相当于先秦时期的"众庶"。

在古罗马,平民即 plebs。根据胡玉娟的研究,平民的本义包含两层意思:一是众多,二是低贱。"众"与"贱"反映出罗马平民最显著的身份特征。平民与人民(populus)的含义不同,在早期罗马,人民代表罗马共同体的全体成员,包括贵族(patricians)。公元前4世纪中后期,平民逐渐向人民的地位靠拢,到公元前3世纪初,平民逐渐取得了与罗马人民平等的法律地位,plebs 和 populus 在词义上的差别才逐渐消失。

由上可知,不论是古代中国、日本的平民,还是古希腊、罗马的平民，都主要是从社会地位这个维度来界定的，与此相联系的才是财富和受教育程度。离开了这个维度，几乎无法讨论平民问题。

现在的问题是，辛亥革命时期人们是在什么意义上使用平民这一概念的？就目前掌握的资料看，当时知识界似未有人对"平民"一词做过界定。不过，从人们对这一概念的广泛使用来看，"平民"一词至少包含以下几层意思：

第一，泛指下层民众，与阀阅、贵族、绅士相对应。如柳隅（吴贯因）在《阀阅的之政治家与平民的之政治家》一文中将"平民"与"阀阅"相对立，并特别强调，他所说的"平民"是指出生"寒微"的"草茅中之人物"。在他提到的几位"平民之政治家"中，除谢安外，伊尹和傅说均为奴隶，胶鬲是鱼盐之贩，姜太公做过屠夫，诸葛亮躬耕南阳。刘师培在《论新政为病民之根》一文中则将"平民"与"绅民""官吏"相对应。他所说的平民中，既包括科举废除后失业的士人，也包括现代交通运输业兴起后失业的担夫、舟人、邮驿之夫和相面算卦的术数从业者。

第二，特指无产者或无产阶级，与资产者或资产阶级相对应。如朱执信在《德意志社会革命家小传》和宋教仁在《万国社会党大会略史》等文章中介绍欧洲社会主义运动时提到的"平民"，民鸣和陈振飞在翻译《共产党宣言》第一部分时所使用的"平民"，均特指"无产者"或"无产阶级"，与"资产者"或"资产阶级"（当时译为"富绅""绅士""绅士阀"）相对立。

第三，人民或民众，与政府相对应。朱执信最初曾以"平民"指代"无产者"或"无产阶级"，但稍后他对此提出不同看法："凡政治革命之主体为平民，其客体为政府（广义）；社会革命之主体为细民，其客体为豪右。平民、政府之义，今既为众所共踊（喻），而豪右、细民者，则以译欧文 Bourgeis，Proletaruns 之二字，其用间有与中国文义殊者，不可不知也。日本于豪右译以赀本家或绅士阀。赀本家所有赀本，其为豪右，固不待言。然如运用赀本之企业家之属，亦当入豪右中。故言赀本家不足以包括一切。若言绅士，则更与中国殊义，不可袭用，故暂锡以此名。至于细民，则日本通译平民或劳动阶级。平民之义多对政府用之，复以译此，恐致错乱耳目。若劳动者之观念，则于中国自古甚狭，于农人等皆不函之，故亦难言适当。细民者，古义率指力役自养之人，故取以为译也。"由此可见，他在此处所说的"平民"，与当时人们所说的"人民"略为相似。

第四，与"政治"连用时相当于"民主""共和"，当时的"平民政治"一词大多是对 democracy 的中译，此类现象甚多。有时，人们对"民主"与"共和"予以混用，不加区别。

二　贵族、绅士与平民

1958 年 5 月，毛泽东在一份报告上写道："高贵者最愚蠢，卑贱者最聪明。"因该批语作为中国共产党第八届全国代表大会第二次会议文件下发，因此很快闻名于世。这句话在一定程度上反映了毛泽东个人思想中的平民意识。实际上，这种崇平民、轻贵族的思想在辛亥革命时期已经出现，其中最具代表性的，是柳隅（吴贯因）的《阀阅的之政治家与平民的之政治家》一文。在该文中，吴贯因指出，中国近数十年来，外交之所以失败，内政之所以废隳，皆因当道者不得其人。"是故今日欲语强国，有为时势所要求，而相需最殷者，则望有政治家之出现是已。"随后作者笔锋一转，提出问题："使今日诚有政治家出现焉，而出现于阀阅之家乎？抑出现于平民之中乎？"在他看来，当时世界各国的政治现象，有的是政党政治，有的是官僚政治。造成政党政治与官僚政治的原因多种多样，但就其最主要的原因看，"大约一国之政治家，而多出于阀阅之中，则常成为官僚之政治；若多出于平民之中，则常成为政党之政治"。而官僚政治仅能发达政治上的事业，政党政治不仅能发达政治上的事业，对社会上事业的助长也非常明显。"是故中国今日诚欲使朝野之间，各呈活泼之气象，必也使国家之政治，成为政党政治，而勿成为官僚政治。而欲使政党政治之发生，必先有平民的政治家之出现。"作者断言："中国今后而无大政治家之出现也则已，苟其有之，必为平民的之政治家，而非阀阅的之政治家。夫非必轻量阀阅中之人物也，盖细审中国之国情，其门第愈高者，愈难于出人才，其门第愈低者，愈易于出人才。故今后政治家之发生，必为平民的而非阀阅的，斯实无待蓍龟也。"作者还从历史事实和社会趋向两个方面作了进一步分析。

稍后，吴贯因在另一篇文章中再次指出："历观往代，当时艰孔亟，天下所俎豆馨香，以祈人才之出现者，常望之寒士布衣，而不望之世家巨室。故云龙风虎，廊庙庆遭际之奇，非搜隐逸于山林之中，则拔英才于风尘之外。若夫门第贵显者，则所谓世禄之家，鲜克由礼，肉食者鄙，未能远谋，社会之心理，未有倾向之者。"所以，就人物的身份而论，中国历代崇拜的是平民之人物，而非阀阅之人物。"而国民信仰之所在，即为天地间气之所钟。故天民名世之挺生，常出于寒素之家，而不出于阀阅之族。"

当时知识界人士不仅期待平民政治家的出现，还对下层民众的疾苦予以深切的同情。黄侃（运甓）在《哀贫民》一文中写道："民生之穷，未有甚于中国之今日也。山泽之农，浮游飘转之勾，通都大邑之裨贩，技苦窳而寓食于人之百工，其趣异而困苦颠蹇一也。"刘师培（韦裔）在《悲佃篇》中也指出，江淮以北的佃农，"名为佃人，实则僮隶之不若，奉彼（指田主）之命，有若帝天，俯首欠身，莫敢正视，生杀予夺，惟所欲为"。在《天义报》上，刘师培还发表了大量同情下层民众的文章，并曾收集《穷民谚语录》和《贫民唱歌集》。

一些人还将职业与道德水准联系起来，认为道德水准与社会地位呈反比。社会地位越高，道德水准越低；社会地位越低，道德水准越高。套用毛泽东的话，可以说是"卑贱者最高尚，高贵者最卑污"。章太炎就认为，"今之道德，大率从于职业而变"，"知识愈进，权位愈申，则离于道德也愈远"。他将当时人们从事的职业分为 16 种，即：农人、工人、裨贩、坐贾、学究、艺士、通人、行伍、胥徒、幕客、职商、京朝官、方面官、军官、差除官、雇译人。这 16 种职业的从业者，如果从道德的角度进行区分，"则自艺士以下，率在道德之域，而通人以上，则多不道德者"。既然如此，当时的革命党人处于何种地位？章太炎认为，"农、工、裨贩、坐贾、学究、艺士之伦，虽与其列，而提倡者多在通人"。也就是说，革命党人处于道德与不道德之间。"使通人而具道德，提倡之责，舍通人则谁欤？然以成事验之，通人率多无行。而彼六者之有道德，又非简择而取之也，循化顺则，不得不尔。"有才者无德，有德者无才，看来革命党人要壮大自己的队伍还真不容易。而且道德与不道德之间，并非固定不变，随着人们社会地位的变化，其道德修养也在发生变化。所以章太炎反对某些革命党人借权上流社会和会党、盐枭的做法，说："今之革命，非徒弄兵潢池而已，又将借权以便从事，自雇译外，行伍而上，其职八等，置彼周行，森然布列，湛于利禄，牵于豢养，则遂能不失其故乎？往者士人多以借权为良策，吾尝斥之，以为执守未坚，而沦没于富贵之中，则鲜不毁方瓦合矣。"他还以湘军为例，指出：当年湘军强盛时，一些人一会儿在清方，一会儿在太平天国，"彼其党援众多，虽事发而不为害，革命不成，仕宦如故"，这样的人不可能使革命成功。此外，湘军中的一些统领出身于会党头目，这些人投靠清廷后，为了取悦上司，往往"不惮残贼同类以求翎顶"。如果"革命党而借权于彼，彼则亦以是法处之"。结果，别人的力量未借到，自己反被人利用，"后之噬脐，虽悔何及"。看来革命党人不仅继承了太平天国的革命精神，也在吸取其失败的教训。

一些人对中等阶级表现出某种敌视。亚震就指出："大抵吾国买用奴婢之家，中等社会为最多，而虐待奴婢者，则尤以中等社会中之称主妇者为盛。"作者认为，上流社会并非没畜婢虐婢之事，但他们的势力不仅可畜一婢，即使其虐待奴婢的手段，也不如中等社会主妇之甚。而下流社会则自顾不暇，自己都有可能沦为别人的奴婢，根本无法奴役别人。为什么中等社会之主妇要这样费力地抗上骄下呢？"此中秘诀，非凤究心于中等家庭者则不能道。"作者从心理及物质等层面进行了分析。说到底，变态心理与蝇头小利，为其畜婢的主要原因。

最值得注意的是，一些人把绅士与平民完全对立起来。黄侃和刘师培就将官员与富绅并举，视为一丘之貉。黄侃指出，官员税吏和缙绅富贾均为"贫民之蟊贼"。"核民之数，富者寡而困苦者不可亿计也。相民之财，富者十取九焉，其散在众者，什一而已矣。"也就是说，他们以人口的极少数占有了社会财富的绝大多数，贫者因此而愈贫，愈愚，愈贱。在他看来，"朝廷盗薮也，富人盗魁也。小盗罪无赦，大盗莫之诘……欲民之无穷，何可得耶？"刘师培则告诉灾民们，那些官吏和绅士们表面上天天商议赈济，实际上都巴不得你们有灾，"你们受苦，他即发财；你们受罪，他就得好处"。他还以光绪年间山西、云南的旱灾为例，说明负责赈灾的官吏和绅士都曾借机发财，丧尽天良。《河南》杂志甚至曾刊载一篇名为《绅士为平民之公敌》的文章。作者在文章中历数了绅士们的种种恶行，指出，绅士们除与政府互相利用、同恶相济外，还尽可能利用退休官僚和海外留学生。那些退休官僚"本无所谓思想，亦无所谓魄力。特以其红顶花翎曾贯摇于头上，头童齿豁，已待死于墓中，狡猾者遂奉以为名，而己为其副，所谓政犹宁氏，祭则寡人也"。那些海外留学生则"买一纸卒业文凭，抄数篇间接讲义，无根柢，无价值，信口妄谈，自命通学，亦为狡猾者之所喜。月舍数百金，使之追逐己后，或当教习，或充干事。有反抗我者，可借文明国之法律以灭之"。这样，绅士们便"上可以狼狈政府，假公济私，下可以把持社会，淆黑乱白"。所以，常常能看到他们在大庭广众，发起各种集会，人潮如海，掌声雷动，"美其名曰普及教育，崇其谥曰提倡实业"。其实，他们都是为自己做官发财计，与全体国民并不相干。这些绅士不仅徇私谋利，而且破坏改革。"虽有魁杰之士，热心公益者，亦且心灰气沮，望祖国而却步矣。间有发为谠论，纠正其慝，或因民意之不顺，激而为示威运动者，彼且借扰乱治安、破坏秩序为名，出野蛮之全力，嗾彼官吏，杀之、戮之、逐之、辱之。""夫政府犹发纵之猎人，而绅士则其鹰犬也；政府犹操刀之屠伯，而绅士则其杀人之锋刃也。"如果任其盘踞不去，则社会改良无望。

由于绅士与官吏互相勾结，鱼肉百姓，破坏改革，所以被视为革命的对象。黄侃号召广大贫民："请命于天，殪此富人，复我仇雠，复平等之真。宁以求平等而死，毋汶汶以生也。事之济，贫民之福也；若其弗济，当以神州为巨冢，而牵率富人之与之共瘗于其下，亦无悔焉尔。"刘师培则号召灾民，"大家起来，把官吏杀尽，把绅士抢空"。《绅士为平民之公敌》一文的作者则指出："现在此等专制之恶绅士，每省多者不过百十人。其有时列名上书，定期演说，亦似有无量数之共表同情，实则赵钱孙李，姓以简编，甲乙丙丁，名凭簿记。即使附和果多，然除去彼发起数人，随举一人以问今日彼因何事而集会，尔又抱何宗旨而赞成，以后尔得何种之利益，则必皆瞠目而不知所对矣。"所以，"全国同胞既知绅士为平民之公敌，又知彼一省欲绝吾生命的绅士只此少数，而合吾群力以踏之，直不啻摧枯拉朽"。既然绅士成为革命的对象，那么革命的性质也就相应地发生了改变。

三　民主革命、绅士革命与平民革命

对于辛亥革命的性质，不同人有不同的看法。辛亥革命是一场资产阶级小资产阶级领导的民主革命，这是学术界长期以来的基本共识。但也有人持不同观点。如美国耶鲁大学教授芮玛丽（Mary Clalaugh Wright）就把辛亥革命看作一种"绅士运动"。中国现代哲学家冯友兰也曾说过："辛亥革命的一部分动力，是绅权打倒官权，就是地主阶级不当权派打倒地主阶级当权派。三民主义中的民权主义和民生主义，不但当时的一般人不懂，当时革命队伍中的人也不是都很懂的。我也主张辛亥革命是资产阶级民主革命。但我也认为，当时的资产阶级力量是很弱的。所谓官权与绅权的斗争，正是表现了地主阶级内部的矛盾，辛亥革命一起来，绅权便自然成为革命的一个同盟军，一起反对当权的地主阶级，即以清朝皇帝为代表的地主阶级当权派的统治。"也就是说，辛亥革命在某种意义上也可以说是一场"绅士革命"。

这当然都是后人的看法。在当时的革命党人看来，他们所从事的这场革命，既非资产阶级民主革命，也非"绅士革命"，而是一场"平民革命"。《中国同盟会革命方略》指出："今者由平民革命以建国民政府，凡为国民皆平等以有参政权。大总统由国民公举。议会以国民公举之议员构成之。制定中华民国宪法，人人共守。敢有帝制自为者，天下共击之！"后来在东京《民报》周年庆祝大会上发表演说时，孙中山再次指出："中国从来当国家做私人的财产，所以凡有草昧英雄崛起，一定彼此相争，争不到手，宁可各据一方，定不相下，往往弄到分裂一二百年，还没有定局。今日中国，正是万国耽耽虎视的时候，如果革命家自己相争，四分五裂，岂不是自亡其国？近来志士都怕外人瓜分中国，兄弟的见解却是两样。外人断不能瓜分我中国，只怕中国人自己瓜分起来，那就不可救了！所以我们定要由平民革命，建国民政府。"究竟什么是"平民革命"，孙中山没有解释。有时，他将"平民革命"与"国民革命"混用，如在《中国同盟会革命方略》中一方面强调这场革命是"平民革命"，同时指出："惟前代革命如有明及太平天国，只以驱除光复自任，此外无所转移。我等今日与前代殊，于驱除鞑虏、恢复中华之外，国体民生尚当与民变革，虽纬经万端，要其一贯之精神则为自由、平等、博爱。故前代为英雄革命，今日为国民革命。"

革命风潮兴起不久，一些革命党人就将目光转向下层平民，指出："吾欲鼓吹革命主义于名为上等社会之人，而使之翕受，终不可得矣；吾乃转眼而望诸平民。且吾观察中国今日社会之内容及现象，有不能与欧洲比例，而当取欧洲尚未经历之经济革命，以为政治革命之引药线。"为什么要将眼光转向平民，且要先从经济革命做起，而不像欧洲近代革命者那样，先从政治革命做起呢？作者解释道："盖我中国个人经济主义太发达，故不能具有政治思想；而下等社会之困难于经济，类皆受上、中二等社会之压制，故共产均贫富之说，乃个人所欢欣崇拜，香花祝而神明奉者也。"在这里，作者对中国社会的认识有相当的深度，其将眼光向下，无疑是一种明智的选择。

一些人还将革命党视为平民党。如汪精卫就曾指出："革命党者，民党也。同为平民，其地位同，感觉同，心事同，身受之疾苦同，惟于平民之中，合肯负责任之人以为一团体，遂从而名之曰党尔。"不仅革命党代表平民的利益，而且革命之主义也因平民所受之苦难而发生。汪精卫接着指出："是故革命之主义，非党人所能造也，由平民所身受之疾苦而发生者也。欲去革命党，不可不先去革命之主义；欲去革命之主义，不可不先去平民身受之疾苦。使平民之疾苦，日深一日，则革命之主义，日炽一日，而革命党之实力，亦日盛一日。彼满洲之立宪，无论为强悍，为阴柔，要之直接间接增益民生之疾苦者也，是即无异普及革命之主义也，是即无异展拓革命党之实力也。"

还有一些人认为，以往一切革命，其革命的动力均为平民，今后的革命也不会例外："发难自平民，而窃获其利乐者，则为一时之权贵，往古之革命然也。发难自平民，而均享幸福者，则为举世之黎氓，今后革命之所期也。二者不问何居，革命主动，首推平民。此东西所共见，证诸理论，亦莫能易斯辙也。

在今日论中国革命，更不问其或发愿于政治之改革，或注目于社会之更新，事之前驱，舍平民揭竿斩木之外，更无他道。"还有人专门撰写《平民歌》，号召平民"奋尔力兮，与子同行。取彼凶残兮，杀伐用张。掘彼金钱之穴，以铸我凯旋之坊"。

平民不仅是革命的动力，革命成功后要进行建设，也离不开平民。"既革之后，仍以平民之力，组织各尽其能各取其需之社会，不使有以人治人之法，以人役人之政。"可惜的是，由于中国的平民无受教育权，致使他们并不明白这个道理。作者还认为，中国平民诸种能力中，团结力是最明显的，而在团结方面，会党的团结又最出色，所以说，"会党者，中国平民之代表也"。作者总结了会党在历史上的革命行动："回观往迹，会党之能力发现于革命而奏伟业者，约有二端。"其中之一是驱逐胡元，主要是元末农民起义军；二是反清，主要是太平天国。作者认为，"据此二端，则中国会党之力，实足为中国近史上之伟观。往事已矣，即若今日，会党之势力仍足以左右中国之社会"。因此号召"去矣，与会党为伍！"坦率地讲，会党只是平民中的一部分，且是比较边缘的一部分，作者在这里将会党视为"平民之代表"，并非一种理性的认识，而是一种权宜的宣传策略，其目的是借会党之力进行反清革命。

革命党不仅如此宣传，也如此行动。他们身体力行，不仅"到会党中去"，而且"到士兵中去"。1907年以前革命党人发动的历次武装起义，就较多地借助了会党的力量；之后发动的武装起义，则主要依靠新军基层军官和士兵。湖北革命党在新军中发展力量时，也只吸收基层军官和士兵，以致武昌起义成功后不得不借黎元洪的声名来与清军抗衡。

四　民主政治与平民政治

革命的动力是平民，革命的性质是平民革命，革命的目标则是建立平民政治。

　　提到平民政治一语，人们可能会想到五四时期流行的平民政治观念。实际上，平民政治一语在辛亥革命时期已经开始流行。汉驹在一篇文章中就指出：平民政治出现于19世纪。"自平民政治之主义一出而政治界之魔贼不存，于是乎一国主权平民操之，万般政务舆论决之，政治之主人则属一国之平民，政治之目的则在平民大多数之幸福，政治之策略则取平民之公意。国中有国民而无臣民，有主人而无奴隶。一国大多数之平民莫不享有公权，法律之外无论何人均不得而剥夺之，而人之天赋权能得以保存不失。"与此同时，"当日气焰薰灼、炙手可热之君王贵族，作威作福荼毒万民，无所于恐无所于惧者，至此而成为傀儡，除服从公理、遵守法律之外，更无丝毫权能足以驾驭人民。于是乎入其国境行其四野，强侵暴凌、箝锁镇压之举动不见于目，呻吟憔悴、咨嗟太息之声音不闻于耳"。而回顾当时的中国，由于未立平民政治，所以"专制妖氛弥漫全国，阶级毒焰深中人心，一国主权一姓握之，万般政务一人决之，政治之主人则皇帝是，政治之目的则皇帝之幸福是，政治之策略则皇帝之私意是。国中之国民也主人也，尽入万里罗网，尽坠千丈深渊，若祖若宗若子若孙世世困于泥犁，无门可以超升，更何国民之有，臣仆而已矣，更何主人之有，奴隶而已矣。四万万堂堂大国民，除服从私意、遵守王法之外，更无可以发表意思之余地。于是乎入其国境行其四野，强侵暴凌、箝锁镇压之举动不绝于目，呻吟憔悴、咨嗟太息之声音不绝于耳"。两相对照，差距是何等明显。作者还指出："彼方之开拓此平民政治也，莫不由先倒寡人政治而来……从未有不加人为之经营，不费心力之规画，任其自然，而能自伴社会以次第进化者也。"既然如此，那么"吾国民而欲享受平民政治之权利，其必自倒寡人政治始"。作者这里所说的平民政治，也就是我们今天所说的民主政治。

　　也正是有了这种认识，1912年6月统一党翻译出版英国政治学家布赖斯（J. Bryce）的《平民政治》一书后，立即受到社会各界的追捧，一部厚达 1952 页的大部头政治学著作，当月便告脱销，于是 7 月再版，8 月印第 3 版，9 月印第 4 版，1913 年 3 月出第 5 版，5 月出第 6 版，由此可见社会需求量之大。

"平民政治"的英文为 The American Commonwealth，直译应为"美利坚共和国"。为什么统一共和党要将 The American Commonwealth 译成"平民政治"呢？难道统一党不知道共和制与平民政治的区别吗？从现有的资料看不是，因为民友社当时还翻译出版过一本《法国民主政治》。在为该书所作的序中，民友社明确指出："顾念世界大国，行民主政治者不惟美，有法兰西焉，欧之强国也。"这篇序言还透露出将 The American Commonwealth 译成"平民政治"的原因："所以谓平民政治者，译其意，以为言民主，则犹有主之见存，非美人之意，故言平民，乃所以示共和之极致。"也就是说，统一共和党对共和与民主的区别是清楚的，对民主政治与平民政治的区别也是清楚的。之所以将"美利坚共和国"译为"平民政治"，是因为美国的政治制度代表了"共和之极致"，所以在翻译此书书名时采取了意译手法。

当时在革命党内对平民政治讨论最多、说得最明白的，是同盟会机关报《民立报》的主笔章士钊。章士钊在《论平民政治》一文中开宗明义地指出："今讨论平民政治，首当严者，则国体与政体之界说。"什么是国体？什么又是政体呢？"国体者，就统治权而言之也。政体者，就所以统治者而言之也。"直言之，所谓国体，是指人们在国家中的地位；所谓政体，是指政府的组织形式。章士钊认为，当时的中国，"统治权属于人民"，所以是平民国体，应该采用什么样的政体呢？章士钊指出："吾国诚为平民国家矣，而不可造一极端的平民政府。吾国诚属多数政治之国矣，而不可不运用少数之精神。"具体而言，即"以平民之国家而建立贵族之政府"，换句话说，即平民国家，精英政府，因为此种贵族"非以伪造之资格定之，乃全出于才能之异众耳"。稍后在《平民政治之真诠》一文中，章士钊分别对托克维尔、戴雪、奥斯丁、奢吕、梅因等人关于平民政治的定义进行了讨论。对托克维尔的《美国的民主》（Democracy in America），章士钊径直译为"美利坚平民政治"，说："法儒涂格维尔，言平民政治者之泰斗也。一八三一年，彼亲游美利坚，详究彼中之政态。越四年，发行《美利坚平民政治》一书，轰动全欧，其影响较之英儒边沁之立法说出世为尤大。"统观全文，章士钊在此处所说的"平民政治"，主要是指政体而非国体。

同时，《东方杂志》也曾先后刊载《欧洲之平民政治》和《瑞士平民政治之现状》两篇译文，就其内容来看，其所讨论的，都是西方民主政治。

辛亥革命时期知识界许多人将民主政治译为平民政治，这种现象不能简单地认为仅仅是一个翻译问题，其中透露出的是对平民意识的认同与否问题。

我们知道，平民政治是由平民政体演变来的，而平民政体，又可上溯至古希腊的亚里士多德。亚里士多德在其《政治学》一书中曾将古希腊时代的城邦政体分为六种，其中前三种为君主政体（royalty）、贵族政体（aristocracy）和共和政体（constitutional government），属正宗政体，后三种为僭主政体（tyranny）、寡头政体（oligarchy）和平民政体（democracy），系前三种的变体。根据亚里士多德的解释，"政体（政府）的以一人为统治者，凡能照顾全邦人民利益的，通常就称为'王制（君主政体）'。凡政体的以少数人，虽不止一人而又不是多数人，为统治者，则称'贵族（贤能）政体'……末了一种，以群众为统治者而能照顾到全邦人民公益的，人们称它为'共和政体'"。而"僭主政体以一人为治，凡所设施也以他个人的利益为依归；寡头（少数）政体以富户的利益为依归；平民政体则以穷人的利益为依归。三者都不照顾城邦全体公民的利益"。很明显，我们今天所说的民主政治democracy，在亚里士多德那里本来就叫平民政体，只不过不是正宗政体。

后来英国哲学家霍布斯在《利维坦》一书中将国家划分为三种：君主国家、民主国家或平民国家、贵族国家。对亚里士多德所说的三种国家的变体，即僭主政体、寡头政体和平民政体，霍布斯认为："这些并不是另外的政府形式的名称，而只是同一类政府形式遭人憎恶时的名称。因为在君主政体之下感到不满的人就称之为僭主政体，而不高兴贵族政体的人就称之为寡头政体。同样的道理，在民主政体之下感到不满的人就称之为无政府状态。"值得注意的是，霍布斯在这里不仅否定了亚里士多德所说的六种政体中三种变体的存在，而且将"共和政体"（constitutional government）改为"民主国家或平民国家"（a democracy or popular commonwealth），而将亚里士多德所说的"平民政体"（democracy）改为"无政府状态"（anarchy）。也就是说，在霍布斯眼里，democracy 和 popular 是一回事，不论其后来被译为"民主"还是"平民"，均不同于 anarchy。

而荷兰思想家斯宾诺莎在《神学政治论》中则正式将政体确定为君主政体、贵族政体和民主政体，并认为："在所有政体之中，民主政治是最自然，与个人自由最相合的政体。"法国思想家孟德斯鸠在《论法的精神》一书中也将政体分为三种类型：共和政体、君主政体、专制政体。虽然孟德斯鸠在政体的划分上不如亚里士多德和霍布斯明晰，但他却将"共和国"（republican government）与"民主"（democracy）、平民政治（popular government）与平民国家（popular state）区别开来。康德在《永久和平论》中也对共和国和民主制进行了区分，并对共和制表现出深厚的兴趣，认为"每个国家的公民体制都应该是共和制"。

从 1901 年到 1902 年，梁启超先后在《清议报》和《新民丛报》上发表《霍布士学案》《斯片挪莎学案》《卢梭学案》《法理学大家孟德斯鸠之学说》《亚里士多德之政治学说》《近世第一大哲康德学说》等系列文章，对上述西方思想家的主要思想作了比较系统的介绍。不过，长期以来，梁启超始终是一个精英主义者，戊戌变法时期他在上书湖南巡抚陈宝箴讨论湖南新政应办之事时就指出："欲兴民权，宜先兴绅权。"流亡日本期间他虽然在思想上、文学上受过日本平民思想家德富苏峰的重大影响，但始终排斥平民思想。1902 年梁启超在《新民丛报》第 20、21 号连载的《亚里士多德之政治学说》一文中写道："亚氏最有功于政治学者，在其区别政体。彼先以主权所归，或在一个，或在寡人，或在多人，分为三种政体：一曰君主政体（Monarchy），二曰贵族政体（Aristocracy），三曰民主政体（Polity or Democracy），此实数千年来言政体者所莫能外也。亚氏又不徒以主权所在为区别也，更以行此主权之手段或正或不正而细判之，于是乎三种政体，各有变相，都合为六种。其君主政之不正者，谓之霸主政体（Tyranny），其贵族政之不正者，谓之豪族政体（Origarchy），其民主政之不正者，谓之暴民政体（Othlocracy）。至其正不正于何判乎？凡以公意谋国家之公益者，则无论权在一人在寡人在多人，皆谓之正；以私意谋一己之利益者，亦无论权在一人在寡人在多人，皆谓之不正。"在这里，梁启超把共和政体写成了民主政体，把共和政体的变体平民政体写成了暴民政体，似乎透露出西塞罗的影子。

从中文后面所附英文看，梁启超的这段话应该译自《政治学》的英文译本。但梁启超并不懂英文，所以这篇文章很可能抄自某部日文著作，以致出现一些错误。梁启超虽然介绍了亚里士多德的政体学说，但他并不完全同意亚氏的观点，因此在所附按语中指出，在政体方面，正与不正，并无定形。不论及正不正则已，如果论及，"则惟民主为正"。这里似乎又透露出斯宾诺莎和康德的影子。

对当时流行的平民政治一语，似未见梁启超使用过。对与democracy 相对应的中文指称，他使用最多的是民主政治，有时亦用多数政治。如他在《庸言》第 1 卷第 12 号上发表《多数政治之试验》一文，指出："凡国家必有政本之地，政象之为良为恶，皆自兹出。"什么是政本？"其在君主国，则一人之君主，其政本也，名曰独裁政治。其在贵族国，则少数之贵族，其政本也，名曰寡人政治。其在共和立宪国，则多数之人民及其代表，其政本也，名曰多数政治。"由此看来，梁启超所说的"政本"，实际上是指执政者。他认为，"独裁政治，他不足忧，而惟君主之昏淫为足忧；寡人政治，他不足忧，而惟贵族之堕落为足忧；多数政治，他不足忧，而惟人民代表之衺曲为足忧"。梁氏在这里虽然提到了三种政体，但重点分明是在多数政治，而多数政治最令人担忧者，则在"人民代表之衺曲"。查"衺曲"一词出自《说文》，是对"枉"的训释，原意指木曲，后引申为人不做正事。在这里梁启超所担忧的"人民代表之衺曲"，是指人民代表不能伸张正义。他指出："一时代一国土之人民，其程度略有一定。程度优秀者，政本自清明，政象自向上，虽欲扰坏而无所动摇。程度劣下者，政本自混浊，政象自棼乱，虽欲弋取而无所侥幸。程度优秀之国民，其个人非无劣下者，而一以入于多数中，则无如多数何，不足以为病也。程度劣下之国民，其程度非无优秀者，而一以入于多数中，则亦无如多数何，不足以为喜也。程度劣下之国民，而政本非自多数出者，徼天之福，幸而遭值个人之优秀者居君相之位，则国家可以意外获无上之尊荣。程度劣下之国民，而政本复出于多数，则惟有坐听国家流转于恶道，永世不能自拔已耳。"在他看来，"行多数政治而能善其治者，其不可缺之要素有二"，其中之一是"国中须有中坚之阶级"。具体说来，即"理想上最圆满之多数政治，其实际必归宿于少数主政"。为什么这么说呢？梁启超认为："理论上之多数政治，谓以多数而宰制少数也，事实上之多数政治，实仍以少数宰制多数……彼号称多数政治之国，其多数势力之发动，岂非在议会耶？岂非在政党耶？其形式之现于外者，则多数之结集也，多数之表决也。夷考其实，则无论何国之议会，何国之政党，其主持而指挥之者，为多数人耶？为少数人耶？不待问而知其必为少数人也已矣。"表面看来，梁启超所说的少数宰制多数，与柏哲士、章士钊等所说的"平民国家，精英政府"有点相似，但细细品来，二者本质上并不相同，梁启超只注意到了形式上的多数与少数，而没有注意到，主持议会或指挥政党的少数，必须代表多数之利益，否则便不可能维持其执政地位。说到底，梁启超是一个精英主义者，而不是平民主义者。

受其影响，具有浓厚平民意识的吴贯因后来也多少有些转向。他曾在一篇题为《平民政治与愚众政治》的文章中写道："平民政治之一名词，在泰西各国，为对于贵族政治、官僚政治而言也。若中国自秦汉以降，已成布衣卿相之局，公辅之选，类皆起自平民，无所谓平民政治与非平民政治也。若夫以多数政治，为平民政治，则不知多数政治，非必有利而无害。苟人民之程度低下，则以多数为政，实足为致乱之源。故欧美所称为平民政治者，日本人常目之为'众愚政治'。此其中有至理存焉，不得谓为戏谑之言也。"他还用中国历史上的事实来予以说明：中国数千年来，如管仲治齐，商鞅治秦，诸葛亮治蜀，张居正治明，都是大权独揽，以雷厉风行的手段，整理庶政，所以能开一朝之治。如果发言盈廷，事权不一，则常足以召大乱。中国数千年来，常以政出多门为大戒。"商之在朝之众愚，犹且不可，若商之在野之众愚，则更无论也。"现在心醉西风者，不问国民程度如何，急着实现多数政治，于是一会儿争政党内阁，一会儿争国会政府。"一年以来，政局之杌陧，社会之纷扰，皆此等问题，阶之厉也。"既然愚民占了优势，不仅想当总理的人要讨好愚民，想当总统的人也得讨好愚民，于是竞相竭国民脂膏，以为选举运动费。因为众愚朝秦暮楚，难以依靠，一旦美国式的竞争不能解决问题，就将出现墨西哥式竞争，即武装政变。他最后写道："呜乎！此等政治，岂特可谥之曰众愚，循名核实，则众乱政治而已矣，众恶政治而已矣，平民政治云乎哉！"在这里，我们看不出丝毫的平民色彩。

不过，毕竟"平民"一词在当时具有十分明显的正当性，因此，梁启超的《多数政治之试验》没有写完便停止连载，吴贯因在撰写《平民政治与愚众政治》后，仍然在《庸言》上发表《社会崇拜之人物》一文，指出："中国历代所崇拜者，乃平民之人物而非阀阅之人物也。"

五 余论

辛亥革命时期知识界的平民意识有多重思想来源，主要包括以下几点。

首先，中国传统的平民意识。中国自东周起，随着贵族社会的解体，曾经有过一次权力下移的平民化过程。反映到思想观念上，便是早期平民意识的彰显。孔子讥世卿，墨子明尚贤，曹刿鄙视"肉食者"，冯谖弹剑而歌，都是这种平民意识的体现。从陈胜高呼"王侯将相宁有种乎"，到刘邦底定天下，汉初出现布衣宰相之局。魏晋以后，虽然一度出现士族化现象，但当刘毅发出"上品无寒门，下品无势族"的警告时，就已经说明这种现象在当时多么不得人心，平民意识的社会基础是何等深厚！隋唐以后，科举制度的建立，彻底打破了世族垄断政权的可能性，"显达之士多出寒门"，不仅成为历史事实，也成为教育青少年的训条。因此，平民化这一传统在中国历史上一直若隐若现地存在着。除此之外，知识界同情下层社会的传统，在中国历史上也如一条涓涓细流，连绵不断。从《诗经·魏风·硕鼠》篇的咏颂、收录、注引，到柳宗元《捕蛇者说》、白居易《卖炭翁》对统治者的控诉，从北宋欧阳修的《食糟民》、张俞的《蚕妇》、杨万里的《悯农》，到明清时期吴斌的《量田赋》、吴之振的《煤黑子》等诗文，无不体现这种价值取向。因此，吴贯因对平民政治家的尊崇，黄侃、刘师培等对下层贫民的同情，虽然不能说丝毫不受外来影响，但主要还是传统文化在近代的延续。

其次，近代无政府主义思潮。辛亥革命时期的平民意识与无政府主义有着千丝万缕的联系，当时无政府主义者创办的几个刊物如《天义报》《新世纪》等都是宣传平民思想的重要阵地。民国初年，师复在《〈晦鸣录〉编辑绪言》中更直截了当地写道，该刊"以平民之声自勉，其言论即平民之机关"。所以，辛亥革命时期知识界的平民意识不可避免地带有无政府主义的烙印。当然，烙印仅仅是烙印，辛亥革命时期无政府主义思潮不仅不是社会思潮的主流（主流是民族主义、民主主义和君主立宪思潮），对平民意识的影响也非常有限，因为当时具有平民意识的知识界人士大多主张建立北美式的共和制度，而非实行无政府主义。

复次，民粹主义思潮。毋庸讳言，辛亥革命时期知识界的平民意识明显受到民粹主义思潮的影响，其中《去矣，与会党为伍！》一文作者明确指出："当十九世纪七十年代，俄国革命以'去矣，与人民为伍！'为标的，游说全国，革命风潮方能致今日之盛。近年欧西各国，盛主张工会主义，以团结劳力之民，推为社会革命之急务。百十志士，身入工场矿山，以传布主义，诚伟观也。继今以往，中国欲革命成功，亦非设工会不可。但与其从新建设，何如就其所已有之会党而改良之。倘得千百同志，投身会党之中，持简单之无政府共产，易其简单之反清复明，以自由联合之义，变其所谓正龙头副龙头阶级之制，彼辈亦必乐从。"文章的题目"去矣，与会党为伍！"就是"效昔日俄人之口吻"喊出的。不过，民粹主义对知识界人士的影响主要在斗争策略，而非革命目标。当时革命党人"到会党去""到军队中去"带有明显的民粹主义痕迹。

最后，欧洲及日本的社会主义运动。当时革命党人对欧洲和日本的社会主义运动曾予以极大关注。《民报》曾先后刊登朱执信的《德意志社会革命家小传》和宋教仁的《万国社会党大会略史》，民鸣和陈振飞先后翻译了《共产党宣言》第一部分。其中除朱执信在《德意志社会革命家小传》一文中涉及"平民"一段话不知出于何处外，其他都与《共产党宣言》有关，均译自日本平民社的刊物。此外，部分革命党人还主动与日本社会主义者接触。如宋教仁在即将译完《万国社会党大会略史》一文时，曾致函日本社会党本部机关平民社，"询问其有无《平民新闻》及《直言报》，并言欲与之交换《民报》云云"。刘师培则干脆组织起"社会主义讲习会"，请幸德秋水和堺利彦前来发表演讲。因此，东西方的社会主义运动，不可避免地要对辛亥革命时期知识界的平民意识产生影响。

在此，我们有必要专门对辛亥革命时期知识界的平民意识、五四时期的平民主义与民粹主义之间的关系做一辨析。有人认为，平民主义与民粹主义是一回事，译为英文均为 populism。换句话说，辛亥革命时期知识界的平民意识属于民粹主义范畴，或者说是民粹主义的一种表现。辛亥革命时期的平民意识带有民粹主义色彩，但并不等同于民粹主义，更非民粹主义的一种表现。原因如下：第一，根据英国保罗·塔格特的说法，"民粹主义是一个棘手的难以捉摸的概念，缺乏使之更为具体明确的特征，其本性上的特点便是易变性。正因为如此，民粹主义无论作为一种观念或作为一种政治运动，都很难对其进行归纳性描述，更不用说给它下一个面面俱到的普遍的定义了"。因此，他在《民粹主义》一书中将探讨的内容归纳为六个核心问题："民粹主义者敌视代议制政治""民粹主义者把他们所偏爱的群体作为理想化的中心地区并以此作为辨识自身的依据""民粹主义作为一种思想意识缺乏核心价值""民粹主义是对严重危机的强烈反映""民粹主义因自身的矛盾性而具有自我局限性""民粹主义作为像变色龙一样的东西，能够随环境的变化而变化"。且不说无法定义的民粹主义其内涵具有不确定性，一个内涵不确定的概念就像一项用橡皮筋织成的帽子，可以随意扣在任何人头上，即以其提出的六个问题而言，除章太炎、刘师培等极数人外，辛亥革命时期具有平民意识的大多数知识界人士并不反对代议制，反而对代议制表现出从未有的热衷。知识界真正反思、批评甚至反对代议制是在 1916 年以后，"一战"以后达到高潮。第一条便不适用，遑论其他！第二，从当时具有平民意识的知识界人士的政治观点看，既有追随梁启超的吴贯因，也有革命党人孙中山、朱执信、汪精卫、章太炎、刘师培，还有一些政治态度不完全明确的留日学生，用"民粹主义者"一词，很难涵盖这些人士。第三，从其思想谱系看，当时的平民意识，如前所述，主要是中国传统平民意识的延续，同时受到过近代东西方无政府主义、民粹主义和社会主义的影响，用"民粹主义"一语，也很难涵盖这一复杂的思想倾向。第四，自戊戌以来，中国社会曾出现一个权力下移的过程，五四前后达到高潮，以后逐渐"左倾"化，到十年"文革"时期走向极端。这一过程在当时的社会实践中具体表现为平民政治、平民经济、平民教育、平民文学等不同走向。用民粹主义一语更无法概括近代中国社会这一发展趋势和发展过程。因此，将中国近代史上的平民主义等同于民粹主义，不仅是武断的，也是肤浅的。我宁愿认为，辛亥革命时期知识界的平民意识、五四时期的平民主义思潮是介于民主主义和民粹主义之间的另一股社会思潮，它受到过民粹主义的影响，因此不可避免地带有民粹色彩，但其本身并不就是民粹主义。换句话说，带有民粹主义色彩仅仅是辛亥革命时期知识界平民意识的特点之一。

辛亥革命时期知识界平民意识的特点之二是"反智论"倾向。余英时曾经指出，"中国的政治传统中一向弥漫着一层反智的气氛"，"'反智论'并非一种学说、一套理论，而是一种态度；这种态度在文化的各方面都有痕迹可寻，并不限于政治的领域"。他还将"反智论"分为"两个互相关涉的部分"："一是对于智性（intellect）本身的憎恨和怀疑，认为'智性'及由'智性'而来的知识学问对人生皆有害而无益。"二是"对代表'智性'的知识分子（intellectuals）表现出一种轻鄙以至敌视"。坦率地讲，辛亥革命时期具有平民意识的知识界人士多少都带有一些"反智"倾向，其中以余英时所说的第二种，即"对代表'智性'的知识分子（intellectuals）表现出一种轻鄙以至敌视"最为明显。吴贯因在表达其平民意识的过程中，就对"阀阅"阶级流露出某种程度的歧视。诚然，自春秋战国以来，由于郡县制取代分封制、土地私有制取代公有制以及私学的兴起，在中国未能形成一个长期占统治地位的贵族阶级，加之政权的频繁更迭，靠功勋获得特权的"阀阅"阶级也朝不保夕，但因受经济条件的限制，平民阶级接受教育的机会毕竟要小于"阀阅"阶级。同样，《绅士为平民之公敌》一文的作者对绅士阶级的敌视，特别是对留学生的丑化，虽然在某种程度上是对社会现实的描绘，但从本质上讲，也带有"反智论"色彩。或许可以说，平民意识与"反智论"似一枚硬币的两面，相伴而生。凡平民意识浓厚的时代，必然会同时存在一种"反智论"倾向。

辛亥革命时期具有平民意识的部分知识界人士，就主观方面讲，他们是真诚的平民主义者，为了解除民众的痛苦，为了把广大平民群众动员起来，组织起来，他们不仅在武昌起义前进行了许多宣传组织工作，而且在中华民国临时政府成立后采取了一系列政策。但就客观方面讲，由于此次革命没有解决封建土地所有制问题，更没有解决人民的参政权问题，他们没有也不可能实现自己的目标。辛亥革命不仅没有使中国实现平民化，反倒造就了一批新贵。当时黄远生在一篇文章中就一针见血地指出："今日中国无平民，其能自称平民、争权利争自由者，则贵族而已矣。农工商困苦无辜，供租税以养国家者，所谓真平民也，则奴隶而已矣。盖恣睢无道，惨酷不仁，至于中国今日之平民政治为已极矣。大总统、革命元勋、官僚政客、新闻记者、奸商著滑、豪强雄杰，此其品类不同，阶级亦异，然其享全国最高之奉，极其饮食男女之乐则一也。此等极乐世界中人，统计全国，最大不过百万，而三万万九千九百万之国民，则皆呻吟憔悴，困苦颠连，于莫敢谁何之下，而供租税服劳役者也。此其人口不能为文明之言，身不能享共和之福，皆以供百万贵族之奴隶狼藉而已矣。非大总统及政府之所能顾念而珍惜，非舆论机关之所屑为代表而呼吁，非彼堂堂政客之所屑为调查而研究。何则？？以其为奴隶而非平民也。读者疑吾言乎？革命以来，吾清洁高尚之国民，以爱国之热诚，奔走于义师之下，此所谓人心革命，非一手一足之烈也。顾国体既定，则争功攘利者盈途，窃位素餐者载道，而议论风起，造作党会者，亦得游手而饱食，独吾伤痍满目、困苦无告之国民，惨为天戮之奴才。临时政府成立以来，政府之教令，议会之法律，报馆之呼号而不平，或为大总统之私，或为政府之私，或为官僚之私，或为党会之私，或为豪强雄杰奸商著滑之私，固有丝毫分厘为民生社会请命者乎？此无他，以其为奴隶非平民也。"就具体问题而言，黄远生说的不免过于绝对，但就本质而言，黄远生说的却入木三分。

尽管辛亥革命没有使中国社会真正实现平民化，反而造就了一批新贵，但当时平民意识的广泛传播，为五四时期平民主义思潮的澎湃做了思想上的准备，并构成近代中国平民化进程中的重要一环。1915 年以后，随着陈独秀等革命党人由政治革命转向思想文化革命，平民主义思潮终成滔天巨浪，于是，中国社会全方位平民化的局面得以形成。

讨　论

梁景和：辛亥革命时期知识分子提出的平民问题，包括平民的界定和如何认识理解平民等。平民是一个为数众多的群体，作为一名精英是不能忽视这个群体的。有的精英是从平民中走出来的，与平民有着千丝万缕的联系，有的精英就是以争取平民的利益为自己的政治抱负。新中国成立后不提平民了，更多提的是人民。人民是创造历史的真正动力，这是人们普遍接受的一个命题。80 年代初对这个问题有争议，提出了历史的创造是不是人民的质疑，认为只强调群体而不注重个体是有问题的。谁是人民？我们说人民是创造历史的动力，可是人民看起来太空洞，太不具体。我们还有个重要理念是"为人民服务"，如果不谈个体，只是笼统地谈为人民服务，也会把人民架空，人民是由个体人组成的。80 年代有人提倡 "人人为我，我为人人"，使得人民的概念更容易操作了。另外，当代中国曾有一种议论，认为受高等教育的人越来越多，高等教育越来越普及，学位不能到了博士为止，提出博士后也可以作为一种学位。我就在想，如果人人都受高等教育，我们就要思考如何划分精英和平民了。

郭双林：我们有个误区，大学生到底是不是精英？我们一般的概念大学生就是精英。大学可以普及，但是受教育不是精英，实践中的成功才是精英。我经常跟我学生说，进校一个样，出校一个样，十年又是一个样。做学问，做好了是精英，做不好就是个劳动者。我觉得我们的宣传有问题，如果大学生普及了，大学生是精英，那都是精英，也都是平民，就没有差别了。

黄巍（首都师范大学历史学院博士研究生）：郭老师，您刚才说到 "文革" 时知识青年上山下乡。我感觉毛泽东对平民的认识和对知识青年上山下乡是很有思路的。我发现 "文革" 时期的知识青年上山下乡运动，不但城市青年下乡，干部也下乡，可以看出毛泽东的平民意识是十分浓厚的。但是我看到去过农村的干部，回来写的回忆录并没有说得到锻炼，都是说生活多么辛苦，感觉很委屈的样子。精英对平民的生活如此抱怨，而农民就不会，精英意识和平民意识是不是也有冲突，有不能调和的矛盾？我们中国人都有精英意识，学生都得考大学，但国外蓝领工人却很吃香，中国就业也是，技术工人特别受欢迎，是不是教育导向也存在问题，很多人都想成为精英，成为精英之后就忘记了自己是平民，这到底是意识还是文化造成了这种差异，你是怎么看待这个问题的？

郭双林：我觉得是文化上的问题。自由、平等它本身是一个普适的问题，当然美国怎么利用是另外一回事，但平等、自由、博爱本身没有问题。中国现实情况是农村和城市的差距过大，劳保、卫生、环境等差异过大，所以都提倡培养精英，所谓 "万般皆下品，唯有读书高"。

梁景和：中国是城乡二元结构。俗话说：由俭入奢易，由奢入俭难。城市生活条件好，农村生活差。在西欧，如果在德国说"我是农民"，让人感觉就像在中国说"我是大款"，他有庄园有土地，而中国如果是农民，那就是底层社会的人了。

郭双林：曼哈顿也是，平民才住在那里，有钱人都住新泽西，都住郊区，曼哈顿北部肯定不如北京。

徐晨光（首都师范大学历史学院硕士研究生）：第一，古代说士民工商，在辛亥革命时期，平民能否纳入社会结构中去？第二，国民教育是培养成国民，而平民教育的目的是什么？第三，平民教育中有没有一种性别思考？

郭双林：那个时期没有人专门界定平民的地位。我们是通过读史料总结出来的，具体指哪些人？应该是工农阶层，商有时候都不能算。没有规定谁是平民，谁不是平民，至少不是农户。国民教育最高的目的是权利和义务意识的教育，而平民教育就是开民智，主要是生存能力教育。我曾经想就《千字文》写个文章，探讨它在经济文化方面都涉及什么。所以平民教育主要还是生存能力的教育，就是小学教育，开蒙教育，认字扫盲性质的。就算搞乡村建设也得有知识，也得看得懂文件，会选举啊。你说的性别问题，清末辛亥革命时期还是忽视女性的，唐群英搞妇女参政，其实女性并没有独立出来。平教运动里，基督教讲平等，没有特别的性别界限，男的女的都接受教育，平教运动中基督教、美国色彩特别浓厚。这个问题一些文学作品中体现得更深刻。

谭君（首都师范大学历史学院硕士研究生）：我发现平民的身份转换也是一个问题，苏联历史上有一个斯达汉诺夫运动，一个普通的矿工，成了苏联的旗帜和楷模，而中国的农民工代表也是一个身份的转换。我在想，一个农民工一旦成为代表，是不是就是精英了，他和平民的区别又是什么？

郭双林：我觉得他应该还是平民，但是代不代表他的身份是他个人的事。西方有上院和下院，有一个上层下层的制衡，而中国的代表大会制度则会注意不同人群的比例。在中国转换了身份不代表他的阶层了，下次他就下去了，选民就不选他了。有时候这些人虽然政治地位好像变了，但是有时候价值观和意识还是平民的。

梁景和：好，今天就到这里，谢谢郭老师！

中美文化差异漫谈

时间：2011 年 4 月 17 日下午 3：00～5：00
地点：首都师范大学校本部主楼 201 会议室

主讲人简介

　　施雨，女，1988 年福建医科大学毕业，1989 年赴美，先从事医学科研工作，曾在达特摩斯医学院、德州大学西南医学中心和下城医院等地工作。现专业从事文学创作，在海内外诗歌、散文和小说征文中多次获奖；为美国《侨报》《明报》《星岛日报》副刊专栏作家；并组建海外文学创作团体"文心社"，现任总社社长；《文心》季刊总编辑。主要作品有长篇小说《刀锋下的盲点》、诗集《施雨诗选》等。

　　梁景和（主持人）：

　　今天我们请到了刚从美国回来的施雨老师，施雨老师和鲁迅先生一样，都是弃医从文的作家。施雨老师曾经是一位非常优秀的医生，现在是创办近十年的文心社的社长，写了著名的如《纽约情人》《上海归来》等小说。我们请她谈谈中美文化之间的差异情况，以及在美国的生活体验，请同学们踊跃提问，机会难得，下面就请施雨老师介绍一下自己的经历。

施雨（主讲人）：

我 1988 年毕业于福建医科大学，1989 年由于我爱人在美国，所以我就去了美国。我从高中时代就一直想当作家，但是我父母都坚决反对，他们让我从医，所以我就选择了从医这条路。最初到美国的时候，我也是从医的，开始是在大学里做科研工作，后来又考了医师执照，美国人把它叫"MD"，就是医学博士。在美国必须要通过严格的笔试和口试，通过后才会被承认为美国的医学博士。

一 宗教信仰带来的一系列差异

（一）医学观念的差异

美国是个很自由的国家，医生如果有一点儿不符合他们国家所认同的医德，那可能就要打官司的。这就涉及中美文化的冲突。比如在我们中国，来了个急诊病人，如果血压很低，需要输血，我们医生就会给他输血，这看起来是一件很正常的事情。但是在美国，遇到同样的情况，如果这个病人是有信仰的，他可能会不允许医生输血，这个时候作为医生你会怎么办呢？我开始的时候，肯定会选择给这个病人输血，救活病人是一个医生的职责。但是在有信仰的美国人眼里，这种做法是错误的，他们会认为你剥夺了他们选择不输血的权利。这件事说明，中美文化之间的差异：我们认为是对的，他们很可能认为是错的。

梁景和：如果病人因为没有输血去世了，他的家属会怎么看待这件事情？

施雨：家属会认为这个事情和医生没有关系，这是病人自己的选择。病人选择在输不输血的时候是有意识的，他自己选择了放弃输血，因为他说自己有信仰，就意味着选择死亡。如果医生没有听病人本人的意愿，给他输血，即使把他救活了，医生也可能被吊销医师执照，医院还得给病人赔款。在中国人眼里，医生救活病人，才有医德；而在美国，不尊重病人的选择，即使把病人的生命救活了，也被认为是没有医德。当然，如果病人处于昏迷状态，没有意识进行选择是否输血的时候，我们医生可以帮他进行选择。

谭君（首都师范大学历史学院硕士研究生）：施雨老师，您刚才说的那位宁愿选择死亡，也不愿意输血的病人是什么信仰呢？

施雨：比如基督教，它内部有很多分支，我对宗教不是非常了解，但是病人会告诉你他的信仰是什么，甚至有的信仰都不能做手术。我遇到一个七八岁的男孩，是他父亲送过来的，我们给他确诊是阑尾炎，应该马上给这个小男孩做手术，否则很危险。但是他父亲说"主会保佑他"，不让做手术，就把孩子带回家了，也不知道最后这个孩子怎么样了。医学观念的不同也说明了中美文化之间的差异。

（二）宗教信仰与国家利益

王唯（首都师范大学历史学院硕士研究生）：施雨老师，如果一个中国人在中国的时候没有信仰，当他到了美国以后，为了和美国的文化相融合，是不是会参加一些宗教组织呢？

施雨：其实都不用主动参加，很多牧师和宗教人士会主动找到你，美国的教会组织非常发达，在一些大学就有教会组织。中国的学生进了这些大学以后，很多的美国学生就是基督徒，他们可以带你到适合的朋友圈子中聚会。我觉得基督教带给人最大的好处是教会你谦卑和感恩，我觉得很多犯罪的人就是缺乏了谦卑和感恩的心理。如果你懂得谦卑和感恩，即使你职位再高，赚的钱再多，你也会懂得感恩社会、感恩父母、感恩老师、感恩所有的人，你的心态就会很平和。虽然每个国家所尊奉的神都不一样，但我认为这个神带给人的是一种精神力量。所以从这个意义上讲，信仰还是要有的，但是信仰不要过于极端，走向盲目崇拜就不好了。

张弛（首都师范大学历史学院博士研究生）：施雨老师，刚才听您谈的这些，我很受启发，虽然信仰带给人的是一种精神力量，但是我个人觉得美国的信仰是否会有双重标准，美国打着人权和宗教问题的旗号对外进行一些侵略和干涉活动，如最近的干涉利比亚事件，您如何看待美国的这种双重标准？

施雨：你问得非常好，其实这是个国际问题，这不仅是宗教问题，背后还有国家利益问题。宗教有它自己的局限，就是它的排他性。每个国家都有自己的立法和外交政策，美国这个国家就是要保护自己的国民，我觉得一个国家的政策和它的文化有关，而文化的形成又和这个国家民族的形成有直接关系。美国是一个移民的国家，很多政策是从下往上的。而中国的政策是从上而下的，我们中国很多人对民主的理解就是自由，其实民主的含义就是少数服从多数。在美国即使是总统，权力也不会凌驾于法律之上，普通国民还是有法律保障的。美国是一种理性文化，而东方是一种感悟文化，我们中国即使有法律，我们还讲人情，而美国人在法律面前不讲人情，这也是一种文化之间的差异，在处理同一类问题的时候方式也不一样。

梁景和：中美文化之间的差异，当然不能用好坏简单地判定。以宗教为例，从国家利益讲，一个国家利用宗教是为了维护国家的利益，个人信仰宗教也是为了维护个人的利益，希望自己的来世能生活得更好。宗教的益处，就像刚才施雨老师说的那样，能让人学会谦卑和感恩，个人在获取个人利益的时候，不能损害他人的利益。但是目前我们这个浮躁的社会，可能有些人为了个人的利益不惜损害他人的利益，没有了道德的底线。刚才谈到中国是个讲情面的关系社会，关系社会的问题在哪里呢，我觉得就在于损害了别人的利益。因为讲人情关系是一种不公平的行为，其实你在获取个人利益的时候同时可能损害了别人的利益。我们如果不是按人情关系而是按照法律制度来处理问题，这样就会显得公平了。

李慧波（首都师范大学历史学院博士研究生）：施雨老师，我想问一下如果一个基督教徒和一个天主教徒结婚的话，他们将如何处理宗教问题？美国在赡养老人方面有什么和中国不一样的地方吗？

施雨：他们在结婚之前可能就会协调好宗教问题，一般不会在结婚之后再处理信仰不协调的问题。或者同是基督徒结婚，或者很多基督徒会找一个身份清白的，就是以前没有宗教信仰的人结婚。关于赡养老人问题，昨天我才听说中国的法律规定子女有赡养父母的义务，美国法律规定父母要养育孩子到18岁，但是没有法律规定子女要赡养父母，美国有社会福利，国家会给低收入家庭补贴。

张弛：美国很多人都信仰基督教，美国人对未婚先孕、堕胎的行为都是怎么看待的？

施雨：美国从国家政策来讲，其实是希望堕胎的，因为小孩生下来以后，如果年轻的父母没有能力养育这个小孩，国家要负责养育这个小孩，所以国家的负担会很重的。国家的法律并没有禁止堕胎，但是有一些宗教人士的保守派因为信仰问题会反对堕胎。

二　教育与性教育问题的差异

梁景和：谈到教育，涉及目前中国的高考制度问题，如果按照美国的高考方式，恐怕在中国行不通。目前中国的高考制度相对来说还是一个比较公平的平台。

施雨：美国的高考分三部分，第一部分就是SAT，相当于中国的高考成绩；第二部分是高中四年的成绩；第三部分是领导才能。像美国的哈佛大学和耶鲁大学主要就是培养国家领导人的大学，所以这类大学要求学生做义工，培养学生为社会服务的奉献精神。如医生、律师都要免费为社会做一些事情。有很多人问为什么美国一流的大学对成绩不重视，为什么二流的大学反而对成绩很重视。所谓不重视，就像哈佛大学不需要学生 SAT 满分，即使 SAT 满分，如果学生没有做义工，没有奉献精神和领导才能，哈佛大学也不会录取。如果这类有奉献精神和领导才能的学生被哈佛大学录取，那二流的大学就只能选择成绩好的学生了，选择成绩好的学生就是想将来培养专业人才，培养教授。

梁景和：请问施雨老师，美国如何看待"官本位"？

施雨：如果你现在去问美国的学生将来愿意当官吗，他们会说不想当官，他们要赚钱。有钱也并不是不好，关键在于你赚钱和使用钱时的品质。在美国，如果你富有，但是你为富不仁，那这种行为会让人觉得很可耻。美国人很推崇富有的人去做慈善。当然，并不是有钱就是坏事，有钱也代表着人生的一种成功，能赚到钱，证明你有本事。但目前中国有些父母很有钱，他们的孩子就会追求小孩子本来不应该追求的事情，如高消费和穿各种名牌，在美国社会，小孩是排斥这种行为的。

王唯：施雨老师，像您这样有中国文化背景的中国人到美国以后，在性教育方面和本土的美国人是否会有差异，还有在性教育方面您是如何教育孩子的？

施雨：其实对于性教育，我们那一代人确实是很缺失的，学校也是不教关于性方面的知识的，很多父母也是很禁忌性这个问题的。我们的父母对性的禁忌对我们是有影响的，我们也会觉得提这个问题很羞耻，而且当时中学男女同学之间一般是不说话的。在性教育方面，我的小孩问我的时候，我也会给他讲一点，美国有很系统的性教育，有动画片演的就是很可爱的精子和卵子的结合过程，是很形象的。在美国，性和其他问题一样，都是经过科学的宣传和教育，并没有什么禁忌。美国的学校会教育，这样我们做父母的会觉得减少了负担。我觉得我们中国好像很缺乏性方面的教育，其实这对一个人以后的成长，处理夫妻关系和性生活，都是非常重要的事情，因为很多观念是根深蒂固的。

王红旗（首都师范大学女性文化研究中心主任）：我来说一下关于目前中国的一些大学生，甚至高中生未婚同居的现象，他们有的人觉得这是一种非常正常的现象，觉得是在试婚，但是我一直对这个问题有看法。我觉得同居这个问题会带来一系列的后果，不知道施雨老师在吸收了美国文化以后，对这个问题怎么看呢？

施雨：从生理上讲，高中和大学这个年龄段也是人的性需要最强的时期，比如男孩子性欲最强的时候是15～18岁，但是这个时候，我们中国的男孩子一般是没有女朋友的。美国和欧洲国家没有这个限制，但是欧美国家会教育孩子，年龄太小不适合过性生活。即使要过性生活，也教育孩子要戴安全套，一是防止得性病，二是防止女生怀孕，这样也可以在一定程度上保护年轻人。

王红旗：虽然您刚才提到从生理上讲，可以理解青年男女未婚同居，但是我们毕竟生活在中国这样一个传统文化的环境中，单纯要求女性的贞操观对女性其实是极不公平的，在封建社会，很多女性会因为贞操丢了性命。但是从另一个角度来讲，女性也得学会保护自己，这一点还是非常重要的。在中国这样一个男权文化的社会，女性在将来真正走入婚姻的时候，会面临很多的困惑，不会保护自己会面临很多的不幸。

施雨：现在中国都开放很多年了，在对待这个问题的时候，还有很多人在意贞操吗？人们的观念没有淡薄吗？

王红旗：年轻人淡薄了，但是他们的父母——我们这一代人——不会淡薄啊！可能会造成很多问题。

梁景和：贞操这个问题，从五四起就开始讨论了，这其实也是文化建构起来的。胡适说这和撞车时把手碰坏了，把腰扭伤了一样，有什么本质区别呢？同居这个问题，我觉得要注意几点，一是别怀孕，二是别得病，三是别伤害对方的感情。

三 中国的国家形象问题以及 未来年轻人的发展

张弛：目前中国大力进行国家文化建设，在国际上塑造国家形象，如在美国纽约的广场上播《中国形象》的纪录片。美国其实也很重视国家形象建设，他们将他们的文化产品比如电影、歌曲、食品等进军中国。中国如何在国外树立比较好的形象，到底什么能代表中国呢？其实这是个大问题，您对中国在海外树立国家形象这个问题有什么看法？

施雨：以我自己的理解来说，这是一个文化和历史进程的问题。我们中国其实一直很着急想在海外树立好的国家形象，像孔子学院的设立其实也是一种宣传的方式。我们国家为什么会对奥运会、世博会这么重视，因为我们就想借这样的国际活动来推广我们的形象，其实这也是可以理解的，因为任何事物都是一个从不成熟走向成熟的过程。

梁景和：我想能代表中国的不可能是单一的形象，还应包括很多方面，比如人物，包括历史人物、当代人物；风光，包括历史名胜和自然风光；艺术，包括美术、建筑、音乐、绘画、雕塑等；观念，包括古代的、近代的、现代的。它应该是一个多方面、多元化的形象，都得有代表性。

徐晨光（首都师范大学历史学院硕士研究生）：施雨老师您好，最近看报道关于中国留学生到欧美的情况，中国 80 后、90 后的留学生和 60 后的留学生相比，他们表现得好像更理性，他们不太关心政治，社会责任感相对减弱，反而更关心欧美的时尚文化。为什么中国的留学生到美国之后，接受了欧美的文化，却对中国的政治和文化不太关心，如果这样发展下去，会是一种什么后果，您是如何看待这个问题的？

施雨：我觉得 80 后、90 后相对于 50 后、60 后、70 后，他们的个性更独立。你提的这个问题还是很复杂的，60 后出去留学的人其实是带着一种理想出去的。90年代中国的经济腾飞，结构的分化逐渐开始了。其实目前，欧美国家的年轻人也不太关心政治，这也许都和利益相关，因为刚到国外留学的学生必须首先融入所去国家的文化之中，否则没办法立足。就拿我自己的经历来说吧，刚到美国的时候，必须在最短时间内学会用最纯正的英语发音，融入美国文化之中。年轻人总是会关心新鲜事物的，这也是很正常的事情。

王红旗：刚才听了施雨老师的谈话，我很受启发，我感觉中国现在的80后、90后孩子的生活能力在下降，社会责任意识相对来说比较弱一些，这个问题很复杂。

梁景和：改革开放前，全国人民好像都很关心所谓的政治，改革开放头十年，实际上是一个过渡，过渡时期的思想观念有个转化的过程，所以那个时候国内的变化其实是很大的。我觉得青年人是否关心政治这个问题，要辩证地看，不能一概肯定或一概否定。社会越文明、越发达，人们的行为和观念就越多元。另外，我想问个小问题，目前美国的家庭一般是几个孩子？不要孩子的家庭比例大吗？

施雨：目前美国的家庭一般是2~3个孩子，不要孩子的家庭也有，但不要并不代表着永远不要，也可能到40岁、50岁的时候还会要孩子的，即使自己不生孩子，他们也可能会去领养孩子。一般来讲，有孩子、有狗才是一个正常的美国家庭，狗也算家庭成员。刚才谈到的美国的福利问题，一般来说，对于老人来说，一种是60岁以后给你的福利，一种是给穷人，他不需要依靠孩子，可以靠政府来保障。一般老人还会去做工，还可能去做义工，和其他老人在一起发挥余热，还觉得很高兴。

王红旗：2008年，美国的复婚率和结婚率都占50%以上，很多人都愿意回归家庭，这种回归和美国的文化也是相适应的，因为他们开放过，经历过了就要回归。中国在"文革"和改革开放的时候都有转弯的时候，但是为什么转弯，这里面包含着错综复杂的因素，需要我们多方面的思考。

梁景和：保守和开放，其本质是文化"否定之否定"特征的表现。历史发展到一定时期，要否定传统的文化，而再到了一定的时期，可能又要回归传统的文化。施老师，您在美国生活二十多年，您最大的感受是什么，中国文化的问题在哪儿，美国文化的问题在哪儿，您感觉中国和美国的文化各有哪些正向的地方，谈谈您的感受。

施雨：这个问题还是比较复杂的，中美文化的差异太多太多，一时还举不过来，但是我只能说，中国文化有 80% 是适合中国的，对中国是有积极意义的，欧美文化 80% 是适合欧美国家的，没有积极意义的就会被淘汰。但是如果把中国文化放在美国，很可能是行不通的。同样，把美国文化放在中国，也可能是行不通的。还有在文化之上制定的各种法律制度必须适合本国的国情，各自都会有自己的游戏规则，关键是在国际社会的平台上，双方是否能够有协调性，这背后也是一种文化差异。

谭君：中国经历了"文革"以后，很多知识分子教育子女不要从事文学创作，但是改革开放以后，有很多人还是从事了文学创作，这是一种文化回归，还是文化"否定之否定"的过程，不知道您是如何看待这个问题的？

施雨：我想有些人是专业创作，有些人是业余的。其实我不太了解国内的作家为什么会走这条路，甚至很多作家在"文革"时吃了很多亏，但是"文革"结束以后，我们看到他还会重新写作，也许是作为一种谋生手段。说到海外的作家，有些海外作家是业余的，他们有的人写作是觉得文化的差异在心里憋得难受，一定要表达出来。其实移民的过程也是一个"拔根"的过程，很多文化伦理、审美等都会重新解构。但是在国外的时候，我还是喜欢用中文写作，这样有一种回家的感觉，其实在国外反而会更爱国，所以在国外的人都写乡愁，是一种对家的怀念的感觉。

王红旗：现在中国对世界的影响越来越大，在美国的留学生也越来越多，很多出国的人都是大学生，他们都是为了寻求自我发展的更好的空间。所以 80 年代出去的留学生写的作品和以前移民到唐人街的人写的作品是不一样的。

梁景和: 今天非常感谢施雨老师给我们作讲演, 让我们进一步了解到了中美文化之间的差异, 再次感谢施老师!

"文革"后期的民间批判思潮
（1968~1976）

时间：**2011 年 4 月 24 日下午 3∶00~5∶30**
地点：**首都师范大学本部主楼 201 会议室**

主讲人简介

　　印红标，男，北京大学国际关系学院国际政治系教授，法学博士，著名"文革"史专家，三十余年来潜心研究"文革"，搜集大量珍贵资料，破解诸多历史谜团，见解深刻独特，主讲课程包括中共党史、中华人民共和国史、香港与世界事务、海外华侨与华人社会等，论著包括《失踪者的足迹——文化大革命期间的青年思潮》《红卫兵运动的主要流派》《"文化大革命"中的社会性矛盾》等。

　　梁景和（主持人）：

　　各位老师下午好！今天是我们"中国现当代社会文化学"交叉学科的第二十九次学术沙龙活动，欢迎各位老师的参加！今天我们非常高兴地邀请到印红标老师为我们作《"文革"后期的民间批判思潮（1968~1976）》的演讲。印红标老师现任北京大学国际政治系教授，法学博士，主讲课程包括中共党史、中华人民共和国史、香港与世界事务、海外华侨与华人社会等，出版专著包括《红卫兵运动的主要流派》《"文化大革命"中的社会性矛盾》等，下面我们请印老师作演讲！

印红标（主讲人）：

首先要说明，什么是"文化大革命"的后续阶段。"文革"可以分为主体阶段和后续阶段。文革的主体阶段从 1966 至 1969 年，其特点是：毛泽东自下而上发动大规模群众造反运动，以"大民主"的方式，冲击地方和基层党政领导机关和领导人，揪斗所谓"党内走资本主义道路的当权派"，批判刘少奇及所谓"以刘少奇为首的资产阶级司令部"。文革后续阶段从 1969 年至 1976 年，其特点是：群众性造反运动退出政治舞台，"大民主"实际上不存在。党内高层斗争是主要形式。群众运动实际上从 1968 年夏秋就进入尾声，因此，我要讲的后续阶段的民间思潮是从 1968 年至 1976 年。这里所讲的"民间"的含义与"官方"相对应、相区别。首先，思想者的非官方身份有上山下乡知识青年、工人、一般干部、知识分子、农民、军人等，以青年为主；其次，与官方主流思想相区别，对毛泽东继续革命思想和当时的主流意识形态持自主或批评的立场。这里讲的思潮指社会政治思潮，主要指形成文本的论述，如大字报、文章、上书、通信、谈论提纲等。

本讲的主要问题：A. 民间批判性思潮存在的环境和方式；B. 有哪些主要的流派；C. 各流派的思想源流。

一　社会政治环境和思想活动存在方式

1. 社会政治环境：党内冲突不断激化，并公开化，社会持续动荡，经济混乱，民众生活长期贫困。普通群众的命运受政治左右，因而关注政治。这一阶段发生了一系列政治事件：1971 年林彪事件造成难以挽回的信任危机，1973 年"批林批孔"实际批周恩来，1975 年邓小平整顿遭"反击右倾翻案风"

批判，1976年4月天安门事件，直到10月粉碎"四人帮"。这一阶段思想控制严酷，但是官方正统宣传越来越缺乏说服力，党内外不同政治见解逐渐蔓延。

2. 民间思想存在的方式："民间思想村落"或者个人。"民间思想村落"（朱学勤语）：青年自发学习和探讨的小群体，由志同道合者组成的思想探讨群体，分散，基本互相隔绝，却常常议论着类似的问题，提出相近的观点。朱学勤描述了他所在的一个"思想村落"："中学毕业后，选择插队落户地点，我拒绝与同年龄的同学同行，一个人选择了没有国家分配名额的河南省兰考县，原因之一，就是因为当时已经有九个上海重点中学的高中生自愿组成了一个集体户，在那里开辟了一个边劳动边读书的生活氛围。一九七二年进工厂，这群人和另外一个更富思想气息的集体户汇拢在一起，一锅端，被端到三百里外的另一个县城，于是在那里形成了一个奇特的精神小气候，用我后来的体悟，是出现了一个从都市移植到山沟的'精神飞地'，或可称'民间思想村落'。一群中学生在下班之后，过着一种既贫困又奢侈的思辨生活，既与他们自己的社会身份极不相称，也与周围那种小县城氛围极不协调；他们以非知识分子的身份激烈辩论在正常年代通常是由知识分子讨论的那些问题，有时竟会争得面红耳赤，通宵达旦；被他们吵醒的工友邻舍，时常用奇怪的眼光打量这群白天还在一起干活的钳工、管工、搬运工，怎么一到晚上竟会争论起史学、哲学、政治学问题，争论那样大而无当的问题？"

这样的青年"思想村落"是民间自发形成的，区别于官办的"写作组""学习班"，它们不拘形式、聚散自由，游离于官方组织体系之外，如果不遭官方干预，会随参与者的意愿而自生自灭。其思想倾向多样，从学习马列主义、毛泽东继续革命思想，到对社会政治的批判性思考，其思想的深度也因人而异。"思想村落"涉及领域广泛，各个"村落"的偏好有别，据现有资料，除了社会政治之外，有热衷文学的，如孕育了朦胧诗派的著名的白洋淀文学青年群体，还有热衷哲学、美术，甚至数学的小群体。这些"思想村落"生存于社会和政治的边缘。当时的思想控制，偏重于知识分子和干部集中的城市里的学校、机关、研究部门，而农村一向是政治思想工作的薄弱地区。农村没有专职政治工作干部，基层干部的文化水平不高，见识有限，对城市知青的高谈阔论很茫然。工厂对青年工人八小时工作之外的活动，通常不多过问。

案例之一：北京徐浩渊沙龙

徐浩渊在"文革"初是人民大学附属中学的高中学生，出身于领导干部家庭，曾经因为写嘲讽江青的诗而被关押，是老红卫兵中有影响的思想型人物。从1967年起，在北京西便门国务院宿舍徐浩渊的家里，经常聚集起一些青年人，他们阅读政治理论、文学和艺术书籍，评论政治，研讨理论，品评文学，交流诗作，欣赏音乐和美术，俨然一个思想和文化沙龙。

案例之二：北京赵一凡沙龙

赵一凡联系了一群有才华的青年，形成了北京城另一个有影响的青年思想文化群体或曰沙龙。赵一凡出生于1935年，父母是共产党员。他在幼年因伤病导致下肢瘫痪，长期卧病。他只上过3个月小学，却通过顽强的自学修完大学文科课程。他没有正式工作，从1959年起为出版社做文字校对，算是临时工。"文革"开始以后，不得不闲居在家。特殊的人生经历使赵一凡与年轻他10~20岁、生活漂泊的上山下乡知青、待业青年、青年工人有了更多的理解和交往，诚恳地给这些青年朋友的自学和思想文化探讨以无私的支持，从而在他周围聚集了一批喜爱文学和勤于思考的青年。

1974年，在"批林批孔"运动中，当政者加紧查禁民间传抄的各类文学手抄本。北京的一些青年诗人被公安局、派出所和工厂保卫科询问、审查。徐浩渊的家被搜查。粉碎"四人帮"以后，赵一凡于1976年12月出狱。1978年12月北京市公安局正式作出平反决定。

案例之三：河南驻马店的农村探索

1969年开始，在河南驻马店农村，活跃着以大学毕业生陈一谘为中心的几位知识青年。他们在长期的农村生产和生活实践中反思"左"的政策和体制对农村的损害，探索农村发展的出路。他们联络了其他一些地方的有志青年，并多次向胡耀邦、邓力群等领导人反映意见。他们没有采取公开挑战当权者的做法，而是在体制内积累经验，与体制内外的有识之士建立广泛联系。农村的思考和实践，为他们日后投身农村体制改革的事业，打下了坚实的基础。

案例之四：喋血的村落——宁夏"共产主义自修大学"

青年思想村落是红卫兵运动结束以后青年思潮存在的基本方式，是孕育批判性思想的温床。当时，独立思想探索的社会环境非常险恶，一些思想村落被公安部门查抄，一些青年为思想探索献出年轻的生命。宁夏青年的"共产主义自修大学"被打成"反动组织"，3名青年惨遭杀害，就是这样的一个悲剧案例。"文革"结束后，1978年宁夏"共产主义自修大学"案得到彻底平反。

3. 读书活动：1968年红卫兵运动退潮以后，那些淡出政治运动的肯于思考的青年就开始了持续的读书活动。这一读书活动与中央号召的学习马列主义运动有联系，又有区别。青年们阅读的内容不限于中央倡导的马列主义经典著作，还包括尽可能广泛的人文和社会科学著作，包括很多不准青年接触的"内部读物"。这个读书活动为青年的思想探索准备了知识和思想的基础。

当时在青年中流传并产生过重要思想影响的书籍有马克思、恩格斯、列宁、毛泽东的著作（包括毛泽东未公开发表的讲话），其他人文社会科学著作，包括中外文学作品、历史学、哲学及经济学著作。内部读物"灰皮书"（以各种社会主义流派代表作为主）和"黄皮书"（以外国文学理论为主）也在一部分青年人中产生影响。

二　主要思想流派及其要点

"文革"后续阶段的青年思潮形形色色，有三个独立的批判性思想脉络引人注目：第一个是关于时事政治和政策得失的批判性思考，第二个是关于社会矛盾和制度变革的批判性思考，第三个是萌芽状态的关于言论和思想的自由主义思考。

（一）时政和政策批判派及其思想要点

青年思潮中的时政和政策批判派，有两个相互联系的思想内容：一个侧重于时政批判，一个侧重于政策批判。

1. 时政批判主要集中于政治层面：党内斗争的是非、领导人的评价以及"文化大革命"的功过等问题。

在党内斗争方面，这一派的观点包括：怀疑或者反对"文化大革命"确立的毛泽东的接班人——林彪，抨击以江青为首的党内"文革"派，认为"文化大革命"中被打倒的刘少奇、邓小平、贺龙等领导人是无产阶级革命家，打倒大批老干部是完全错误的等。

案例：

1969年，江西青年李九莲怀疑林彪的政治动机和中共中央对刘少奇所作的政治结论，被关押多年，1977年遭杀害。

1970年，河北青年工人张坤豪质疑打倒刘少奇和大批老干部，遭杀害。

1974年，长春青年史云峰散发传单，为刘少奇等老一辈革命家遭受迫害鸣不平，被逮捕，1977 年被杀害。

1976 年，四五运动时期怀念周恩来、批判"四人帮"的言论，也重在党内斗争，不赞同"文化大革命"的党内斗争是非观。

这些批评常常涉及政策的得失利弊，但是重点在于对党内斗争和领导人的评价，反对打倒大批领导干部。

时政批判的思想有的直接来源于"文革"之前政治教育所树立的是非观念，有的则进一步反思"左"的错误政策，乃至质疑毛泽东晚年的理论观点。对江青等党内"文革"派的谴责，一般都涉及"文化大革命"的评价和政策得失，有的对毛泽东及其决策抱有失望或者批评。

2. 政策批判与时政批判紧密联系又侧重不同。时政批判多关注领导人的评价问题，比较直观、质朴，而政策批判则具有较强的思想性、理论水平或比较开阔的国际视野。政策批判的焦点集中在"文化大革命"中推行的各项政策，一些人的批评还追溯到"文化大革命"前的政策和体制。

政策批判案例之一：

1968 年，湖南回乡知识青年萧瑞怡上诉毛泽东，提出现行生产关系不适应生产力状况，建议实行以"包产到户"为蓝本的"借土借田的土地制度"，提出"消除人为的阶级斗争""废除个人崇拜活动，解放人民思想"。

政策批判案例之二：

1968 年，知识青年张木生写《中国农民问题学习——关于中国体制问题的研究》，指出现行农村体制存在问题，人民公社体制不适合生产力发展，实际上肯定包产到户政策以及彭德怀、刘少奇某些被批判的农村政策主张。

政策批判案例之三：

张志新（辽宁省委党员干部）在 1968～1969 年指出：

毛泽东从 1958 年以后，在总路线、"大跃进"和人民公社"三面红旗"问题上有错误，反映在三年经济困难问题上；林彪是促进毛泽东"左"倾路线的主要人物，是纠正"左"倾的主要阻力；"文化大革命"的路线斗争是建国后，尤其是 1958 年以来党内"左"倾路线错误的继续和发展，"文化大革命"造成了严重的恶果。

政策批判案例之四：

1973 年，成都电讯工程学院党员教师屠德雍撰写并投寄《文化大革命十大罪行》：（一）使 90% 以上的干部、60% 以上的群众受到打击、迫害；（二）使林彪、康生、江青、陈伯达、张春桥等一小撮阴谋家、野心家篡夺了党和国家的领导权；（三）使工农业生产受到了极大的破坏，人民生活下降；（四）使科学、文化、教育、艺术遭到空前的灾难；（五）使党和国家一度在国际上陷于孤立；（六）使社会道德出现解放以来空前的堕落；（七）人为地造成人民群众之间的分裂和冤仇，甚至互相杀戮；（八）使党的威信一落千丈，民主集中制遭到彻底破坏；（九）使军队内部分裂，优良传统大半丧失；（十）使无产阶级专政遭到严重破坏，阶级阵线混乱。

政策批判案例之五：

1976 年，王申酉（上海师范大学在校待分配的毕业生）书写长文，认为毛泽东的主张实际上是以自然经济为基础的空想的社会主义，而被毛泽东批判的刘少奇、邓小平、周恩来、彭德怀的建国主张是符合中国实际的科学的社会主义。

王申酉对"文革"后期的工农业、科技文化教育、外交等诸多政策进行了批判性的反思，主张在经济建设中充分发挥价值规律的作用，反对闭关自守，期待向世界开放。

政策批判派的基本思想倾向：在经济建设方面，认为以刘少奇、邓小平、周恩来的一些讲话为代表的政策主张，有利于经济发展，能给人民生活带来实惠，是正确的，是符合科学社会主义的；而"文革"中被称作"革命路线"的方针政策及农村体制，造成粮食产量低、农民收入低和经济破坏，是"空想的社会主义"。

有些思想者的批判上溯到 1958 年的"大跃进"及 1957 年的"反右派"斗争，甚至联系苏联斯大林时代社会主义经济模式的弊病，颠覆了"文化大革命"所构建的党内两条路线斗争的是非观，否定了"毛主席的革命路线"。

政策批判派的基本出发点是经济的效益和发展、生产力的提高、人民生活的改善，以及文化艺术的发展，而不是以阶级斗争为中心，反对政治、社会、文化政策方面的"左"倾错误政策。

政策批判派在经济、政治和思想方面的基本主张是：回到 1956 年中共八大的政治路线，特别是以经济建设为中心的路线。

他们的批判以坚持基本社会制度为前提，在经济体制方面以社会主义计划经济为预设前提，通常不触及政治和社会基本制度的变革。

他们的目标可以归结为工业、农业、国防和科学技术"四个现代化"，而不特别强调民主和法制的意义，与"文革"结束以后的改革开放政策、有中国特色社会主义理论，多有吻合，可以视为有中国特色社会主义理论的早期探索。

（二）社会制度批判派及其思想要点

社会制度批判主要抨击社会关系的不平等及与此相关的社会制度。他们反对"特权阶层""干部阶级""官僚特权阶级"；要求"民主"，把民主（及法制）视为反对官僚特权的武器；社会制度批判派的出发点是社会的平等、公正、人民当家作主的权利。其理论依据是马克思的学说。

社会制度批判案例之一：

1972 年，《内蒙古知青通讯》提出：在苏联、中国存在一个"（领导）干部阶级"，这个阶级是现实社会的主人而非公仆；这个阶级存在的根源是社会主义经济本身，而非帝国主义和平演变阴谋或国内旧社会剥削阶级思想的腐蚀。这样的社会主义不是马克思预想的、以高度发达的生产力为基础的社会主义社会，而是生产力水平不高的、新的阶级压迫的社会。

他们认为"文化大革命"是在人民与干部阶级的社会矛盾发展不成熟的条件下进行的一次不成熟的革命，即人们感觉到了新阶级的压迫的存在，但是以为是旧的阶级（资产阶级）的复辟，所谓反对资产阶级实际是反抗新阶级的压迫。

社会制度批判案例之二：

1973 年至 1975 年，南京青年技术人员徐水良撰文，张贴大字报，提出特权现象来源于"特权制"，即无产阶级夺取政权以后，不得不"把管理国家，管理生产的任务继续委托给少数人"的制度。由于社会主义国家实行特权制，所以产生了"政治权力、经济权力的无产阶级内容和它的特权制形式的矛盾"。实行这种制度的原因是经济和文化的落后。社会主义条件下实行"特权制"只具有不得已而为之的暂时合理性。特权制必然引发社会矛盾，在条件成熟时必将进行消除特权制的社会变革。

社会制度批判案例之三：

1976 年春，云南青年陈尔晋的《特权论》提出：苏联修正主义是一种与以往社会制度不同的新型剥削制度；中国现行的制度是政治经济一体化、高度组织化的公有制社会，社会的基本矛盾是"政治经济高度一体化的公有制的社会生产与少数人固定化的对权力的垄断"；中国正处于过渡性的"岔路口社会主义"阶段，既有可能通过社会主义的民主革命向社会主义发展，也有可能向苏联式修正主义演变。他认为：中国需要社会主义民主革命，在政治上要借鉴西方民主制度，采取社会主义的（立法、行政、司法）三权分立、（共产党的）两党制，保障人权，实行法制，逐步真正实现人民对国家和社会的管理。

社会制度批判派的主张是：反对官僚特权，同时必须反对特权赖以生存的现行制度；呼吁社会主义的民主，以及社会主义的法制；保障人民的民主权利，以监督政府和执政者，防止党的领导干部退化为高居于人民之上的社会主宰、官僚特权阶级。

社会制度批判派的探讨具有比较强的理论色彩，其案例数量及在民众中的影响远不如时政和政策批判派。这一思想流派要求在社会主义（公有制）经济基础上实行政治的民主（及法制），具有民主社会主义的倾向。

（三）李一哲：制度批判与政策批判的汇合

1973～1974 年广州李一哲大字报和 1975 年四川"马列主义研究会"的观点汇合了政策批判和制度批判。

案例之一：

广州青年李正天、王希哲、陈一阳和中年人郭泓志以"李一哲"的笔名给毛泽东上书，继而张贴大字报《关于社会主义的民主与法制》，提出：A. 林彪集团的政治特征及其社会基础是"新贵"和"特权阶层"。B. 林彪路线的表现是"左"，批判林彪必须纠正"左"的错误。C. 呼吁社会主义的民主。应当允许政治上的反对意见和反对派在法律和纪律的约束下公开存在。D. 呼吁法制。法律应当表现人民的意志，保障人民的权利。反对当权者凌驾于法律之上，谋求特权。主要针对林彪集团等"新贵"势力。

李一哲大字报《关于社会主义的民主与法制》在被批判的过程中影响进一步扩大，是在"文革"后续阶段影响最广泛、最深刻的思想文献。此后，民主与法制的理念越来越多地出现在民间思潮当中，成为制度批判派的思想诉求。

案例之二：

1974年底至1975年初，四川省万县张闳、牟其中、刘忠智等人酝酿成立"马列主义研究会"，他们的思想探索受到李一哲大字报的影响，与李一哲的观点有不少相近之处。

（四）自由主义思想及其要点

"文革"期间，可以视为自由主义的思潮十分弱小。其特点是：强调自由特别是言论和出版自由，明确地或者实际上否定阶级斗争。目前仅看到两个案例：

1972年，一位知青以"不平"的笔名在上海张贴大字报《真理是有阶级性的吗？》，他还在笔记本里撰写多篇文章，探讨言论自由等问题，表现了自由主义的思想倾向。

1975年，成都回城知青胡平撰写文章，并以《言者无罪》为题张贴于公共场合，呼吁言论自由，具有清晰的自由主义的特点。

三 批判性思潮的源流

"文化大革命"期间的批判性思潮是中国和世界社会政治思潮的组成部分。

（一）时政和政策批判的源与流

就思想来源而言，时政批判的观点基本是以"文化大革命"之前中共党内的主流是非观念去批判"文化大革命"关于党内斗争的解说，把被"文革"颠倒的观念颠倒过来，其主要思想方向是回到"文革"前十七年的政治和思想主流，反对"四人帮"、林彪等人推进"文化大革命"的言论，实际上是批评毛泽东的晚年错误。这一思想流派的依归，基本是中共八大的政治和思想路线。

政策批判派的思想以中国社会主义经济建设的实践为依据，肯定党内务实的方针政策，他们的很多观点受到"文革"中被批判的刘少奇、邓小平等领导人的务实主张的启发，例如对农村"包产到户"政策的重新认识和肯定，其中思想深刻者往往不仅否定"文化大革命"以来的政策，而且批评"文革"前"左"的政策，其未来趋向大体是走向"文革"后中共中央的中国特色社会主义理论。

时政和政策批判派继承了"文化大革命"群众运动中保守派和老红卫兵的一些观点，例如维护共产党的领导秩序、反对打击老干部、反对江青等党内极"左"派等。1967年成都青年王正志和1968年江西青年吴晓飞的言论，反映了从保守派思想到时政和政策批判的过渡。同时，一些曾经有造反派经历的青年也在"文化大革命"造成的严酷现实面前进行反思，对"文化大革命"的政策进行了批判，例如广州李一哲、四川"马列主义研究会"的青年。

时政与政策批判思潮与党内务实派的主张相呼应，类似的观点不仅存在于青年之中，而且存在于党内外不少干部和群众之中。张闻天的肇庆文稿反映了"文化大革命"中一些遭受迫害的领导人的思考，张志新、屠德雍等人的批判则是党员和群众反思的典型。

从国际共产主义运动角度观察，"文革"后续阶段的政策批判思潮与苏联斯大林时代苏共党内外对政策的批评和改革要求，以及赫鲁晓夫的不少改革思想和实践一脉相承，是苏联模式社会主义国家执政党及其影响下的群众自我反思、自我调整、改革的有规律的现象。

(二) 社会和制度批判派的源与流

制度批判思潮的直接思想来源是毛泽东继续革命理论中揭示社会矛盾的部分，继而以马克思的学说作为分析的理论依据：以马克思的学说评判中国、苏联社会主义社会的实际。

社会制度批判思潮直接继承红卫兵运动时期极左"新思潮"对特权的批判思想，其成员多有造反派的经历，以及对"文革"后果的失望。

这一思潮在某些方面继承了1957年"鸣放"期间一些青年批判特权、追求民主和法制的观点。同时，开启了"文革"结束后"资产阶级自由化"思潮中间类似论说的先河。

社会制度批判思潮的基本诉求指向民主的社会主义。

中国"文革"后续阶段出现的这一民间思潮，与国际社会主义—共产主义思想历史上某些马克思主义者或者社会主义者对苏联制度的预测性担忧和批判相似，例如俄国的普列汉诺夫、德国的罗莎·卢森堡，以及中国的晚年陈独秀、苏联的托洛茨基派和南斯拉夫的吉拉斯（旧译：德热拉斯）对苏联模式社会"官僚阶层""新阶级"统治的批判，还有1960～1970年苏联不同政见者当中的民主社会主义派的批判。可以说"文革"后续阶段的制度批判派，是以马克思学说反省和批判苏联模式的国际思潮中的中国流派。

讨　　论

梁景和：印老师刚才提到"文革"后续阶段民间批判思潮涉及三个方面，即时政与政策批判、社会与制度批判、自由主义。这些思想活动存在于一部分有思想的青年学者和一部分有背景的干部子弟即青年精英当中。这里就涉及精英与民众的区别，很多精英有思想、有批判意识，但盲从的民众可能占大多数。我们研究社会文化史，特别要关注政治史、思想史、经济史方面的问题，这些领域能给我们很多启发，对我们研究社会文化史有帮助。另外，印老师发给我们的提纲内容非常丰富，希望同学们回去之后认真阅读加以消化。

王宇英（中国传媒大学讲师）： 印老师，您好！您刚才所讲是对民间思潮质上的判断，我很受启发。我想问您在量上有没有做过具体的数字统计？

印红标： 还没有量化，因为很多资料到目前为止还没有看到。但总体上来讲，政治批判的人不多，其次是制度批判。民主法治思潮在互不相识的人当中，不具有师承关系，但同样的社会现实，同样框架下，会得出同样的结论。因为存在决定意识，类似的存在决定类似的意识。因为没有总量，所以无法统计，但这方面的案例比较多。

梁景和： 印老师，您所讲到的"文革"青年思潮，其中的"青年"是指什么样的群体？

印红标： 一般指红卫兵这一代人。大学老五届，即大学四年加上实习一年。这些人应当是1961年入学的。个别也有六年，比如医科大学。另外还有中学老三届，就是即将在1966年、1967年、1968年毕业的这批人。当然其中也有研究生，以及与其相关的其他人。

这里我再说一下精英与草根倒置的现象。"文革"里主要打击的是政治精英或文化精英。社会本来是把人作为精英来培养的。但是在那个时代，一些特别有思考能力的人，被放到下面去了。打破了原来培养精英的模式。比如按常规，普通老百姓主要考虑的是生活，农民孩子可能作为农民来培养，这样的话，社会一般不会有太大的变动，底层也不会出现思潮。但是这些被放到下面去的精英与普通工农思想不一致，"天下兴亡，匹夫有责"。他们以卑微的身份考虑本来应由知识分子或社会精英来考虑的问题。其实他们本身就是知识分子或精英。朱学勤在《寻找思想史上的失踪者》中也讲到这些。要把这些人变为真正的农民很不容易，这些人和后来回到城市的人也不一样。普通人的愿望只是回城,而他们要上大学或者当干部。1976 年四五运动时,活动分子大部分是工人身份,但这些人所考虑的却不是一般工人所考虑的问题。这是一种特殊的社会现象。

黄巍(首都师范大学历史学院博士研究生):印老师,您好!我想问一下红卫兵运动的时间是如何界定的?

印红标:开始是以天为标志。1966 年 5 月 29 日,清华附中的一群中学生在圆明园聚会,决定成立秘密的学生组织——红卫兵。他们声称自己是保卫毛主席的"红色卫兵",毛主席是他们的"红司令"。一般以这一天作为红卫兵的诞生日。结束是以 1968 年几件大事为标志。如红卫兵组织分裂为不同的派别,以致发展到大规模武斗,毛泽东说"现在是小将犯错误的时候了"。工宣队、军宣队相继进入学校等单位。接着就是上山下乡,整个全国造反运动到那时为止,红卫兵作为一支政治组织到那时也解散了。顺便提一下,造反派也是泛指,开始是以攻击当权派为特征的,后来造反派又具有妖魔化特征。其中有造反派自己的问题,也有不是造反派的问题。另外,后来的红小兵与那些红卫兵是有区别的,红小兵是一些模范学生,听老师话,经老师批准加入的,这些人不是因运动而存在的。

张弛(首都师范大学历史学院博士研究生):印老师,您好!您对"文革"持完全批判的态度还是认为这里面也有正面的因素?

印红标:可以分两部分来讲。红卫兵前期,主方向是毛泽东掌握的。后来是民间的,完全脱离中央,与毛泽东思路是不一致的。先说前一部分,老红卫兵思想批判的是知识分子,这里面积极的东西不多,反映革命家集团对知识精英集团的不信任。比如"地富反坏右"不容易上大学。后来,打破血统论,认为出身不可选择,这对于改变受压制的不公正待遇来说是有积极意义的。但是"文革"没有真正达到目的。没有找到一个公正的方法。很多受压抑的人,也没有找出正确的方向。反抗专制可能造成新的专制,反抗压迫可能造成新的压迫。所以社会需要民主和法律。

汤诗艺（首都师范大学历史学院硕士研究生）：印老师，您好！我想听听您对"个人崇拜"的看法？

印红标：共产主义运动中的一些人如毛泽东、斯大林、铁托等第一代领导人，第一代领袖，他们有着超凡的能力，力排众议，与革命取得胜利有着直接的联系。这也是一个规律，在其内部也愿意推出自己的领袖人物，使之具有威望与吸引力。这种领袖往往既是理论领袖又是政治领袖。民主集中制要求领袖服从党，但在战争年代，由于特殊的环境，领袖超越政治局之上，最后成为一党之上。后来特别是在"文化大革命"时期，出于宣传个人崇拜的需要，毛泽东的地位越高，社会不发生动荡的可能性越大。因为在当时没有一个更强的组织的情况下，借用领袖的威望可以来压制一些不正常的事情。

徐晨光（首都师范大学历史学院硕士研究生）：印老师，您好！"文革"十年，这么大的运动，毛泽东是精神领袖，周恩来是务实派，因为有这两个人的存在，所以国家才基本维持稳定，您认为我的看法对吗？

印红标："文革"前三年是大乱，"文革"实际上就是三年，没有这三年就没有"文化大革命"。毛泽东有一个总体的设计，后来是要走向大治的，1969年重建制度，但是由于前三年的矛盾，加上毛泽东的改革不适合当时中国国情，这个制度不能稳定运作，所以"一波未平，一波又起"。"文革"后期基本处于半正常状态。周恩来在党内属于行政管理人才。他在保护老干部以及维持秩序方面起了重要作用，使"文革"没有造成更大的损失。

我与文学

时间：2011 年 6 月 20 日下午 3：00 ～ 5：00
地点：首都师范大学本部主楼 201 会议室

主讲人简介

　　林湄，荷兰籍。祖籍福建。1973 年自上海移居香港，曾任某新闻社记者、编辑。1989 年移居欧洲，后定居荷兰，从事报刊专栏写作和专业创作。曾任比利时根特国立汉学院特约研究员、欧华学者协会理事、荷兰作家协会会员、荷比卢华人写作会主席、欧洲纯文学杂志《荷露》主编。1995 年于荷兰埃德芬召开个人作品国际研讨会。1999 年往耶鲁大学访问研究。现为专业作家。

　　梁景和（主持人）：

　　今天我们邀请到了著名女作家——林湄女士。林湄女士现为专业作家，著有随笔《我歌我泣》《精神王国的求索者》，散文集《如果这是情》，散文诗集《生命、爱、希望》，长篇小说《泪洒苦行路》《漂泊》《浮生外记》《天望》，短篇小说集《罗经理的笑声》，中篇小说《不动的风车》《西风瘦马不相识》等。下面请林湄老师谈谈她与文学的故事。

林湄（主讲人）：

谢谢梁老师！今天非常高兴能与大家一起讨论，我主要从写作与文学精神、当文学遭遇"财富"这两个方面来谈一下我与文学的故事。

一　写作与文学精神

伯尔说："敏锐的眼睛是作家的手艺工具。"状态——是一种没有进入视野的东西，借助语言来看穿人和事。有人问我，你一生多坎坷，为什么不写出来，那书肯定畅销，我没有写过什么诡谀之词巴结当代任何政治家，或迎合读者趣味。世界真实地存在，或许我的趣味已过时，但我是叛逆的，因为我比别人更在乎自己内心的真实感觉，看轻世俗的所爱，或违背自己心意的声音，冷静坚持。

我们无法用蜜蜂和螃蟹来形容这个世界，但可以思考我们为社会做了些什么。地球因人类而健康，还是人类只知享乐而令地球加速垂老？生存斗争的残酷性并没有被文明所防治，文明并没有满足我们情感深处的需要。当价值观都崩溃了的时候，意义只能从排斥、错位中溜走，给魔鬼留有余地，对善恶无动于衷。

写作是一种兴趣的倾诉。会写的人很多，写得好又能留下作品的就太少了，所以必须不断进取、修炼，更需要智慧和悟性，否则就浪费天赋了。"小说创作"不像科技。科技发展需要在前人的研究成果上发展，如发现了电，才有电报、电话、收音机，进而创造电脑、网络，等等。文学作品是一种精神劳动的产品，精神的东西是有个性的，艺术基于个性，创意是艺术的关键。俗雅是另一回事，需要时间鉴定。中国经济改革开放多年，政治和文学不能再停留在模仿、拘泥于现实的水准上，应该超越和表现自己的特色，进入世界文学殿堂。

传统小说注重情节的跌宕，但文学与电视剧不同，以情节取胜虽给人刺激，但看完书后，除了娱乐、刺激和故事，缺少令人启迪和思考的东西，有点遗憾。

作为文学编辑，贵在"发现"，但很难。若长期在一个框架下工作，很容易被习惯感化而产生一种共识。2002年诺贝尔文学奖得主凯尔泰斯·伊姆莱的作品被人认为晦涩难懂，为什么，因为他将哲学和文学融合在一起，这样，不用脑不用心读的人自然读不懂。

《逝水年华》《尤利西斯》等，和叔本华的《作为意志和表象的世界》情况相似，完稿后不但无法发表，且无人问津。叔本华却说："这是一面镜子，当一头蠢驴去照镜时，是不可能在镜子里看到天使的。"他讽刺得有点不雅，但他形容得非常确实。

作家用文字、画家用色彩、音乐家用声调、雕塑家用泥石创造艺术作品，尽管用料不同，但均需要基本的要素，即天赋和后天的努力，其创作过程大致相同，需要灵感、思考和艺术技巧的表现，对体裁、内容、形式方面的思维方式和处理方法也是大同小异的，然而，艺术的最高成就却是一种境界。这需要信念。我相信真诚、纯洁、真理、道德和艺术之所以永恒而有价值，是因为它将使人类性能高于动物，趋向崇高。信念使我对生活和艺术充满激情，信仰使我关心社会现实和人的命运。

创作并非难事，难得的是新奇又有价值。然而这一切都受到天赋和素质的约束。文学不单是揭示事情的内容和发展，而且是让人通过作者笔下人物形象和命运看到时代的图景和各式各样人的生存状况，有主导的、卑微的、个别的、集体的、公平的和不公平的尘世体验感受、思想和呐喊，以及引发读者的思考。可惜，我们这个时代是一个急功近利、浮躁而没有艺术标准的时代，不少人仍然重视官腔，害怕寂寞，从而，虚假和轻率充斥市场，真理和德行被认为是"傻子"。这是时代的悲哀。而最大的弊病是在批评界，有些学人的评论不是出于人情就是利益，只有少数人是无私的阅读和评述。可想而知，聪明、学问和才华若不是用在正途上，为真理德行发扬光大，那么，就容易成为这个时代的祸害。所以，这个时代欠缺的不是人才，而是人的内心健康和人格魅力问题。文学成就的大小和艺术价值的高低，与作家的名声、威望和社会地位不一定成正比，历史已证实这一切。

荷兰最近出版了一位作家专写放屁原因、声音等的书，销路很好，我觉得他本人也是在"放屁"。很遗憾，作为一个作家，他只重视生理放屁现象，却无法意识到许多人的嘴在放着灵魂之"屁"哩。物也是渐变渐成的，我们其实就生存在渐变渐成腐味的世界里。商品社会的空气、水、生态失去平衡，建筑材料中的化学污泥现象等已引起世界性的关注，可是，多少人关注文化污泥呢？西方文化污泥成灾。走进书报店，色情淫秽书刊杂志配着一帧帧低级无聊的照片：裸体照、性技巧、性工具、同性恋、人兽恋等，好像人类除了性就没别的生存内容了。不可否认，制造文化污泥的人并不个个都是"色情狼"，大多数是为了钱，当然，还因为有人喜欢这样的作品。透彻地说，是人的素质问题。一个正派的人绝不会对淫秽下作的东西感兴趣，因此，提高人的素质是抵挡文化污泥的关键。传统文化中的"孝悌忠信"（四德）、"礼义廉耻"（四维）值得借鉴。

著名文艺理论家朱光潜认为一个人在创作和欣赏时表现的趣味高低主要是由资禀性情、身世经历、传统习尚三个因素决定，"根据固有的资禀性情而加以磨砺陶冶，扩充身世经历而加以细心的体验，接受多方的传统习尚而求截长取短、融会贯通。这三层功夫就是所谓的学问修养"。他说："文学本身上的最大毛病是低级趣味。所谓低级趣味就是当爱好的东西不会爱好，不当爱好的东西偏特别爱好。"确切地说，任何时代任何社会都存在作家，关键是作家要把自己放在什么位置上，物质世界里既然有名牌、次货之别，作为精神产品的艺术同样存在档次品位的差异。然而，因读者的素质志趣不同，对艺术的审美视角观念也千差万别，所以，艺术世界永远存在着"萝卜青菜，各有所爱"的现象。唯悠悠历史，能够传承下来的还是那些给人启发、于人有益的东西。我相信世界上仍然有真理和真善美的存在，不然，这个世界有什么意思呢？人类活着不也是徒然么？2008年诺贝尔文学奖得主克莱齐奥（Clezio）"自小就为了逃脱丑恶世界而转向写作，在精神与物质、主体与客观的激烈抗争中，投身于文字语言纯美而洁净的天地间。自由，快乐，悲伤都由自己选择，不像在世界那么被动"。（邓中良《文艺报》2008年12月27日）

出国这一经历彻底改变了我的人生，改变了我对艺术和世界的看法，改变了我和人交往的方式，改变了我的衣食住行，改变了我的爱、我的梦。作品的主题、结构、题材、人物写法均与作者的人生观艺术审美尺度有关。语言如建构房子，然而，若主题结构材料毫无意义，那么，再华美动人的语言修饰也会令房屋摇摇晃晃，不能久留。

艺术到底是什么东西，人类为何需要艺术？艺术能跨越金钱、地位以及人的情感因素而长存于世，大概就是人类通过对艺术的触摸、聆听、观赏、品味后能令人心宽神驰，获得美的享受与思想启迪，也就是说，人是有情有性有思想意识的高等动物，艺术能满足人类的精神需求。

人之与动物有别是因为人有意识思想，文学是人的产品，人立足于社会，假如文学没有精神，不能直面人生生存状况与存在的价值并发出质疑与呼喊，文学还有什么价值与生命？文学精神来自良知与信仰，但这个时代不容易做到这一点，这个时代充满浮躁、诱惑、彷徨，作者和读者均难有艺术的栖息地。何况精神这东西难以做作，需要寻思、思考、沉淀与提升。当然，人的素质、品味与需求不一样，社会也需要一些娱乐性质的文学，但那是文学"玩具"而已，不是精神食粮。尽管它是多数人喜欢的东西。

崇高的精神在某种意义上来说就是永恒与价值。然而，最好的精神也不等于是艺术，有目的的图解精神的作品未必是好作品，但有价值的文学作品必然有独特的精神和思想。文学没有国界也没有指挥官，无论在祖国或在海外的作家，本质是一样的，对于文学精神，可以在乎，也可以不在乎。但愿有良知的作家，无论外界如何诱惑、纷杂多变，走自己的路，保留心灵的一片净土吧。

二　当文学遭遇"财富"

当然，若没有经济的发展，也无法顾及文化艺术的建设和发展，杜甫在《百忧集行》写道"归来依旧四壁空，老妻睹我颜色同"。足见人类首先得解决安身立命问题才谈得上精神生活，只是，一味强调经济发展和钱的作用也很危险，因为世上没有绝对和永恒不变的人与事，此外，钱的价值是有限的，经济带来的财富填补不了人类心灵的空虚，人之高于动物是因为人有思想和情感，还有境界之说。何况经济发展必然引发争名夺利、相互挤压、击伤等现象，还有空气污染、人性浮躁、扭曲等负作用。可想而知，经济发展不能真正改变人类的命运，人们依然生活在迷茫、恐惧、烦恼和不安中，谈不上人的尊严和幸福。反之，经典的知识文化可以创造财富，财富则不容易亲近意义和价值。科技信息越发展，现代人创造的财富花样越来越多，却无法提供人类的"爱"和"情感"。再说，人是一种无常的存在，道德和真理不是物质造成的，而是心灵营造的结果，即精神问题。崇高的精神财富之所以有价值，是因为它不会腐烂毁坏和垂老，却能在人类悠久的历史文化中流传，给人启迪或获得一种物质世界所替代不了的祥和、安宁和愉悦。物质财富和看不见的精神财富是两种不同的东西，不过是人类对其的审视角度和觉察的方式方法不同而已。那么，"财富"和"灵魂"问题，难道永远不相与共？这方面，犹太人较为明智，懂得钱的重要，又懂得使用钱，他们十分重视教育和慈善工作，足见价值和目标全出于观念。

我在回应滨海新区给作家出的题目"经济发展与文化元素"里，提倡不随俗、不功利、减少欲望和贪婪。为什么这么说呢，因灵性这东西必须在简约无喧的环境里才能得以舒展和生存。可惜，现实却像荷兰作家埃查德·米克所说那样，文商多庸俗，只知道知名度、履历、畅销与否，少有如伯乐、席勒那样的眼光去挖掘发现真正的智慧和价值。

"知足者富，强行者有志"的老子精神已不被重视，当下市场上的泛艺术和垃圾文化太多了，缺少经典文化和作品。因而，有志于从事文化艺术和写作的人们，面对新环境新市场只能自律、拒绝诱惑，恢复古典主义精神，远离喧闹和市侩，坚持特立独行、认真执著地走自己的路。试看古今中外真正的文化大家和精英分子生前都是孤独寂寞的，虽在漫长的精神领域寻思追求中有眼泪、痛苦、挫折和不幸，但他们的内心是平和、安宁和充实的，用塞纳万斯的话来说，"正因为他们的'贫穷'，才令世界富足"。

这次回国虽然时间短暂，但每当走进喧闹的街道和人群时，不由想到在异国他乡多年的湖畔岁月，那是我体悟"书趣""天趣""独趣"的乐园，无论世界多么风采热闹，我心安静。此时此刻，我多么希望在此与朋友们一起分享：其实，只要心志清寂，以上"三趣"便可在任何地方营造和长存。

讨　　论

张弛（首都师范大学历史学院博士研究生）：村上春树曾在《挪威的森林》里提到，看某个作家的作品是否能站住脚的标准是，看他的作品在他死后三十年是否能被读者接受并流传。您怎么看这个问题？

林湄：我认为不能用时间这个标准来衡量某个作家的作品。三十年不是最低标准，而且不能仅仅以时间作为标准。比如，柳如是的作品在她死后八百年后才被发掘而很有影响。张爱玲的作品在她刚刚死去就很轰动很有名气了。张爱玲文笔很好，很有才华，但非常可惜，把人生经历的很多东西扭曲了，并没有升华。文学之所以给人力量，是因为它升华了。艺术就是要升华，不能停留在原有的现实上面。如果以三十年作为标准，我认为是很绝对的。时间也许更长也许更短，没有绝对的标准。

张弛：刚才您讲了您从事文学的一些经历与阅历，很多从事文学的人都有丰富的阅历。其中，有坎坷经历的人，这些坎坷成为他们写作的丰富资本。您认为从事文学和阅历有关吗？

林湄：这肯定是有关系的。可以这样说，一些坎坷的经历会阻碍一些作家的创作，使他们不能或不愿继续写下去。而一些顺境可能会使作家更顺利更有希望地写下去。我当年遇到过逆境，放弃了二十年的时间，现在我在追赶时间，抓紧时间看书、写作。

李慧波（首都师范大学历史学院博士研究生）：刚才听您讲了之后，觉得一个作家不仅要有才华，还要有毅力，真的不容易。在五六十年代，当时的学生可以结婚吗？如果可以，华侨在择偶方面一般都倾向找什么样的人呢？找华侨的人多还是找国内的人多？

林湄：一般是华侨比较喜欢找华侨。因为很多事情容易沟通，另外生活水平也相近。一般都是背景差不多的华侨结合。

李慧波：当时华侨举行的婚礼有没有受国内婚礼的影响？国内婚礼是比较简单的。

林湄：当然有。当时婚礼很简单，给大家分糖都特别高兴。穿蓝的、灰的衣服，拍个照片，就很高兴。

李慧波：当时在国内，对离婚是不齿的，华侨婚姻有没有这种情况？

林湄：当然有。华侨离婚也是要被耻笑的。

谭君（首都师范大学历史学院硕士研究生）：您对伤痕文学怎么看？

林湄：伤痕文学是早期"文化大革命"时期一些作家创作的，我觉得这些东西也应该写，毕竟这是一段历史。我将来可能也会写，但出发点或写法和其他作家会有不同。因为我们中华民族对自己的文化对自身要有反省精神。不但要反省，我认为创作伤痕文学需要忏悔意识，需要有信仰。其实，忏悔一点儿都不羞耻。当然，忏悔和一个国家的文化背景有很大关系，最终和信仰有很大关系。伤痕文学值得写。以前的很多伤痕文学都怀有抱怨的心态，对社会不满。现在的时代，我相信也有作家写，也有不满。目前肯定也有人在写伤痕文学的一些东西，但关键要看怎么写了。

谭君：那您认为伤痕文学的整体意义是趋向好还是趋向坏呢？

林湄：当然是趋向好了。因为有一些东西用文笔记录下来，可以让后人了解。如果不记录下来，很多东西又被遗忘，又被重复。

王玉娇（首都师范大学政法学院硕士研究生）：您对文学的坚持特别感动我。如果我也想做文学，您有什么建议吗？

林湄：要走这条路，你要有思想准备，就是做好吃苦的思想准备。我之所以走到今天，除了喜欢文学之外，意志很重要，意志非常重要。每一次在人生重大变动的时候，遭到灾难的时候——我真的遇到过很多困难，我总是战胜它，要跨越过去，不要给自己带来更大的痛苦。而且要坚信这个世界邪不能胜正，"种瓜得瓜，种豆得豆"，你付出多少就得到多少回报。我刚才讲过，时间是挤出来的，甚至是用生命拼出来的。意志很重要，同样的人，为什么有些人最后得到了，意志起了很重要的作用。不要旁观外物，和别人比较，没法比较。按照佛家来讲，人的个人命运基于缘，基于很多因素。人的能力有时候无法和社会抗争，只能自律，你要告诉自己你要的是什么，如果你真的想走文学这条道路，如果你真的喜欢文学，要有思想准备，吃苦耐劳，经得起挫折，不要碰到一点困难就收缩了，并在挫折中吸取经验、教训。我相信任何人的成功都是这样经历过来的，没有人不劳而获，古今中外都是如此，它具有普适的价值。

梁景和：好，今天林湄老师的报告非常精彩，谢谢林湄老师！

三十年来的"文革"史学研究

时间：2011 年 6 月 24 日下午 3∶00 ~ 5∶00
地点：首都师范大学本部主楼 201 会议室

主讲人简介

耿化敏，男，1979 年生，山东宁阳人，史学博士，中国人民大学马克思主义学院中共党史系讲师、中共党史教研室副主任，主要从事中共党史与当代中国史的教学与研究。主要科研成果：参编齐鹏飞、杨凤城主编的《当代中国编年史(1949.10—2004.10)》、参编齐鹏飞主编的《中华人民共和国史》、参编杨凤城主编的《中国共产党历史》等。

梁景和（主持人）：

各位老师同学下午好！今天是我们"中国现当代社会文化学"交叉学科的第三十一次学术沙龙活动，欢迎各位参加！今天我们邀请到耿化敏老师为我们作《三十年来的"文革"史学研究》的演讲。耿老师现任教于中国人民大学马克思主义学院，主要研究中共党史（1949 ~ 1978 年）、当代中国知识分子与思想文化运动（1950 ~ 1970 年）、中国"文革"史、中共党群体制（党—工青妇）、中国人民大学史（1950 ~ 1977 年）。曾主持国家社科基金重大项目"中国百年妇女运动史"以及多项教育部社科项目。发表论文数十篇。下面我们就请耿老师作报告！

耿化敏（主讲人）：

谢谢梁老师的邀请，我今天主要从三个方面来谈三十年来的"文革"研究。

一　从起步到转型

严格说来，国内"文革"史研究始于 1981 年中共十一届六中全会通过《关于建国以来党的若干历史问题的决议》（以下简称"历史决议"）之后。在"文革"结束向改革开放过渡的社会转型期，伴随思想解放运动的兴起，已有一些党的政治家和知识分子开始对这一段历史的思考和评论，如 1977 年 3 月胡耀邦到中共中央党校担任副校长，主持复校工作后曾部署研究党内"三条路线斗争"，1978 年 11 月 10 日～12 月 15 日召开的中共中央工作会议、1979 年 9 月 29 日叶剑英在国庆三十周年纪念大会上的讲话也都比较集中地涉及这一段历史，对"文革"史研究起到了拓荒和探索的作用。"历史决议"首先以中央文件的权威性，从执政党的角度，确定了"文革"的性质与分期，总结了其发生的原因及经验教训，特别对毛泽东作出了政治评价，从而回答了"文革"研究的首要问题，奠定了史学界关于"文革"历史叙事的基本规范。同时，"历史决议"顺应拨乱反正的历史需要，也构成了当时开展"文革"研究工作的合法依据和政治原则。当时，加强社会主义时期中共党史研究特别是"文化大革命"的研究，是理论战线开展拨乱反正的一项重要任务。正是以 1981 年"历史决议"的通过为标志，"文革"史学开启了自身的学术研究历程。具体来说，拨乱反正对于"文革"研究的推动主要体现在以下方面。

首先，拨乱反正真正拉开了国内"文革"研究的序幕。遵循对"文化大革命"必须予以彻底否定的中央精神，关于"文革"的研究和对极"左"路线的批判受到鼓励和支持,各地编印了许多揭批材料和宣传册子,有关当事人也撰写了一些回忆文字。例如,1985 年中共中央党校、解放军政治学院、北京日报社编印的《彻底否定"文化大革命"十讲》《彻底否定"文化大革命"讲话》《彻底否定"文化大革命"(专集)》等小册子,都是宣传"历史决议"精神的产物。

其次,在拨乱反正的工作中,理论战线形成了"文革"研究最初的队伍。当时活跃在理论战线上的金春明、于南、王年一、郑谦等一批中青年学者,主要来自中共中央党校、解放军政治学院(1985 年 12 月组建为国防大学)、中共中央党史研究室(1980 年 7 月成立)等单位。例如,1977 年秋,中共中央党校党史党建教研室根据胡耀邦同志的指示,专门成立了"三次路线斗争"专题研究小组,组长金春明后来成为"文革"史领域的开拓者之一。可以说,这一史学领域最早并且富有影响力的一些学者就是在拨乱反正中开始了自己的研究生涯。

最后,拨乱反正促进了有关资料的整理和出版。由于当时的特定环境,一些相关的档案文献陆续开放公布,新成立的党史、地方志工作部门着手搜集、整理和编撰地方资料,一些党政领导人和知识分子的文集、传记、年谱及有关的回忆录、日记等也得到一定的出版,从而为 80 年代研究的发端奠定了史料基础。其中,较大型的专题资料是 1988 年 10 月国防大学党史党建政工教研室内部编印的《"文化大革命"研究资料》(上中下),逐年收录有关讲话、社论、文件等,对推动研究居功甚伟。

这样,在 1986 年,也就是"文革"结束十周年之际,国内出现了一个研究的小高潮,陆续推出一批研究成果。这些成果大部分是对"历史决议"有关"文革"叙述的具体阐释和理论分析,也有建立通史叙述和拓展专题研究的尝试。其中,高皋、严家其的《"文化大革命"十年史》(天津人民出版社,1986)是填补大陆空白的第一本"文革"专史著述,不过因史料的随意性和偏重于政治叙事而评价不高。相比较而言,王年一的《大动乱的年代》(河南人民出版社,1988)则被公认为是代表当时乃至90年代国内学术水准的通史著作。

1987年,国内学者在展望未来研究的方向时,已经很有远见地指出:"为了进一步把'文化大革命'的研究推向深入,需要更广泛地收集、整理各种口头的文字的史料,不断提高马克思主义理论素养,从当代国际共运和马克思主义在当代的发展等方面开拓研究视野,从经济体制、政治体制、中国的文化传统以及社会心理等角度进行综合研究,并积极借鉴当代科学研究中的一些新方法。同时,也应注意到研究对象的特殊性,坚持研究工作的严肃性、科学性和纪律性。捕风捉影,杜撰虚构,简单地肯定或否定,以个人的作品和品质取代对社会的历史的分析,或者斤斤计较个人恩怨,纠缠历史旧账等,都会把研究工作引上歧路。"上述认识既是学者们的研究体会,也预示着未来"文革"史学主流的努力方向。

进入90年代,"文革"史学失去了昔日的热闹,有段时间似乎就是一片寂寞冷淡的光景。在80年代,巴金提出建立"文革"博物馆,邵燕祥提出建立"文革"学,不少报纸杂志和专家学者也都在呼吁加强"文革"研究。史学界之心境,诚如中共党史学家廖盖隆所言,"决不应当对这个研究设立禁区","应当很好地向'文化大革命'这个反面教员学习","愿'文化大革命'研究繁荣"。然而,步入90年代后,一个不争的事实却是"文革"历史的社会关注度在下降,研究队伍出现危机,有关图书出版困难。在前5年,国内仅有河南人民出版社1994年出版的杜蒲的《极左思潮的历史考察》、江沛的《红卫兵狂飙》这两部值得称赞的学术著作。学者们普遍感到日渐突出的研究停顿和后继乏力的问题,一些研究者望而却步,退出研究行列。

今天回顾起来,其实在这种表象的背后,"文革"史学正在经历着一场回归史学本位的深刻转型:从服务现实的政治化研究，转入依据学术逻辑的当代史学本身，亦即"文革"史学从"鉴戒史学"向"求真史学"转变。在 90 年代，对"文革"的政治批判和对"历史决议"的宣传已经不再具有以往的那种重大意义，社会主义时期中共党史研究的重点，开始转入改革开放，"文革"史学已经失去了来自政治方面的推力。

但是，史学界对当代历史的内省却构成了"文革"研究的一个新动力。伴随共和国历史的不断沉淀，史学界越来越重视当代历史，即所谓"当代人要治当代史"。"文革"时期在当代历史链条中，恰恰具有一种"史无前例"的特质——"文化大革命"是中国从毛泽东时代走向改革开放的关键一环。史学界公认：没有"文革"，就没有改革。在抗拒历史遗忘症和重建社会记忆的语境中，"文革"研究重焕活力，继续前行。

改变海内外研究不对称格局的强烈愿望，构成了这种史学转型的另外一个动力。伴随学术交流的深入，海外研究成果陆续被翻译介绍到大陆，这为"文革"史学的转型提供了新的学术资源和思考向度。从 1989 年求实出版社推出麦克法夸尔的"文革"前史著作《文化大革命的起源》（第 1、2 卷）的中译本，中经 1992 年中国社会科学出版社译介的麦克法夸尔、费正清主编的《剑桥中华人民共和国史：中国革命内部的革命（1966—1982）》，再到 2009 年麦克法夸尔、沈迈克的最新著作《毛泽东最后的革命》（香港星克尔出版有限公司、台湾左岸文化出版有限公司）中文译本的问世，以西方"文革"研究权威麦氏的新旧著作的轮回为标志，海外研究的主要成果基本上已为大陆史学界所了解。不仅如此，从金春明主编的《评〈剑桥中华人民共和国史〉》（湖北人民出版社，2001），到新近一段时间国内史学界对《毛泽东最后的革命》一书的热烈讨论，足可展现 90 年代国内学者借鉴、吸收乃至对话海外研究方面取得的长足进步。

1996 年，当"文革"结束二十周年之时，"文革"史学迎来了历史性的转折。这一年，中共中央党校、中共中央党史研究室、当代中国研究所、北京大学等几家学术单位曾经召开座谈会或研讨会，对西方学者提出的"两个文革说"进行了热烈的讨论，而对西方这一新分析范式进行的学理性和实证性的批判尤具学术史的转折意义，它表明"文革在中国，文革研究在海外"的权威话语已经受到大陆学界的有力挑战。在推动中外研究交流中，香港中文大学中国文化研究所主办的《二十一世纪》杂志扮演了重要的角色。仅从杂志主持人主编的论文集《文化大革命：史实与研究》（香港中文大学出版社，1996）的目录来看，在39篇论文中，大陆学者有19篇，已经占据"半壁江山"，这表明"文革"研究中外不平衡的格局开始被打破了。

90年代后期，国内"文革"史学的实质性进展主要表现为专题史著的出版。一方面，以金春明的《"文化大革命"史稿》（四川人民出版社，1995）和席宣、金春明的《"文化大革命"简史》（中共党史出版社，1996）为代表的新通史著作得以出版，对"文革"的历史背景与起因、来龙去脉及经验教训的分析相当深刻。一方面，以刘小萌的《中国知青史——大潮(1966—1980年)》（中国社会科学出版社，1998）、郑谦的《被"革命"的教育——"文化大革命"中的"教育革命"》（中国青年出版社，1999）、周全华的《"文化大革命"中的"教育革命"》（广东教育出版社，1999）、丁龙嘉的《康生与"赵健民冤案"》（人民出版社，1999）、张志明的《走出迷谷——1967—1979年中国政体变革的历程与思考》（江西高校出版社，2000）等为代表的专题史研究也已经达到一个新的高度。其中，张化、苏采青主编的论文集《回首"文革"——中国十年"文革"分析与反思》（中共党史出版社，2000），较为全面系统地探讨了"文革"的原因、进程、事件、运动、思潮、人物、组织等，涉及这一时期的政治、经济、社会、文化、外交诸领域，既有史实考辩，又有理论分析，集中展示了专题史领域所达到的整体水平。

在告别宏大叙事，转向实证研究的史学潮流的推动下，一批学者转换治史理念，调整工作思路，长期沉潜，累积史料，更新方法，吸收海外研究之成果，为 21 世纪第一个十年的"文革"研究做了铺垫。

二　新世纪的新气象

新世纪以来，"文革"史研究进入一个拓展时期，在 2006 年——"文革"结束三十周年之际，集中展示了业已积淀起来的深度和广度。从国内召开的几次会议来看，既有中共中央党史研究室、中共中央党校、中国人民大学、中共北京市委党史研究室、渤海大学等单位召开的研讨会，又有一些民间学者发起的研讨会，讨论的议题也更加广泛，同时一些大陆学者获邀参加海外学术会议。

其一，"文革"史学呈现出来的新气象，与史料的日益丰富密切相关，以往制约研究的资料瓶颈问题已经不再突出。尽管中央一级的有关档案开放没有实质性突破，但北京等少数省市已在酝酿有限度地开放"文革"时期的地方档案。国内学者还可以公开利用新公布出版的党和国家有关档案文献，以及有关人士的文集、传记、年谱、回忆录、日记、口述史等一般史料，也有机会到港台或者海外学术单位接触一些珍稀文献。仅香港中文大学中国研究服务中心，自 1999 年至 2010 年，已有 20 余位大陆学者获邀访问。学者利用其馆藏的地方史志、年鉴、港台图书以及美国宋永毅主编的《中国文化大革命文库》（香港中文大学出版社，2006）、美国华盛顿的中国研究资料中心编的《新编红卫兵资料》（共 3 辑 112 册），完成有关"文革"课题的研究。同时，国内也开展了有关资料的整理工作。1996 年，国家图书馆在于光远的推动下，清查馆藏"文革"资料，结果是共有 2611 种、66797 期。辽宁锦州的渤海大学历史系，近年成立了国内首家"文革"研究机构——"文化大革命"史研究所，设有"文化大革命"史展馆和"文化大革命"史资料室，还曾于 2006 年 5 月召开"全国文化大革命史料搜集与整理研讨会"。此外，民间还涌现出一些"文革"文物收藏家，建有一些实体的"文革"博物馆，有的地方甚至形成了较有特色的"文革"文物市场或商店，从而搜集保存了形态多样化的"文革"史料。

更为引人注目的是，伴随网络社会的崛起，以互联网为载体的民间"文革"史料更是大量涌现。近年来，以重建社会记忆为宗旨的一些民间网络刊物常常涉及"文革"题材。2004 年 9 月创刊的民间网络刊物《往事》，就以保存历史、追求真实为宗旨，主要发表从延安整风以来至"文革"时期的回忆文字和历史评论，至今已办了 100 多期。在其创刊的第 1 期，"漫谈文革座谈会"就研讨了有关资料的收集、抢救和管理及口述历史的规划等议题。2008 年 9 月创刊的另一个民间电子刊物《记忆》，更以改变"文革发生在中国，文革研究的成果在海外"的现状为职志，力图"汇聚研究成果，提供学术资讯，建立交流平台，推动文革研究"，至今已办有 80 多期。

其二，"文革"史学新气象还体现在研究群体的多元化。从某种意义上讲，国内最早介入"文革"历史的是一批创作知青小说、政治人物传记的作家群体。这类以"文革"为题材的纪实文学作品，尽管在坊间长盛不衰，"畸形繁荣"，但在学术界很快就被严谨的历史研究所取代。目前，国内史学界已大致形成四类研究群体：一是中央文献研究室、中共中央党史研究室、中央党校、当代中国研究所等国家研究机构，因有条件接触到上层档案，故研究侧重于中共高层政治和政策演变；二是中国社科院、北京大学、清华大学等科研院所和高校，注重学术视野和方法论，以研究社会文化领域的群众运动和思潮为重点；三是有关历史当事人及其亲属，以回忆录与口述历史的形式加入研究者行列，主要通过亲历见闻或私人史料披露新的史实，富有个人感情色彩；四是以网络为载体的民间研究者，崇尚

"眼光向下"，着力发掘民间史料，关注社会底层民众的境遇。

其三，"文革"研究层面的立体化。在以往的历史叙事中，"文革"似乎仅仅是中国内部孤立发生的以上层权力斗争为内容的历史话剧，在这个舞台上看不到群众与社会的空间。近些年来，"文革"研究已经扩展至包括中央与地方、国家与社会基层、高层政治人物、知识分子与普通民众在内的多层面，内容涉及政治、经济、军事、外交、社会生活和思想文化，并尝试在中国与世界、传统与现代的历史空间中加以比较，从而初步呈现了一个多重面相的历史图景。

再就是，从专题与个案实证研究，走向建构"文革"历史叙事新框架的尝试。在实证研究的引领下，国内现今涌现出一些颇有特色、术有专攻的学者。主要有郑谦、陈东林、韩钢、王海光等人的政治史研究，徐友渔、印红标、李辉等人的红卫兵研究，刘小萌、史卫民、定宜庄等人的知青和"上山下乡"运动研究，李逊、金大陆、何蜀、唐少杰等人的地方或单位"文革"研究，王毅、谢泳、刘晓、杨凤城等人的意识形态与思想文化研究，戴嘉枋、王明贤、洪子诚、杨健、王尧、王家平、祝克懿等人的文学艺术史研究，等等。在此基础上，从 2000 年起，国内几家学术单位不约而同地都想谋划出版一套反映新时期研究水平的多卷本"中华人民共和国史"，力图突破传统的宏大叙事，建构一种新的历史叙述。2008 年，香港中文大学出版社推出由大陆学者撰写的"中华人民共和国史 1949～1981"系列丛书，其中有两部属于"文革"时期：一是卜伟华的《"砸烂旧世界"——文化大革命的动乱与浩劫（1966—1968）》；一是史云、李丹慧合著的《难以继续的"继续革命"——从批林到批邓（1972—1976）》。两书都秉承开放理性的史观，依据翔实丰富的档案文献，以通史与专题相结合的写法，注重国际形势与国内事件的关联及中央决策与地方、基层的互动，力图勾勒"文化大革命"时期的图像与过程。史学界就此评论说，包含这两部著作在内的这套多卷本国史著作，既整体上超越了以

《剑桥中华人民共和国史》为代表的海外研究，又自觉地告别了以宏大叙事为特征的正统史学。

在过去的十年中，这种研究的新气象还体现在国内推出了以逢先知、金冲及主编的《毛泽东传 1949—1976》（中央文献出版社，2003）、郭德宏等编的《中华人民共和国专题史稿·十年风雨》（四川人民出版社，2004）、郑谦的《中国：从"文革"走向改革》（人民出版社，2008）以及阎长贵、王广宇的《问史求信集》（红旗出版社，2009）等为代表的一些学术著作。如果考虑到"国内研究，海外出版"的特点，研究的进展还应包括徐友渔的《形形色色的造反——红卫兵精神素质的形成及演变》（香港中文大学出版社，1999）、刘晓的《意识形态与文化大革命》（台北洪叶文化事业有限公司，2000）、唐少杰的《一叶知秋：清华大学 1968 年"百日大武斗"》（香港中文大学出版社，2003）和印红标的《失踪者的足迹——文化大革命期间的青年思潮》（香港中文大学出版社，2009）等成果。

三 一以贯之的核心问题

检视近三十年的"文革"史学，从通史转向专题构成了研究的主流，其始终不变的核心问题主要有"文革"的定性、起源、历史叙事和评价。

"文革"的定性是一个长盛不衰的课题。1981 年的"历史决议"抛弃了把这场运动视为"路线斗争"的习惯说法，而是将其定性为"'文化大革命'是一场由领导者错误发动，被反革命集团利用，给党、国家和各族人民带来严重灾难的内乱"。"内乱"一词无疑是比较科学、准确的，构成了研究这一问题的前提，但学术界也一直不满足于这种政治判断，力图从学理角度作出更加深刻的解释。金春明首先从领导者、指导思想、对象、方法、目的等方面提出新的定义："文化大革命"是由党的最高领袖亲自发动和领导的，以"无产阶级专政下继续革命"

理论为指导思想的，以所谓"走资派"和"反动学术权威"为对象的，采取所谓"四大"方法动员亿万群众参加的，以反修防修巩固红色江山为神圣目的的，一场错综复杂的大规模长时间的特殊政治运动。其后，陈东林尝试提出另外一种表述：毛泽东从新"阶级斗争"理论出发，以党的名义发动，把主要斗争矛头指向执政党，有亿万群众投身其中的政治运动。这些都反映出对这场"文化大革命"的性质的新概括。

与定性密切相关的另一问题是"文革"时期历史阶段的划分。基于对运动本质与研究视角的认知差异，西方学者坚持"文革"是从 1966 年 5 月到 1969 年 4 月的"三年说"，国内学者大多认同"历史决议"的从 1966 年 5 月到 1976 年 10 月的"十年说"。有的学者为了避免淡化这场运动的特点，更进一步主张区分广义的"文革"（10 年）和狭义的"文革"（3 年），以辨明二者的区别与联系，强调以党政机构的瘫痪为特征、以毛泽东号召造反的群众运动为社会运行基本形态的前三年，方为真正意义上的"文革"时期。就目前国内的主流认识来看，将"文革"划分为如下三个阶段，当无大的异议：第一个阶段是 1966 年 5 月中共中央政治局扩大会议至 1969 年 4 月中共九大，主要内容是解决刘少奇问题；第二个阶段是从中共九大到 1971 年"九一三事件"，围绕林彪和江青两个集团的矛盾发生的斗争；第三个阶段是从"九一三事件"到 1976 年 10 月粉碎"四人帮"，主要内容是否定"文革"与坚持"文革"的冲突。这种三分法，来源于"历史决议"的相关表述，一般被国内"文革"著作和国史教科书所采纳。

"文革"的起源吸引着众多研究者的目光。"历史决议"对"文革"发生原因的分析，主要从执政党总结历史经验教训出发，从毛泽东探索中国社会主义道路所犯的阶级斗争扩大化错误、党内民主制度被破坏和中国封建社会历史的影响三个角度立论。史学界普遍认识到毛泽东是发动"文革"的关键，但又不满足于既有的政治定论，于是逐渐把研究目光从探讨"成因"

转移到考察“起源”，从而表明从更为广阔的历史时空把握这场运动的努力，而领袖、经济、政治、文化、国际环境、社会心理与意识形态则构成了这种探讨的多元视角。

相比 80 年代提出的一些五花八门的观点，90 年代后国内一些学者为深化对“文革”之“史无前例”特点的解释，陆续提出了几种较有系统、富有弹性的观点。第一种观点是席宣、金春明提出的“三个恶性循环说”（即“三个交互作用说”），认为“左”倾理论和“左”倾实践、个人专断和个人崇拜、国际反修和国内反修三者的交互作用，最终导致了运动不可避免地发生。第二种观点是韩钢提出的“两个层次说”，即从毛泽东为什么要发动、何以能够发动起来两个层次去探寻运动的根源，主张兼顾领袖个性与社会体制、历史文化传统等其他因素。第三种观点是王海光提出的“三个时段说”。受法国年鉴学派历史学家布罗代尔的“长时段理论”及麦克法夸尔以 1956 年作为毛泽东酝酿“文革”起点的启发，近年来一些学者倡导放宽视野加强比较研究。王海光提出：“文革”的起源，从长时段来看，应考察 20 世纪中国共产主义革命意识形态的构建及其对民族心理的影响；从中时段来看，应考察新中国制度问题，分析苏联体制的移植和变异；从短时段来看，应考察“大跃进”失败后的责任追究问题及其直接引发的毛刘分歧。

值得警惕的是，合理地抛弃对历史事件“起因”的“短视”表述，并不意味着向那种脱离具体语境的“无限度回溯”看齐，历史学家还应避免陷入对“历史起源主义”的崇拜。只有把握事件的“起源”因素与事件本身之间的事实关系，才能全面深入地认识“文革”的发生。

关于“文革”的历史叙事，史学界发生了从过去的宏大叙事到强调地方叙事，再到力图建构“总体史”的变化。“文革”史研究长期以政治史为主题，不仅符合它作为一场政治斗争的本质，而且也迎合了海外研究的主流，更是国内拨乱反正的现实需要。随着研究的深入，摆脱政治叙事的单一刻板状态，显现群众的角色与作用，自然成为研究的要求。在批评传统"文革"研究偏重于上层权力斗争时，国内一些学者从 90 年代起致力于地方"文革"史的探索。

有别于传统的国家视角，地方史研究通过挖掘利用地方史料，从中央与地方、领袖与群众的互动角度，展现"文革"在地方的运作及其复杂性。在地方史研究中，成果突出的首推上海。李逊的《大崩溃：上海工人造反派兴亡史》（台北时报文化出版公司，1996）开辟了对工人造反派的实证研究的先河。金大陆从城市史的角度，致力于"文革"时期上海社会生活研究，其著作《非常与正常——上海"文革"时期的社会生活》（上海辞书出版社，2011）堪称开创社会生活史研究的典范。福建师范大学历史系汪征鲁教授，指导研究生开展福建"文革"史研究，较有规模和方法论的自觉，其研究内容涉及福建革委会、教育革命、革命老区问题、"三支两军"等课题，如叶青的《"文革"时期福建群众组织研究》（当代中国出版社，2004）。何蜀多年来致力于重庆地区"文革"的研究，通过广泛搜集地方史料，调查访问众多当事人，完成了《为毛主席而战：文革重庆大武斗实录》（香港三联书店有限公司，2010）的著作。此外，内蒙古、武汉等地，北京大学、清华大学、南京大学等院校，及外交部、解放军报社等单位的"文革"研究也有一些成果问世。这些地方实证研究具有的共同特征，是从发掘新材料的基础工作入手，以区域、单位、群众为研究视角，在事实的叙述中展现"文革"的个性与差异，注重地方、单位、群众的能动角色，从而挑战了过去这一领域存在的宏大叙事。

在地方史研究不断累积的情况下，为了避免"文革"研究出现"原子化"的倾向，史学界开始倡导"总体史"的观念。有的学者提出了要在中央、省市、地县、基层单位"四个层面"与政治运动、社会生活"两个向度"的观照下，提升研究的层级与品质，进而建构一部完整意义上的"文革"史。但是，新的"文革"叙事的建构仍然任重道远。原因在于：一是国家档案暂不开放，中央层面的研究难有实质性突破；二是地方史终究是区域性的历史空间，无法普遍反映整体的历史；三是社会领域的历史具有"碎片化"的特征，整合的难度很大。目前，虽然以"路线斗争"书写历史的权力话语已经被剔除，但"历史决议"奠定的叙事框架仍是主流教科书的说法，总体史的叙事框架尚未构建起来。

因为研究者的视角、立场和背景的不同，"文革"评价至今仍然富有争议。国内主流的看法仍是遵循"历史决议"的论断，核心是维护毛泽东的历史地位，同时在政治上彻底否定"文革"。不过，为了更加科学地认识历史，史学界试图寻找新的评价尺度，民间也有一些不同看法，既有从反思体制角度立论者，也有站在道德主义立场上的探讨，还有的从思想文化的角度加以分析。当前尤其需要警惕的是，在民间，在青年当中，肯定"文革"的思潮有抬头的迹象，这是一个值得警惕的现象。有人从毛泽东寻求不同于西方的思想和实验的角度，肯定"文革"，社会上一些青年对现实的贫富分化、贪污腐败的现象不满，也希望重演反官僚反特权的"文革"。这种诉求在学理上的主要代表者就是"新左派"。大多数学者都认为，"文革"的理论意义，无论如何估计，都不能超越这场运动在现实方面的影响，即给党和国家、人民造成的严重灾难。有鉴于此，史学界既要坚持"历史决议"关于彻底否定"文革"的结论，反对从决议立场上向后退的不正常现象，又要发展"历史决议"的精神，站在新的时代高度研究历史，不断得出更加科学的新认识。

从现状来看，当下的"文革"史研究既不是"内禁外冷"，也不是"官冷民热"，而是一种"不温不火"的理性姿态。长远来看，未来研究必须正视的问题依然很多。首先，研究队伍的严重断层。随着老一代史学工作者退出学术舞台，当前"文革"史学研究的主力军多是50～60岁的中年学者，他们大多在1949年新中国成立后出生，拥有对"文革"的少年记忆，同时改革开放后大都接受了大学教育，既具备从事研究的素养，又有身怀历史的责任感，有些甚至是在退休后才投入研究者的行列。在青年学者中，虽然怀有兴趣的人也不少，但极少有人从事相关研究。这对于"文革"史学的成长危害很大。其次，如何提升方法论意识的问题。如果说没有史实，历史将变成各种观念或理论的图解，同样，如果没有思想，史学也将丧失自己的灵魂。在实证研究兴起后，国内研究者普遍感到需要加强研究工具或者手段的改造，如何提升史学方法论的意识将决定未来"文革"研究的品质。再者，课程建设的滞后。目前，在中学直至大学的历史教育中，"文革"是一笔带过的语焉不详的共和国历史上十年动乱的代名词。如何在历史教科书中适当加强对这一段民族苦难史的叙述，在大学教育中开展相关的选修课程，将直接关系到新一代青年的历史价值观。因此，"文革"课程的建设将是整个社会加强历史记忆工程的一个重要环节。

讨 论

梁景和："文化大革命"发生在中国，以往研究却形成了"外热内冷"的现象。但我想"文革"史研究终究会成为显学之一。耿老师刚才的讲演，给我们诸多启示，我们研究社会文化史，可以从多个角度来研究"文革"史。通过对具体问题的研究，目的是对"文革"时代有一个全面、整体和深刻的认识。国外学者谈到有"两个文革"，其实不同的"文革"研究，归根到底还是个大"文革"。学术研究有争议是正常的，也是有意义的。研究同一问题可能会得出完全不同的观点和结论，这没有关系。但要知己知彼，要从别人的研究中看出合理性和逻辑性，了解该研究是如何分析问题的，其研究的优势是什么，不足之处在哪里。学术研究一般是从大处着眼小处着手，从小处着手就是要研究具体的问题，但要有大视野，所以大处与小处是相通的，不是矛盾的。

王唯（首都师范大学历史学院硕士研究生）：耿老师，您好！我的研究是"文革"时期的性伦，您能不能帮我提供一些有关这方面研究的史料？

耿化敏：主流里有关这方面的史料非常薄弱。一般研究饮食、服装等时尚文化，但涉及性方面的很少，婚姻方面的研究却比较多。这个问题关键是如何处理，看看能不能借鉴一下历史上研究婚姻关系变迁和现在性别研究的理论方法，后者相对好一点，研究的时候当然要照顾到"文革"时期。另外，从纵的方面结合每一阶段的性伦理文化。重点是近代以后的性和婚姻文化。另外还可以看看《中国妇女》《妇女工作》和地方性女性刊物等杂志。另外在香港中文大学也有一些相关的资料。

郑丽霞（首都师范大学历史学院硕士研究生）：耿老师，您好！我想问一下您"工人阶级领导一切"仅仅是个口号吗？

耿化敏：主要是1967年《人民日报》发表的一篇文章开始提出的，当时在红卫兵难以驾驭的时候，毛主席提出让工宣队进入大学，制止红卫兵武斗。从那时起，工宣队和军宣队开始取代红卫兵。

姜虹（首都师范大学历史学院博士研究生）：耿老师您好，我是研究新中国十七年的家庭文化的，您能在这方面给我一些建议吗？

耿化敏：无论是研究家庭还是研究婚姻，理论方法很重要，但如何避免零碎化，不要脱离历史大语境非常重要。总体上说，是多了解主流史学的大结论。因为在本质上是政治史，婚姻、家庭的变化主要是由政治变迁引发的。如果有条件可选择个案作为研究，把十七年的情况反映出来。第一让对方对你打消顾虑，第二你要有条件和能力跟踪小人物在大时代的变化。国外这方面的研究比较多，和目前社会史研究差不多。

谭君（首都师范大学历史学院硕士研究生）：耿老师，您好！我是研究"文革"时期娱乐文化的，我想请教您从哪些方面找资料？

耿化敏：研究这方面的资料很碎化，除了大字报外，还有两报一刊、地方报纸、当时的出版物，包括"文革"时期的连环画、文艺作品、广播电影，从这些载体中来找，不过这里面有好多共同的东西，但局限于文字方面的材料较少。另外再找一下关于1966年以后的新版光碟，小人物的回忆录，以及"民间历史"网站中的相关材料。香港中文大学的地方志年鉴和特色文库，都可以提供这方面的资料。

美国学者对中国女性研究

时间：**2011 年 6 月 30 日下午 3：00 ~ 6：00**
地点：**首都师范大学本部主楼 201 会议室**

主讲人简介

李国彤，现任教于美国加州州立大学长堤分校历史系，主要从事妇女史的研究。本科毕业于北京大学历史系，博士毕业于美国加州大学戴维斯分校历史系。主要讲授中国性别史等课程。

梁景和（主持人）：

大家好！今天是我们"中国现当代社会文化学"交叉学科的第三十二次学术沙龙活动，欢迎各位参加！今天我们邀请到在美国加州州立大学任教的李国彤老师为我们作《美国学者对中国女性研究》的演讲。李老师这些年主要致力于妇女史的研究，下面就请李老师介绍一下美国对中国妇女史的研究情况。这次机会很难得，我们欢迎李老师。

李国彤（主讲人）：

首先非常感谢梁老师对我的邀请，我今年有一个学术休假，可以回国待半年，很不容易能有这个机会和大家交流，我感到非常高兴，下面我简单介绍一下我的学习和从教经历。

我本人对妇女史一直情有独钟，当年我在北大历史系上学的时候，就开始对妇女史感兴趣，当时老师就说，妇女史是一块处女地，只要努力做，将来一定会有所收获，后来到社科院读的硕士，再后来就到美国加州大学专攻清代妇女史，在美国逐渐开始接触社会性别这个概念。在美国博士毕业后，就到美国加州州立大学任教，继续研究妇女史，主要教的课程是中国性别史。这个学校有对性别史研究的传统，在我之前有两任，一任是费侠莉教授，主要著作是《旺盛的阴：中国医疗史中的社会性别，960—1665》，是从中医理论的角度去研究的；第二任是鲍晓兰老师，鲍晓兰老师主要是研究妇女移民的，我是在这个职位上第三位研究妇女史的。

梁景和：李老师，您在美国留学和从事妇女史研究这么多年，根据你自己的学习和从教经历，能不能简单介绍一下美国研究中国妇女史的概况。

李国彤：好的，下面我简单介绍一下美国研究中国妇女史或者说是性别史的概况。在美国，古代史和现代史分得不是很清楚，教师在授课的时候是要教通史的。学生做论文的时候可以专攻某一个领域，其中古代妇女史主要集中于研究以下几个方面：妇女写作与才艺；财产与地位；婚姻与家庭；身体与医疗卫生；空间与家；社会性别与技术；社会性别与族裔；社会性别与宗教等。

张弛（首都师范大学历史学院博士研究生）：李老师，您好！刚才听到您介绍的美国研究中国古代妇女史的情况，您能否给我们介绍一下近些年都出了哪些代表著作，这些著作是否有中文译本？

李国彤：好的，下面我简单介绍一下。古代妇女史主要的代表著作，如曼素恩教授的《缀珍录：十八世纪及其前后的中国妇女》、高彦颐教授的《闺塾师：十七世纪中国的妇女与文化》、伊沛霞教授的《内闺：宋代妇女的婚姻与生活》，还有

Francesca Bray 教授的《技术与社会性别：中华帝国晚期的权力结构》，Mathew Sommer 教授的《中华帝国晚期的性、法律与社会》。这里我强调一下，大陆的中文译本都翻译成中华帝国，其实更准确的翻译应该是明清晚期。此外，还有 Suzanne Cahill 教授的《热衷求仙与占卜：中世纪的西王母》，这些著作代表了美国研究中国古代妇女史的新成果。

李慧波（首都师范大学历史学院博士研究生）：李老师，您好！您刚才介绍的这些著作，有的著作这几年大陆已经出版，像江苏人民出版社就在这方面做出了很大的成绩。但有的书，大陆还没有中文译本，您能对您刚才提到的这些著作简单评价一下吗？

李国彤：这位同学提的问题很好，应该说，这些教授的研究成果对我们有很大的借鉴意义。如费侠莉教授的《旺盛的阴：中国医疗史中的社会性别，960—1665》是从中医理论的角度讨论中国人的阴阳互补的身体观，强调任何人的身体都具有阴和阳的因素，男人是阳中有阴，女人是阴中有阳，从而弥补了西方所谓"单性身体"观念的不足之处。这对西方的"单性身体"观念是个巨大的冲击，同时也对西方理论作出了巨大的贡献。另外 Francesca Bray 教授的《技术与社会性别：中华帝国晚期的权力编织》是从传统的纺织业方面探讨妇女是如何凭借其在生产中的贡献获取社会认可并提升家庭地位的。Mathew Sommer 教授的《中华帝国晚期的性、法律与社会》是从法律的视角深入考察清代由性别比例失调等引发的"光棍现象"及其对社会产生的冲击。如果大家对性别比例失调的问题感兴趣，可以看看这本书，这本书让我们看到清代社会比例失调会产生什么样的后果，这本书对我们当代社会如何处理性别比例失调问题有一定的借鉴意义。Suzanne Cahill 教授的《热衷求仙与占卜：中世纪的西王母》从宗教的角度出发，考察唐代诗歌中男文人的"西王母主题"创作的社会心态，以及唐代宗教典籍对女性的表述所反映的社会背景。从我刚才介绍的情况来看，不

难看出，医疗史、科技史、法律和宗教等与社会性别研究跨学
科相结合的新趋向。

姜虹（首都师范大学历史学院博士研究生）：李老师，您
好！您刚才给我们介绍了美国研究中国古代妇女的成果，使我
们收获很大，您能再给我们介绍一下美国研究中国近代妇女的
情况，以及有哪些成果吗？

李国彤：好的。下面我简单介绍一下近代妇女的研究情况。
20 世纪妇女与社会性别研究的焦点，主要集中在婚姻、家庭与
性，妇女与劳动，妇女与国家现代性，妇女运动和妇女研究等
几个方面。主要代表作品如 Kay Ann Johnson 的《妇女、家庭与
中国的农民革命》，这本书是 20 世纪 80 年代研究中国近现代婚
姻家庭的代表作。Neil Diamant 的新作《革命化家庭》是 2000
年出版的，Diamant 有机会亲自到中国查阅档案材料，从而发现
城市郊区农村妇女是如何能动地利用婚姻法达到离婚和重组家
庭的目的的。阎云翔的《私人生活的变革》已于 2006 年出版，
这本书的出版可以说超越了前者。作者以人类学者的身份连续
十年回访位于黑龙江省的一个小村庄，因为作者本人曾经生活
在这个小山村，所以对这个村子的村民进行访谈有一定的优势，
作者细致地考察了农民的婚恋观念的衍变，并从家庭空间的角
度解释农民私人生活的变化。

近年来的力作以王政教授的《中国启蒙时期的妇女：口述
与文本的历史》、胡颖教授的《翻译传奇：打造新女性，1899—
1918》和 Lisa Rofel 教授的《另类的现代性》为代表。三部著作
分别从口述史、比较文学和人类学的视野，考察戊戌新文化时
期、五四新文化时期和 1949 年以后中国妇女与国家现代性的关
系。我想我们国内近些年在妇女性别史方面也取得了很大的成
绩，这主要是由于改革开放以来，外国学者可以走进来，中国
学者也可以走出去，双向的交流推动着妇女和社会性别研究取
得新进展。

黄巍（首都师范大学历史学院博士研究生）：李老师，您

好，我是研究"文革"时期女性的博士生。请问李老师，是否了解韩启南教授目前还没有出版的《60年代的"铁姑娘"与女红卫兵》，韩老师的研究领域和我的研究方向接近，您能介绍一下韩教授的研究视角吗？研究的资料主要来源于哪里呢？

李国彤：韩教授研究的切入点主要是基于一个特殊的时期，有一些女红卫兵出现的暴力倾向，其实是一种人性的扭曲。"文革"时期母女关系不是一般的母女关系，而是一种紧张的母女关系，母亲都是工作的，疏忽了对孩子的照顾。她使用的一些研究资料主要是来源于大陆的一些档案、报纸和杂志等。

梁景和：今天我们有幸请到李老师给我们作了这场讲座，我们收获很大，虽然大家意犹未尽，但是由于时间关系，我们今天的讲座就到这里，再一次感谢李老师！

中国社会生活史上生活的意义

时间：2011 年 9 月 25 日上午 9:00 ~ 11:00
地点：首都师范大学本部主楼 201 会议室

主讲人简介

常建华，男，南开大学历史学院教授，博士生导师。1957年生，河北张家口人。先后作为日本爱知大学交换研究员（1994）、韩国汉城大学特别研究员（2001）、台北中研院访问学人（2002）、日本大阪市立大学客员教授（2005）、台湾暨南国际大学客座教授（2007），进行学术研究与讲学。现任南开大学中国社会史研究中心主任、中国社会史学会会长、中国人民大学清史研究所学术委员会委员、中山大学历史人类学研究中心学术委员会委员等职。主攻中国社会史、明清史，长于宗族史与谱牒学、风俗史、18 世纪的国家与社会研究等。

梁景和（主持人）：

今天我们请来常建华老师为大家作学术报告，常老师现任南开大学中国社会史研究中心主任、中国社会史学会会长、中山大学历史人类学研究中心学术委员会委员等职。常老师主要研究中国社会史、明清史。常老师主持了国家社会科学资金项目"明代宗族研究"（1998）、教育部重点项目"二十世纪中国社会史研究的回顾与展望"等。著有《宗族志》（1998）等著作，1984 年以来发表学术论文等二百余篇。今天常老师要讲的题目是《中国社会生活史上生活的意义》，下面让我们以热烈的掌声欢迎常老师！

常建华（主讲人）：

在中国历史的研究里，生活史作为独立的研究领域，基本上是近二十多年的事情。一般来说，生活史的概念多使用"社会生活"一词，或倾向于将社会史与生活史糅合在一起，实为社会史；或强调生活史有别于社会史，接近"日常生活史"的概念。由于"社会生活"一词的含义较为模糊，伸缩性很大，在研究实践中，人们对于该词内涵与外延的认识不一，也未必有清晰的此疆彼界之分。

为了把握中国社会生活史上生活的意义，我们首先从学术史的角度论述中国社会生活史研究的发展过程，其次探讨生活史内容对于中国史研究的价值，最后谈生活史研究的方法论意义。

一　中国社会生活史研究的兴起

中国现代史学产生于 20 世纪，清末民初正处于史学变革之际，梁启超 1902 年发表了著名论文《新史学》，批评中国之旧史知有朝廷而不知有国家，二十四史实为二十四姓之家谱，知有陈迹而不知有群体，号召掀起"史界革命"。他将历史研究的对象从朝廷移向人民群众，移向社会。20 世纪 20 年代末到 40 年代，生活的研究进入学者的视野。从风俗的角度关心民众生活的学者瞿宣颖（字兑之），1928 年在燕京大学历史学系开设"历代风俗制度"一课，讲述"平民生活状况"，内容包括职业、衣食住、社会组织、思想习惯等。同年，瞿宣颖刊行了《汉代风俗制度史前编》这部史料集，"序例"中批评旧史学

"忽以人民日用之常"，试图改变这种情况。有的学者出版了研究生活的著作，如陈东原《中国妇女生活史》一书（商务印书馆，1928）依时代系统论述了女子婚姻、家庭、社会诸方面的生活，倡导改善妇女生活。郭沫若、傅安华、全汉升分别发表了探讨先秦社会生活、唐代社会生活、宋代夜生活的论文，这些论文受到马克思主义的影响，如傅安华将阶级分析与日常生活结合起来，论述唐代剥削阶级、被剥削阶级男子与妇女的生活。吕思勉 40 年代出版的先秦、秦汉、两晋南北朝的断代史中，设有人民生计、人民生活等专章，论述社会生活。事实上，这一时期标榜"生活"研究的学者属于凤毛麟角，且多是风俗、礼俗的研究，更多的学者兴趣在"社会"方面。学术热点集中在"中国社会史大论战"上，关注中国社会性质和历史分期的探讨，属于社会形态史、社会发展史，尝试运用马克思主义理论建立社会史学。

　　50 至 70 年代的中国大陆，奉行马克思主义历史理论，同时史学被政治化，主要讨论社会形态发展史。个别史家论述了生活史，如以实物资料和文献资料相结合研究秦汉史的著名学者陈直，关注普通人的日常生活，谢国桢 70 年代根据两汉典籍石刻画像，探讨汉代社会的生活面貌。韩国磐分析了唐代农民家庭的收入与支出并判断了生活状况。吴晗在五六十年代发表了一些有关古人日常生活方面的普及性短文。比起历史研究的重心"五朵金花"，即汉民族的形成、中国历史分期、封建土地所有制、农民战争和资本主义萌芽，生活史的研究成果少得可怜。

　　随着 1976 年"文革"结束以及 1978 年底以后的思想解放，史学界开始反思 50 年代以来特别是"文革"时期的历史研究。首先是重新思考阶级问题，学者们意识到，对封建社会的认识，不仅要知道地主与农民之间的生产关系、农民反抗地主的斗争，而且要对地主、农民及其他社会集团内部结构及生活状况有一个全面的了解。1985 年 5 月，历史研究编辑部和南开大学历史系、天津师范大学历史系、中国世界中世纪史研究会在天津召开"中外封建社会劳动者生产生活状况比较研究讨论会",将"生活状况"纳入研究视野。田居俭为会议论文集所作序言提出,从以往的中国通史研究格局中解脱出来,从流行半个世纪的经济、政治、文化三足鼎立的史著框架中解脱出来,应从事各式各样的专史和专题研究,比如,在中国古代史研究方面,可以撰写一部尽收衣食住行、冠婚丧祭、饮射朝聘等风俗礼仪的《中国古代社会生活史》,也可以分别撰写中国古代衣冠、饮食、房舍、舟车、婚姻、家庭、丧葬、祭祀、朝聘、庆典等若干专题史。"因为生活方式是构成社会具体而重要的因素,它的演变,综合地体现着生产力、生产关系以及各种社会关系的变化;研究生活方式,有助于史学研究向纵深发展。"在肯定马克思主义史学"抽象"层次的宏观社会形态史研究成绩的基础上,倡导开展"具体"层次的生活方式的研究。

人们对以往的研究模式也进行了全面反思。20 世纪 30 年代以来,中国的马克思主义的社会史研究社会发展的一般构成,即社会经济形态,根据生产方式决定社会性质,带有强烈的宏观社会史和通史的特点。马克思指出:"人们在自己生活的社会生产中发生一定的、必然的、不以他们的意志为转移的关系,即同他们的物质生产力的一定发展阶段相适合的生产关系。这些生产关系的总和构成社会的经济结构,即有法律的和政治的上层建筑竖立其上并有一定的社会意识形式与之相适应的现实基础。物质生活的生产方式制约着整个社会生活、政治生活和精神生活的过程。……大体说来,亚细亚的、古代的、封建的和现代资产阶级的生产方式可以看做是经济的社会形态演进的几个时代。"(生产方式是物质生活的生产方式,即生产力以及与之相适应的生产关系,生产方式发展史反映的是经济的社会形态。)马克思所说的"物质生活的生产方式制约着整个社会生活、政治生活和精神生活的过程"给人们留下了尚需解释的余地:一是人的生活可以是包括物质生活、社会生活、政治生活、精神生活的广义的"社会生活",也可以是与物质生活、政治生活、精神生活并列的狭义的"社会生活";二是与生产方式并存的应该还有生活方式,由于社会生活有广义、狭义之分,同样可分别为广义的生活方式和狭义的生活方式。生产方式制约着生活方式。然而,马克思主义理论中,并没有对具体"社会生活"和生活方式的系统论述。虽然恩格斯晚年概括出"两种生产"理论,认为历史中的决定因素是"直接生活的生产与再生产",生产包括"生活资料即食物、衣服、住房以及为此所必需的工具的生产"与"人类自身的生产,即种的繁衍"。不过恩格斯并未建构起"人类自身的生产"的理论模式,倒是后来的格奥尔格·卢卡奇等"新马克思"者在其著作中发展出"日常生活"的概念。如此说来,马克思主义社会理论主要表现在广义的宏观社会史方面,所建构的宏观社会历史的理论模式,是一种"骨架"的社会史,它还需要补充作为"血肉"的狭义社会生活、生活方式的内容,建立新的社会史。从事哲学研究的王玉波将生活方式理论引入了史学研究。他重提历史学家吕思勉对社会生活的重视,呼吁人们开展生活方式演变史的研究。指出由于中国社会史研究曾一度被社会发展史代替,应首先为社会史正名,认为社会史是以人的社会生活的历史演变过程和规律为基本内容,就是生活方式演进史。冯尔康著文倡导"有血有肉"的社会史研究,1986 年 10 月由南开大学历史系、历史研究编辑部、天津人民出版社发起,在天津举行了"首届中国社会史研讨会",把研究的视角指向人民大众的生活,把历史的内容还给历史。彭卫论述了开展社会生活史研究的方法。1987 年中国社科院历史所承担国家社科基金项目"中国古代社会生活史",并进行社会生活史理论探讨。我从生活史的角度论述了衣着、饮食、居住、娱乐生活、死亡、生活方式与民族关系等问题。黄正建则指出社会史研究有两个明显特征,即非政治史与日常生活史,强调要考虑日常生活的社会性,并将它和社会整体结构的变化联系起来。一批社会生活史著作先后问世。断代性的如宋德金的《金代的社会生活》(陕西人民出版社,1988)

论述了各阶级、阶层的社会地位及生活，饮食与衣着，住所与交通工具，婚丧礼俗，宗教信仰，学校教育与伦理道德，文娱与体育，岁时风俗及其他。冯尔康、常建华的《清人社会生活》（天津人民出版社，1990）一书，内容包括清代社会等级、公开社团与秘密宗教及结社、宗族、家庭、衣食住行、婚姻丧祭、娱乐、人口与社会救济，以及少数民族社会生活等。中国社会科学院历史研究所承担的国家社科项目《中国古代社会生活史》断代史丛书，共有夏商、西周、春秋战国、秦汉、魏晋南北朝、隋唐、宋辽金、元、明、清十卷，已由中国社会科学出版社陆续出版六卷，即宋镇豪的《夏商社会生活史》（1994）、朱大渭等的《魏晋南北朝社会生活史》（1998）、李斌城等的《隋唐五代社会生活史》（1998）、朱瑞熙等的《辽宋西夏金社会生活史》（1998）、史卫民的《元代社会生活史》（1996）、陈宝良的《明代社会生活史》（2004），学术水准较高。近现代的社会生活史也有所探讨。专题性的社会生活史也有，商务印书馆国际有限公司出版的"中国古代社会生活丛书"，设计为5批共计50种，1995年以来已出版40种，为普及性的著作。还有对僧尼、士人社会生活的研究等。江南的社会生活探讨较多。

复兴的中国社会史研究把探讨社会生活作为重心，应该说是适应了世界历史学发展的学术潮流。台湾学者比较大陆复兴的社会史与法国心态史的学术追求后就指出："历史研究由'骨骼'进而增益'血肉'，应是20世纪历史学到最后四分之一世纪的普遍要求。"他们提出的"新社会史"研究人民生活、礼俗、信仰和心态，概括起来即"生活礼俗"。台湾日常生活史得到了有效的开展。蒲慕州主编的《生活与文化》收录有代表性的15篇论文，集中展示了台湾学者作为史学研究新方向的生活史研究成果，台湾学者"重视生活情景背后的文化心态，设法从这一问题在时间中的发展看出文化性格的常与变，并且设法与该社会的整体结构取得联系"。台北中研院有"明清的社会与生活"主题计划，与美国哥伦比亚大学东亚系于2002年10月

25 日至 27 日在纽约合办"中国日常生活的论述与实践"国际学术研讨会，会议的分组题目可见研究趣味，即包括：明清士大夫的工作与娱乐安排，日常生活的档案一——类书大全，日常生活的档案二——细小的问题，文字与事物，城市空间、国家、城市生活的旋律。明代生活史的成果较为集中，文化生活、民间生活也是台湾生活史研究中使用的概念。

中国社会生活史往往作为社会史的基本内容。冯尔康认为社会史"是研究历史上社会结构与日常社会生活的运动体系，它以社会群体、社会组织、社会等级、阶级、社区、人口的社会构成，以及上述成分所形成的社会结构及其变动，构成社会结构的人群的日常生活行为及其观念为研究范畴，揭示其在历史上的发展变化及在历史进程中的作用和地位；它是历史学的一门专门史，并将其研究置于整体史范围之内，处理好两者的关系，以便促进历史学全面系统地说明历史进程和发展规律；它与社会学、文化人类学等学科有交叉的研究内容，具有多学科研究的性质与方法"。并指出群体生活联结了社会结构和日常生活，通领全部研究内容。这个社会史概念大致上是将社会结构加上社会生活，而社会生活的主要内容是"构成社会结构的人群的日常生活行为及其观念"。

王玉波探讨了生活方式的范畴的内涵及研究价值所在，指出作为社会史研究对象的生活方式，是一个综合性的科学范畴，既包括浅层次需要的含有较多本能性、感性、经验性、自发性的日常生活方式如衣食住行等，也包括人的如尊重与自由、发展、自我价值实现等内在深层次的需要，为满足这些需要在社会生活、职业活动、政治生活、文化生活领域进行高层次的活动。正是这些深层次的需要和高层次的生活活动，更能体现人的本质、人的理性和社会性、文化性。作为社会史研究对象的不是日常用语的那种生活方式，而是属于综合性的科学范畴的生活方式。生活方式主体有个人、群体、（全）社会三个层次。"归根结底，是否把生活方式作为社会史的主要研究对象，是关系到社会史应否以社会主体的人为中心的问题。……如果认为社会史应以社会主体的人为中心，那么，理所当然地要把历史上的人即我们的前人是怎样活着的，也就是他们的生活方式作为主要的研究对象。"

另一哲学学者衣俊卿则认为日常消费、交往、观念活动构成日常生活世界，属于经济基础与上层建筑构成的人类发达形态的社会结构的"潜基础结构"，对日常生活的研究有助于形成关于人类社会的总体图样。并为日常生活下了一个较为完整的定义："日常生活是以个人的家庭、天然共同体等直接环境为基本寓所，旨在维持个体生存和再生产的日常消费活动、日常交往活动和日常观念活动的总称，它是一个以重复性思维和重复性实践为基本存在方式，凭借传统、习惯、经验以及血缘和天然情感等文化因素而加以维系的自在的类本质对象化领域。"

比较而言，中国社会科学院历史研究所的《中国古代社会生活史》，不太强调社会结构，内容偏重于生活部分。以宋镇豪的《夏商社会生活史》为例，全书共设八章，即：（一）环境、居宅、邑聚；（二）人口；（三）婚姻；（四）交通；（五）饮食；（六）服饰；（七）医疗保健；（八）宗教信仰。该书《绪论》指出，总体框架的脉络关系表现为四大系列，首章为夏商社会氛围总观，第二至第四章属夏商社会构成运作范畴，第五至第六章是夏商物质生活形态和生活方式表象，第七至第八章为夏商社会精神生活面面观，内聚积极和消极的社会调节功能。其他卷的框架与该卷略同。

以上述社会生活史为标志的生活史研究，取得的成果众多，但是近来学者并不满意目前的研究现状，呼吁加强生活史的研究，力求有所突破。黄正建认为："日常生活史的研究并没有形成规模或形成学派，甚至没有引起人们的足够重视。虽然我们也有关于衣食住行的研究，但它们都是孤立的、个别的、零散的。学者们分别从政治、经济、民族、宗教、文化、风俗、文物、科技、历史地理等各种角度来研究它们，却恰恰很少将它们作为'日常生活'来研究。这些研究又大多以'物'为中心，其中没有'人'的'生活'痕迹。总之，中国的史学工作者还没有有意识地、自觉地从'日常生活史'的角度去研究衣食住行、婚丧嫁娶等现象。"还指出了日常生活史研究有三个特点：一是生活的"日常性"，即重视重复进行的"日常"的活动；二是一定要以"人"为中心，不能以"物"为中心；三是"综合性"，由于日常生活是一种综合性的日常活动，单研究某一种个别活动不能反映当时人的完整生活，因此对日常生活的研究一定要在单项研究的基础上进行综合研究。并具体指出唐代社会生活史研究的不足之处："近年来随着中国古代社会史研究的勃兴，对唐代历史中'社会生活'领域的研究也兴盛起来。但是目前这种研究往往比较笼统，不分时代前后、不分阶层高下、不作定量分析，所以常常使人感觉缺乏具体性。"黄正建试图就唐代某一时期某一阶层中的某个个人的日常生活作些探讨，将这一时期的日常生活状况具体化，为唐代社会生活史研究的深化提供参考。事实上，黄先生的说法也大致符合其他断代的"社会生活"研究状况。因此，深入的"活"的日常生活研究仍然是人们所期待的。"日常生活史研究的发展还是说明，即使是针对同一主题，也可以写出各种不同的历史。"在我看来，中国社会史研究需要从社会生活向日常生活转变，建立日常生活与历史变动的联系，挖掘日常生活领域的非日常生活因素，把握传统农业文明中的商业文明因素。

二　建立以人为中心的历史学

在我看来，社会生活史就是以人的生活为核心连接社会各部分的历史。生活史研究的最大价值，应当是建立以人为中心的历史学。生活史立足于民众的日常活动，从生活方式上把握民众，民众生活镶嵌于社会组织、物质生活、岁时节日、生命周期、聚落形态中才能体现出来，并揭示民众生活与政权的关系以及历史变动带来的影响。注意社会分层，了解不同社会群体的生活也必不可少，重要的是阶级阶层、等级身份通过日常生活体现出来，这是生活史的特色。从而有别于探讨社会关系、社会结构为主的社会史。从上述立场出发，生活史在推进历史研究方面，有助于我们对社会生活新的理解。

在中国古代，甚至是近代农业社会，人们生活的主要场所是家庭，或者说家族。家也是人生命的起点，传统时代家庭是生活单位，也是生产单位，家的研究是生活史的基础。有关中国家庭史的研究基本上是近二三十年的事情，最近出版了较多的作品。但是受资料的局限，同时也是认识问题，中国家庭研究较为关注有关家庭的礼法规定，较多套用社会学的模式分析家庭的结构规模，人们也注意到家庭在管理与伦理层面与国家的一致性，即所谓的中国家国同构，较少关注人的家庭生活，因此家庭史的著述往往看不到人的活动，干瘪而抽象。不过家庭研究中最有成就的是婚姻生活的讨论，由于清朝刑部刑科题本婚姻奸情类的大量存世，郭松义、王跃生讨论了作为社会机制的婚姻问题，揭示了清人婚姻家庭鲜为人知的薄弱环节，如性行为与性生活。婚礼是不容忽视的问题，引起了讨论。与婚姻家庭联系展开的妇女生活史也有一定程度的研究，妇女的生活空间与劳动的研究提出新问题，女性的宗教活动较为突出，女性对于地域文化也会有影响，美国学者对中国女性史的研究有不少妇女生活的内容。

传统中国家庭与五服的亲属结构联系在一起，传统中国的理想家庭不是现代的核心家庭，学者比较喜欢使用家族一词研究中国家庭，以便保持对于家族认识的伸缩性。以家族为题的研究最近也出版了不少重要成果。在家庭之上还有宗族，宗族对于族人有何影响？宗族与家庭的关系如何？在众多的宗族研究中，此类问题探讨的并不多，涉及较多的救济活动与族规家训对族人生活方式的规定，如果从族人、家庭在族中的活动角度讨论问题，可能会深入认识族人的生活。古代中国人的社会化是以家庭为主实现的，家庭、宗族是实施教育的重要场所。宋以后属于先秦时代贵族社会的祭祖礼仪，借助士人的诠释与实践，形成新的规范在士人之间传播，儒家式祖先祭礼影响到民众的日常生活。

　　生活史的研究者都把衣食住行作为核心内容，从物质文化、礼俗表现或者消费的角度加以叙述，但是多注重形式、样态，较少将衣食住行作为家庭消费研究，较少分不同群体探讨。其实古人的物质消费生活主要是通过家庭进行的。清代家庭史的研究中，冯尔康、张研等注意到家庭消费问题。等级、阶层的区分也是生活方式不同造成的，从等级、阶层探讨消费行为也是生活史的重要途径。黄正建讨论了唐代官员宴会在日常生活中所具有的社会功能。巫仁恕讨论明清时期士大夫、女性的消费文化，甚至认为明代江南是消费社会。宋立中分别从婚姻礼俗与社会变迁、消费服务与消费文化、休闲生活与雅俗冲突等三个方面，探讨了学界较少关注的明清时期婚礼消费、节日消费、娱乐消费、时尚消费、妇女游风、鲜花鉴赏、休闲文化，以及传统服务业，如游船业、旅馆业、娱乐业等内容。蒋建国则探讨近代广州的消费文化和社会变迁，论及物价、收入与消费水平，洋货消费文化，饮食消费文化，社会文化性消费，鸦片、赌博以及色情消费。消费经济方面，张雁南分析了唐人衣食住的基本消费、消费结构变化趋势、社会群体消费支出与消费行为、社会阶层消费水平差异及其根源、消费观念的变化与消费方式的变革等问题。黄敬斌借助经济学理论与统计学方法重现了清代民国年间江南地区居民的日常消费状况，从衣、食、住、行等消费类别入手，探究当时江南居民的生活水平。衣食住行的变化与岁时节日联系在一起，人们注意到将二者结合起来。生活贯穿于人生的儿童、青少年、中年、老年各个阶段，生命史是生活史重要的体现。姚平探讨妇女的生命历程，以唐代规范性观念对妇女生活的界定，从妇女与唐代社会、政治、经济关系出发，对唐代妇女生活中的三个主要方面，即婚姻组合、夫妇关系及为人之母进行系统研究；主要利用唐代墓志为主的石刻材料，考察唐代女性在一生中不同阶段的生活，采取计量方式，统计夫妇双方去世年龄的比例、合葬情形等，以及冥婚和不婚女性的情形；还利用墓志铭的书写格式，考察并讨论唐代女性在一生中不同阶段的形象。生育作为家庭的基本功能，也是人口行为，有关研究较为活跃。

欧洲的儿童史研究取得了大量成果，有关中国儿童史的研究成果则数量不多，但是，熊秉真开创性地探讨了中国儿童史，特别是育婴、医疗、教育等方面的生活文化。她运用大量传统幼科典籍，辅以传记材料，讨论中国育婴史。论述扶幼专业的源起、区域特质，呈现了中国家庭在新生儿之照顾，乳哺婴儿，婴幼儿生理，其成长与发育现象等各方面情形。作者还利用幼科医籍数据，分析困扰近世中国儿童的主要疾病，并从疾病的演变中分析幼龄人群健康变化大势，同时展现了中国历史上的身体经验、物质文化与生态环境。特别是作者探索以往不被人关注的幼童的生活，尤其是传统中国对于儿童的态度和具体的实行，解读训蒙读物、各类传记，论述了蒙学的发展、演变，主流与异端的互动等。简牍等资料留下了汉代儿童的资料，两汉未成年人中以"小男""小女"标志的身份，或主动或被动地初步参与了社会生产和其他社会活动，他们的年龄在14岁以下，身份包括"使男""使女"和"未使男""未使女"。"使"字可以理解为具有基本劳作能力。"小男"较"小女"享受更高的社会待遇。不少儿童因生计艰难被迫承担繁重的劳作，有的儿童是在暴力胁迫下作为人质体验生死劫难的，还存在"为人所略卖"的情形，王莽时代对此惩治。汉代儿童的游艺生活也引起注意。中国青少年、中年的人生礼仪不突出，留下来的资料稀少，这方面的研究罕见。

老年史有一定程度的开展。台北的《历史月刊》发表专题"历史上怎样看待老人"，提倡老年史研究。传统中国社会崇尚老年，留下来的相关文献众多，老年史的研究也以尊老、养老为多，涉及老人的家庭赡养及社会救济等问题，自然离不开对于中国历代养老制度的探讨。邱仲麟就明代老年问题发表了系列论文，探讨了明太祖赏赐耆老民爵考、耆年冠带的寿官、乡饮酒礼以及老年祝寿等。年寿也有人研究，属于历史人口学问题。随着中国老年社会的来临，老年史越来越受到重视。

与老年史密切相关的是死亡与葬礼问题。关于中国古代死后的世界观，蒲慕州指出，从战国末期开始，中国人对于死后世界的面貌有了比较具体的想法，也有了具体表达这种想法的墓葬方式。经过战国时代的大变动，中国的社会迈向一个新的阶段，墓葬制度的演变反映出远在佛教进入中国之前，中国人对于人死之后的归宿已经有了相当成熟的想法。他举出了东汉十余则有关薄葬的遗嘱，触及中国死亡文化。卢建荣继续讨论从北魏末到北宋这段六百年的历史，依据石刻墓志史料记载的士大夫特别是妇女、社会下层史料，从文化史的角度探讨死亡问题。论述丧葬习俗的论著较多。对于生命的认识，连带着对于身体的认识以及保健与疾病医疗观念。陈高华、徐吉军主编的《中国风俗通史》注重卫生保健与养老风俗的论述。

传统中国是农业社会，农村是人们主要的生活舞台，农民依靠农业劳动维生。综合性讨论乡村社会的研究较多，唐宋以前限于资料，论述多是全国性的，且比较多的是论述国家的乡里制度，也有专门讨论唐代中州乡村社会的。值得一提的是，辽宁省辽阳市北郊三道壕村、河南省内黄县南部梁庄镇三杨庄两处汉代村落遗址的发现，保留了庭院房屋原貌，有助于复原当时的社会和家庭状况、生产实态。村社常有结会活动，综合性地体现出民众的文化与经济活动以及社会联系。明清时期资料丰富，可以在特定地域如府州以及县进行深入探讨。安徽徽州农村的乡绅、商人、宗族、文化以及佃仆制，山西泽州村社以及与之密切相关的地方信仰、士绅社会、村社理想、家族形态等得到了探讨。侯旭东研究了北朝村落与村民，新意较多。

杨果利用诗歌论述了江汉平原农村日常生活。乡村研究应当运用聚落地理的知识，日本学者滨岛敦俊从社与聚落角度认识乡村，颇具新意。有学者试图建立村落社区史，论述了江西抚州地区乐安县流坑村五代以来的历史、风俗民情，福建溪村的家族组织与社会过程，福建省西部山区的一个客家古村落培田，徽州绩溪古村落的生活与宗族记忆，婺源山村 1949 年前后僻远山乡的社会生活、特定历史情境中民众的内心体验、主人的人生梦想，徽州村落史已经着眼于民众的日常生活。近现代中国社会变化很大，不少学者论述乡村社会及其变迁。农民的研究有所创新，从农民变迁的角度探讨中国历史的发展周期，各个时期的农民状况、农民的社会经济行为、政治关系和组织形式、农民意识的变迁均有研究。方行论述了中国古代地主经济、商品经济与农民经济，特别研究了清代的小农经济、江南农村经济发展、佃农的中农化等问题，还较为系统地研究了清代农民经济运行和发展，诸如农民的经营独立性、农民的生产模式及其再生产、农产品和家庭手工业品的商品生产与流通以及农民的消费等问题。农业和农民与当时社会的稳定和朝代的兴衰相关，郭松义就农业和农民的相关问题进行了深入研究。清代还有一些专门论述地主阶级的研究。民间的戏曲欣赏活动受到乡族势力的支配，与其说是娱乐，还不如说是通过娱乐来强化和维系农村的社会组织。以往有关农民的研究，比较侧重农业生产、生产关系，对于劳动的认识还需要加强，对于农民的文化生活、仪式习尚还研究不够，还需要将农民置身于特有的生态环境中加以认识。20 世纪 40 年代，日本满铁调查人员曾在河北省昌黎县侯家营村进行过知名的"惯行调查"。2001 年以来，张思教授率学生多次进入该村从事调查，收获丰富的文献与田野资料。他们秉持"请农民讲述他们自己的现代史"的研究理念，从村庄日常生活等多种视角，展现了该村所经历的现代历程。目前，随着中国对于农业、农村、农民"三农"问题的重视，有关选题增加，预测有关乡村生活的研究也会增多。

　　法国著名汉学家谢和耐（Jacques Gemet）描述了南宋临安的日常生活，他的著作也为我们提供了一个城市生活史的典范性框架：首先介绍城市，阐述选择都城杭州、人口过剩及房荒、火灾及消防、交通与供应、城市生活的乐趣等方面；接着论述社会，包括变迁中的社会、上流社会、商人、城区的普通百姓、农民；再下来是论述衣、食、住，并有关于个人卫生的内容；然后探讨生命周期，涉及家庭环境、出生、抚养与教育、婚姻与妇女之地位、疾病、亡故等；还讨论了四时节令与天地万象，具体内容是节令与历算、节庆、宗教；最后的消闲时光部分，包括城市生活的影响、娱乐、艺术和文学。

　　改革开放新时期，中国社会转型，迅速城市化，老的城市也充满活力，城市史研究应运而生，著名城市都在纂修自己的历史。大型的城市史如《北京通史》《上海通史》等都有城市生活的内容，专门的城市生活史有由唐、宋、元、明、清各卷构成的"中国古代城市生活长卷丛书"；还有学者论述了古代城市生活的起源和发展，闲逸、安适、享乐的城市生活特征，城市日常生活与习俗，城市的阴暗面；有学者探讨了辽金、元、明、清以及近代北京城区居民生活的演变，内容包括北京城区社会结构、人口、民族、家庭、居民的物质与精神生活，讨论了寺庙与城市生活，19世纪以来北京的民间文化与上层文化。汉、六朝、唐、宋、明清时期的城市研究较多涉及生活部分。有学者考察节日游乐社会环境主要因素的历史变迁、社会功能及历史意义，揭示出唐宋都城变革在日常生活领域中的某些表现及特征。明清城市生活的研究受到文化史研究的影响较大，台北中研院主题计划"明清的社会与生活"，由历史学者、艺术史家和文学史研究者组成团队，以中国近世的城市、日常生活和明清江南为题，探讨的课题包括逸乐作为一种价值、宗教与士人生活、士庶文化的再检讨、城市生活的再现、商人的文化与生活、微观/微物的历史以及传统与现代等。对明清及民国初年的衣、食、住、行、娱乐、商旅、节庆、欲望、品位、文物、街道、建筑等物质文化进行探讨，加深了人们对 16 世纪初叶之后因商品经济勃兴而造成的社会风气及物质生活的改变的认识。城市生活中，士大夫利用文学进行社会交往，有学者从前近代中国城市知识分子社会形态的角度来论述袁枚及其交游网络，着重研究处在前近代城市空间网络中的知识分子如何应用各种文化策略，以适应城市空间这个充满激烈竞争的社会。清前期的扬州，繁华一时，学者或以地方文化为主题，或以徽州盐商之兴衰及影响为线索，论及扬州的城市生活。明清时期徽州商人、山西商人活跃，城市生活中常能见到他们的身影。城市的工商业者有设立行会的传统，由于科举考试与经商的需要，宋以后特别是明清时期的城市中普遍出现会馆之类的组织，共同成为城市生活的重要内容。2009 年 3 月，复旦大学举行了专门的"城市生活"研讨会，并出版了论文集。明末清初的城市群众集体行动，即所谓"民变"频发，有学者对明清城市民变的历史背景、领导人与参与者、行动模式及城市民变的各种不同类型进行了深入分析。

近代城市生活发生较大变化，研究的成果不少，多以单个城市研究为主。上海城市生活研究最为活跃，组织了"上海城市社会生活史笔谈"。熊月之认为："随着全球城市化程度的提高，作为集经济、政治、社会、文化、信息中心于一体的城市，在人类社会生活中的地位，比以往任何时候都更为突出和重要，城市史的研究，也越来越受到学术界的重视。其中，城市社会生活史已是国际史学界备受重视的研究重点之一。"李长莉强调社会生活就是普通人的日常生活。钱杭认为，上海城市社会生活史可以分为上海城市、社会生活、历史（演变或变迁）三个关键词。上海城市生活研究有探讨城市意识、生活现代化的成果、生活伦理变化等方面，特别是李欧梵与卢汉超的研究，都把重点放置于对每日生活和消费意向的关注，然而李欧梵的上海是时尚的"东方的巴黎"，卢汉超的上海则是社会下层的谋生地，判然有别，引起讨论。熊月之主编了"上海城市社会生活史丛书"，内容丰富多彩，陆续推出。如天津，研究了外国租借区社会，民国时期高速发展成为北方经济中心都市的过程，衣、食、住、行、就业、交往、消闲、时尚的情况与行为方式，天津的文化核心与城市特性。有学者论述了石家庄城市人口数量增长和空间扩展的阶段性特点，剖析了城市社会问题及各种弊端。汉口与成都城市的研究很有特色，美国学者对于罗威廉论述汉口城市形成与资本主义发展关系，将欧洲城市与中国城市比较，认为马克斯·韦伯所谓中国"没有形成一个成熟的城市共同体"的论断是一个误解，论述了汉口是贸易、金融体现的商业中心与以行会为核心的城市社会组织。王笛研究了成都城市下层民众的日常生活与街头文化。城市大众文化引起学者的关注。

值得注意的是，连玲玲对上海城市生活研究有精彩评论。她探讨用"日常生活"概念研究中国近代史的有效性，对于近代中国的日常生活，提出谁的日常生活、边缘人物的主体性、日常生活中的"认同"、再探传统与现代化的关系等问题，并发出两个疑问：我们能否掌握足够的史料，撰写"由下而上"的日常生活史？日常生活史学是否适合用来研究中国社会？连玲玲的提问值得人们思考。

生活史中民间信仰与宗教生活占有重要地位。民间信仰其实就是民众的思想，民众一般知识、思想与信仰是精英与经典思想的基础。汉代以前民间信仰发展的大势，有人外力量的性质、感应式的宇宙观等方面的特点。官方、知识分子、民间表现的古代宗教现象有所不同，汉代信仰生活可见与自然秩序有关之岁时信仰活动，与生命循环生子、婚姻、疾病与医疗、丧葬有关之信仰活动，与衣食住行日常生活有关之信仰活动，与地方性之习俗和信仰、怪祥和符兆之观念相关，反映了民众的生活世界。两汉时期人们的精神世界，包括对宇宙运行、社会秩序、仙境、来生、迷信和巫占的依赖与批评，形成了人们对自然、社会、神、理性的主要取向。"术数方技"体现了民众思想。考古发现此类民俗在战国秦汉时期流行，涉及占卜、炼丹、行气、导引、房中、巫、方士、宗教与信仰等问题。根据敦煌占卜文书，唐五代社会流行占卜。有学者以小说笔记材料为主，探讨唐宋民间信仰的中心、基础与宗教，还有学者探讨唐宋变革之下南宋的民间信仰，认为"灵"是民间信仰的特色。宋代民众祠神信仰涉及张王、祠赛社会、祈雨、祠神信仰传播、正祀与淫祀，学者进行了考辨。朱海滨关注宋以后正统意识形态向民间社会的渗透与地域社会中的民间信仰的适应，具体研究的是浙江地区关羽信仰的传播及普及、周雄信仰的发生及其变貌、胡则信仰的产生与扩大、地方神信仰与区域。滨岛敦俊深入探讨明清江南三角洲地域农村居民产生社会共同性的契机之一的共同祭祀问题，论述诸神的来历，由鬼向神的转变——产生总管信仰的契机和结构，明朝的祭祀政策与乡村社会，商业化和城市化——宗教结构的变动等问题，指出 16 世纪中期以来江南三角洲的经济变革使得农民的生活空间逐渐扩大到市镇，三角洲的商业化深刻影响了信仰的内容与祭祀结构。王健探讨了明清苏松地区民间信仰活动。除了上述江南地区之外，福建的民间信仰研究也比较突出。综论中国民间信仰的论文集还应提到两部：美国学者以大众宗教为中心，讨论儒、释、道主流宗教之外的草根信仰，通过对下层民众宗教的研究，复原普通民众往昔生活的丰富图景，具体考察了白莲教、天后（妈祖）、关帝、碧霞神君、五通神等的崇拜；中国学者则探讨了民间信仰与社会空间的关系，力图把民间信仰作为理解乡村社会结构、地域支配关系和普通百姓生活的一种途径，特别是通过这种研究加深对民间信仰所表达的"社会空间"之所以存在的历史过程的了解，揭示在这些过程中所蕴含和积淀的社会文化内涵。后者主要讨论的问题是：国家意识与国家认同，社会风俗与民众心态，神崇拜与地方社会的变迁，乡村庙宇与家族组织，社区组织与村际关系。特别是庙会在很大程度上是民间信仰的体现，反映了民众的日常生活。民间信仰基于日常生活展开，日常生活就像历史的潜流淙淙流淌，大历史的巨变也割不断它，海外华侨传承的文化特别保存在信仰方面，如福建兴化人"日常生活中恒久不变的传统，无论是下南洋还是回故里，都要到庙里烧香拜拜，祈求神庇"。

佛道二教对于民间信仰与影响深远。余欣提出了"民生宗教"的概念，深入研究了敦煌的神灵谱系，并从居住和出行两个方面进一步探讨了各类宗教神灵对敦煌民众日常生活的精神影响。佛教方面，侯旭东研究了5至6世纪佛教流行于北方社会的历史背景、造像记所见民众信仰、民众佛教修持方式的特点与佛教信仰的社会影响。中古时期寺院与僧徒的生活也引人注目。卜正民认为，16和17世纪士绅数量的增长超过了官僚机构的需求，许多人被阻挡在仕途之外，由于慈善事业可以在国家掌控的领域之外昭示精英的公共地位，明代佛教信徒和儒学士人热心地方寺院事务及其捐助活动。陈玉女讨论了明代佛教与民众的日常生活，关注"佛教根植于明代社会大众的内心形象，及信众们透过什么样的管道来接触、认识佛教，以及信众对于佛教的依赖与需求等，均是促使明代佛教从事内在改变以适应外在环境需求的重要推进力"。作者探讨了明代瑜伽教僧的专职化及其经忏活动，对于理解明代佛教的世俗化以及民众日常生活中的佛教具有重要意义；就明代堕胎、产亡、溺婴的社会因应，从四幅佛教堕胎产亡水陆画加以探讨；明代妇女信佛的社会禁制与自主空间的讨论，探讨明太祖妇女奉佛不得入寺烧香、不得与僧尼往来政策何以导致事与愿违历史现象产生的因素；佛教医学与民众的关系也是作者关心的问题，特从明代佛教医学与僧尼疾病、明代妇女的疾病治疗与佛教依赖两个视角进行研究。道教方面，韩明士探讨了中国民间诸神是否为现实官僚的投影。作者以宋、元时期源于江西抚州华盖山的三仙信仰、道教天心派为例，认为中国人眼中的神有两种模式——官僚模式与个人模式，也就是"道"与"庶道"。信众固然会将神当作官员，但更常见的是以个人化方式向神祈求、许愿。

神是官僚还是个人化的保护者，取决于信奉者、陈述者在何种语境，以及出于何种目的。

与佛道等宗教以及民间信仰关系密切的还有民间宗教。历史上的中国民间宗教，因经常受到官府禁止，处于秘密状态，往往被称为秘密宗教。宋以后特别是明清时期是民间宗教活跃的时期，儒释道三教合一，民间教派纷呈，依据档案、宝卷等民间文献，加上调查，民间宗教的研究相当深入，不仅清理了民间宗教的源流、各个流派，还对八卦教、弘阳教、三一教深入研究，注意到民间宗教与乡土社会的关系。民间宗教的信仰者多为下层群众，有相当部分是妇女，分布于城乡。清代的白莲教可以分为诵经派与冥思派，前者躲在城市中活动，尤其多在北京和长江中下游的繁华大城市里，喜欢以聚会集体诵经的方式活动；后者大多是很少或者没有文化的乡民，绝大多数住在华北农村，冥思打坐是其宗教活动的主要内容。许多朝代的政府对于民间宗教采取限制甚至禁止的政策，由此可观察到民众生活与政治的关系。

除了民间宗教这种"教门"，还有"会党"这种民间结社，属于"秘密会社"。会党具有互助的性质，也有一定的政治意识，清代以至民国最为活跃，代表性的组织是天地会。"会党"与"教门"也有融合、转化的情形。会党的成员以下层民众特别是游民为主，与人口增长的压力有关，活跃在城市。"会党"往往控制地方社会，民众的生活卷入当中，也会发生反政府的活动。

三　生活史研究带来的新视角

生活史的研究，由于确立了历史活动的主体为民众，带来研究视角与方法的变化。

首先，从习以为常中发现历史。日常生活世界各种不断重复的活动，多为"群体无意识"，这属于心态史的范畴。年鉴学派认为在家庭史、爱情史、配偶史、对儿童的态度史、群体社交史以及死亡史等一系列新开拓的研究领域中，人们看不到动乱、突变，"证实了心态史所研究的是非常长的时段中一系列隐秘的演进，这些演进是无意识的，因为生活于其中的人们并没有意识到这些演进"。心态史关心人们对待事物的态度，阐发人们对生命、年龄、疾病、死亡等现实的态度，对于认识日常生活很有用处。心态史的研究与历史人类学的关系彼此难分，历史人类学研究各种习惯，而习惯都是心态的。历史人类学可以揭示人的行为反映的特定历史时期的社会文化，引入心态史与历史人类学的研究理念与方法，就可以从习以为常的琐事中发现历史。就研究实践来说，如彭卫论述汉代人精神世界的二重结构、汉代自杀现象、汉代复仇风尚、汉代体貌观念及其政治文化意义、汉代行为语言、汉代交际语言类型及其文化含义、汉代"大丈夫"语汇等，有所尝试。再如，民间传说、神鬼观念以及反映的宇宙观是认识民众心态的重要途径，如钟馗捉鬼故事即是如此。"虚耗"观念基于中国古代对宇宙本原及秩序的思考产生，"大虚"被认为是世界的本体，冥冥空虚中有一种超自然的力量主宰着人们的命运。古人在对虚空的探索中，将虚宿天象作为人间社会祸福的主宰。汉晋时代人逐疫驱鬼的傩活动至唐代发生一些变化，终葵（即钟馗）治群厉的信仰在唐代兴盛，原先作为驱鬼用的棍棒被人格化，成为驱鬼者。特别是唐玄宗夜梦钟馗捉鬼并食之，经唐朝政府大力宣传，使钟馗信仰广为传播，作为钟馗对立物的群厉、小鬼，也被具象化为虚耗鬼。由于虚耗具有使人空虚、亏损、消耗的特性，从唐宋开始流行种种禳除虚耗的习俗。厉鬼于虚宿出现天空阴气流行的秋冬季活动，古代逐疫驱鬼也在此时开始，腊祭时进入高潮，唐宋以来从冬至到元宵期间举行禳除虚耗活动。又如，山西洪洞大槐树移民传说在明清以来的华北各地流传甚广，并大量载之家谱、墓志和地方志。以往多把它作为明洪武、永乐时期大移民的史实，并将洪洞视为政府大规模强制移民的中转站。新的研究则认为有关洪洞大槐树迁民的传说故事是族群认同的产物。明清时期西方传教士来华，观察中国人对于传教士言行的看法，比较中西方的思维方式与伦理世界，可以认识中国人信仰的特点。

在中国，社会史的兴起与历史人类学有不解之缘，一些学者努力实践历史人类学。换位思考、从习俗进入社会、重视民众观念、文献研究结合田野调查进入了社会史研究，历史人类学应运而生。仪式分析有助于认识城市生活，泉州城市史研究体现了这样的特色。乡村生活史中习俗的解析很重要，同样离不开仪式的解析，不断有学者进行尝试。

其次，从日常生活来看国家。生活史以人为中心，自然关注大众文化，注重基层社会，强调自下而上地看历史。社会生活史重视普通群众的日常活动，不仅关注民众的经济生活，而且关心大众文化，即普通民众的人生态度和价值观。加强对基层社会的研究，提倡研究"来自下层的历史"，并不排斥政治与国家，但是研究方法是从此出发，将民众的活动与国家、法制等联系起来。基层社会与国家具有相对性，基层社会的组织规则与社会网络是生活展示的舞台，体现风俗习惯与大众心态，以及连接国家权力，国家和政治在"从下看历史"中得到了新的体现。中国社会史学会于2008年11月在广东珠海举行的第12届年会，以"政治变动与日常生活"作为研讨会主题，意在防止将日常生活的研究与政治割裂开来。基层社会主要由普通人的生活构成，历史的形成与基层社会生态环境（包括文化）关系密切，由此，自然而然地引入地域研究的概念。地域研究把人的活动放在特定的地域场景中认识，重视社区，其立意仍是探讨基层社会、关心普通群众，这成为生活史必要的研究框架。

再次，对于生活的重视挑战传统史料的认识。中国社会史家冯尔康指出："新概念、新方向、新领域是打开社会史史料宝藏的钥匙。"对于生活史来说，也应作如是观。日常生活史研究使史家别具只眼，对待史料不同于以往研究政治史、制度史的学者，反映在民众日常活动的账簿、契据、文书、日记以及私人来往的书信等进入视野。如蒋竹山利用晚明的《祁彪佳日记》，通过祁彪佳与江南医生互动的个案，探讨祁氏家族的医疗活动。以契约文书为例，由于存世数量较大，反映的生活面向较多，出版的史料汇编较多，以往利用契约文书偏重于土地买卖，目前侧重于日常生活。如有学者利用中古时期的契约，以老百姓日常生活中的"协商与契约"为主题，揭示官府、百姓、鬼神三者之间错综复杂的关系，以及这三者相互协商、讨价还价并在这种角力中共存的社会过程，展现了社会变革的某些侧面：老百姓互相协商并订立契约，是为"现世契约"；老百姓与神鬼之间的协商与契约（买地券），是为"冥世契约"。官府对待老百姓所使用"现世契约"态度与政策的变化，反映了所谓朝廷"政法"与民间"私契"从对立、并存到契合的演变过程；而"冥世契约"则不仅反映出老百姓对死后世界的看法，也折射出冥府、鬼律与阳世官府、官法之间的对应关系。明清契约文书中的妇女、婚姻问题得到了探讨，特别是日用文书对于全面了解民众日常生活非常有用，王振忠利用反映清前期安徽徽州婺源村落社会生活的日用类书《目录十六条》等史料，具体揭示日用类书在村落日常生活中实际运用的情境，以期了解一般民众日常生活的规范、价值信仰以及集体心态。人物传记是记载人物活动的基本资料，中国正史的体裁为纪传体，保留了大量的人物传记，但主要是贵族官员的，而文集中的墓志传记文数量多于正史，特别是还有大量出土墓志，保留大量普通人特别是女性的传记，反映了多方面日常生活细节，利用墓志开展日常生活史研究大有作为，利用唐宋墓志的生活史研究引人注目。档案特别是诉讼法制类档案保留了大量民间资料，反映了下层社会的面貌，认真解析口供是重要的研究途径。诗歌、戏曲、小说等文学作品特别是竹枝词、民间传说、写实漫画反映当时人的生活、观念等，有大量日常生活细节描写，有助于社会生活史的研究。笔记对于研究日常生活史也具有主要价值。此外，物质文化也是生活史资料的重要来源，日常生活的器物以及图像资料，是人们活动与观念的产物。综合使用资料，文献、实物、图像相结合，重构古代日常生活的现场。

最后，从生活方式的转变可以考察民族关系，进行不同文明比较，阐述社会变迁。中国是一个多民族的统一国家，民族作为历史上经过长期发展而形成的稳定共同体，其重要标志之一就是生活方式的共同性，民族融合的实质是生活方式的融合。从其他民族对汉族生活方式的影响来说，饮食方面，汉代流行的"胡饼"，唐代盛行的抓饭、烧饼，都是其他民族传入的；服饰方面，战国时中原各国的服饰宽袍大袖，不利于作战，少数民族的中山、林胡、楼烦等都善于骑马射箭，衣服简便合体，赵国的武灵王便实行"胡服骑射"，中原汉族人民的服饰受到少数民族的影响。明朝汉族男子满头留发，把它挽起来，叫做"束发"，衣服宽袍大袖。清兵入关后，要求汉族人按照满族人的习俗"剃发""易衣冠"，即男子把脑顶前半部分剃光，后半部分唯剃去底部之发，将留下的头发梳成辫子，衣服是窄袖圆领。清朝的这个变更汉族传统服饰的规定，引起汉族强烈的反抗。不过最后汉族还是接受了满族的发式和服饰。满族女服中的旗袍，由于符合女性体型的特征，反而受到汉族的欢迎，以致成为中国女性的代表性服装。家居方面，汉族最初的室内居住方式是席地生活，下层人民在室内铺的草席上坐卧、饮食，而贵族之家除席外，还有木制的床和榻，榻是坐具，床和榻都非常低矮。魏晋时期，少数民族不断内迁，他们的风俗习惯也影响了汉族。两晋时，洛阳贵族官僚争用胡床、方凳等北方游牧民族的家具，这些家具一般比较高。隋唐时期，床、桌、凳、扶手椅、靠背椅等家具，已普及到民间。到了宋代，室内普遍使用桌椅，完全改变了席地而坐的习惯。再就汉族对其他民族生活方式的影响而言，有些少数民族受汉族文化影响，在生活方式方面有所改变。如北魏鲜卑族受汉族影响，学习农耕，改变游牧生活，逐步定居下来。孝文帝时期为了接受汉族文化，主动迁都接近汉族地区的洛阳，还下令鲜卑贵族采用汉姓，改穿汉服，学习汉话，提倡同汉族通婚。内迁的鲜卑族逐渐与汉族和其他民族融合。古代北方少数民族对汉族的战争，即使少数民族是胜利者，大批迁到汉族居住地进行统治，但随着时间的流逝，他们吸收汉族生活的方式，也与汉族融为一体。如进入黄河流域的契丹、女真等民族，经过长期与汉族共同生活，已和汉族没有什么差别。

中国历史分期的社会史内容，应当包括生活方式的转变。历史上几次大的历史变动时期，如春秋战国之际、唐宋之际、明代中后期，尤其是近代开埠以后，均发生了程度不同的生活方式变化，包括游牧文明与农业文明、农业文明与海洋文明的冲突影响，上述生活方式变化与民族关系的论述已经有所涉及。在此再举出节日生活的变化的事例：立春风俗在唐特别是宋以后发生变化，正好和中唐以及唐宋之际社会发生重大变化的看法一致。汉以来天人相应与顺天施政的观念，在盛唐之后逐渐减弱，唐代读时令的礼仪自天宝年间久已废弛。由于迎气礼中相关禁忌的消除（如武官参加迎春礼），唐代宫廷的立春也不再为庄严肃穆的气氛所笼罩，表现出热烈的节庆色调。唐代的迎春和鞭春礼仪已经具有群众性节庆的性质，具有公众集会的规模。宋代由于出春牛和鞭春牛不处于同一地点，春牛的运送则形成了迎春队伍游行的礼俗。立春的形态发生了变化，喜庆的节日气氛越来越浓，并且已经成为具有广泛群众基础的官民同庆的节日礼俗活动。至明代迎春礼俗的群众规模更大，并举行丰富多彩的游艺活动。

资本主义的出现无疑是人类社会的巨大变迁。法国年鉴学派的第二代学者费尔南·布罗代尔探讨15至18世纪西欧资本主义兴起，首先从日常生活的结构开始，将之作为"物质文明"或"物质生活"。他认为日常生活无非是些琐事，将其纳入历史的范围有何用处呢？"历史事件是一次性的，或自以为是独一无二的；杂事则反复发生，经多次反复而取得一般性，甚至变成结构。它侵入社会的每个层次，在世代相传的生存方式和行为方式上刻下印记……我们发掘琐闻轶事和游记，便能显露社会的面目。社会各层次的衣、食、住方式决不是无关紧要的。"即从日常生活最基层入手，考察资本主义的产生。布罗代尔并未局限于此，接着探讨市场经济和资本主义，反映出年鉴学派对于总体历史的追求。中国资本主义萌芽的研究用力甚多，需要处理自然经济与商品经济的关系，中国传统社会自然经济占统治地位，战国以后商品经济发展，经君健认为自然经济占统治（或主要）地位是西欧中世纪早期以庄园制为主要内容的领主经济的主要特点，至于以地主制经济为主要内容的中国封建制度，则与商品经济有本质的联系，从总体上来说不存在自然经济占统治（或主要）地位的特点。特别是16世纪的明代中国社会风气变化较大，突出表现在生活性消费、文人闲居生活与鉴藏关系密切，居室生活的艺术化倾向，物质文化生活上器用的瓷质化方面。生活研究有助于对于重大社会变迁的揭示。当代中国正在迅速现代化，经历着社会转型，该如何对待传统生活方式，引起人们对于日常生活的关注，日常生活历史的研究自然也是必要的。

事实上，中国地域广阔，生态类型多样化；中国民族众多，民族生活多样化；中国历史悠久，历史的断裂与连续深刻影响了各地方文化。这些时空人为因素综合造成中国日常生活的多样性。对于中国日常生活史的研究，也需要多样的方法。例如，"一日史"即是研究日常生活史的方法之一。朱小田指出："历史由诸多维度共同刻画，主体（人物）、时间、空间、行为（事件）是几个基本维度。事实上，每一维度都体现为一种谱系，比如时段的长短便构成时间谱系。特定的时代、不同的考察者常常偏向某一历史维度谱系中的一端，而忽略另一端。茅盾以《中国的一日》留下的'一日史'，实际意味着一种历史的时间维度极端，随之，其他历史维度发生了相应变化：人物维度由社会精英变成了平民百姓，由庞杂的个体行为构成无数的社会角色；事件维度由重大社会现象变成了日常生活，由重复的琐事敷演为碌碌的生活影像；空间维度由抽象的全盘世界变成了具象的生活共同体，通过芸芸众生的人际关系呈示出鲜活的历史情境。"时间周期是日常生活的一种载体，一日、季节、年度在文化人类学中都是探讨生活方式的途径。

总而言之，生活史研究可以深化并推进历史学。历史学的前进在于所建构的历史接近历史的真实，需要多侧面的深入研究，增进对总体历史的认识，生活史研究是达到这种目的不可或缺的一环，比起几千年的政治史学、"英雄史学"，生活史还很年轻。马克思的名言说："现代历史著述方面的一切真正进步，都是当历史学家从政治形式的外表深入到社会生活的深处时才取得的。"这正是生活对于社会生活史乃至历史学最重要的意义。

讨　论

张弛（首都师范大学历史学院博士研究生）： 常老师，法国后马克思主义哲学家列斐伏尔诟病经典马克思主义的地方，正是后者并不重视日常生活问题，而是期望于某个能超越日常生活单调无奇的出神入化的革命与艺术的"瞬间"，用列宁的名言来说就是"革命是人民群众的盛大节日"。您认为日常生活史是否可以起到对传统马克思主义史学补充的作用？

常建华： 的确，传统马列史学有过分重视经济物质层面的倾向，而忽视了以"人"作为中心。但是在现当代特别是后马克思主义哲学发展过程中，尤其是东欧的马克思主义哲学非常重视用日常生活的概念框架来补足完善传统马克思主义。对于日常生活史而言，肯定是要进一步发展马克思主义关于人的现代化这一既有、经过历史检验的经典论断。回到你提到的日常生活是单调无奇的这一特质，其实不光是单调无奇，而且还是周而复始的。这就要求我们对其中重复性的思维和实践模式保持充分的敏感甚至警觉，特别要辩证处理在长与短时段下，日常生活的动与静、变与不变等特质之间错综复杂的关系。

新史学：八十年代及以后

——从 1981 年的两期《跨学科历史杂志》
看当代西方史学的新转折

时间：2011 年 9 月 25 日下午 3:00～5:30
地点：首都师范大学本部主楼 201 会议室

主讲人简介

周兵，历史学博士。1992 年进入复旦大学历史系学习，自 2000 年起任教于复旦大学历史系。现为复旦大学历史系副教授。曾赴荷兰访学一年，在新西兰工作三年。主要研究方向为西方史学史、新文化史、17 世纪荷兰史和西方艺术史等。在现当代西方史学领域有较多的学术积累和贡献，发表学术论文多篇。

梁景和（主持人）：

周兵老师现在复旦大学历史学系任教，周老师曾赴荷兰访学一年，在新西兰工作三年。主要研究方向为西方史学史、新文化史、17 世纪荷兰史和西方艺术史等。在现当代西方史学领域有较多的学术积累和贡献，发表学术论文多篇。周老师今天的讲题是《新史学：八十年代及以后——从 1981 年的两期〈跨学科历史杂志〉看当代西方史学的新转折》。下面我们欢迎周老师作报告！

周兵（主讲人）：

谢谢梁老师！20 世纪七八十年代是当代西方史学发生新转折的关键时期，即从社会史转向（新）文化史，如果要找一个特定的年份或事件为这一转折标志分界的话，1981 年夏秋的两期《跨学科历史杂志》（*Journal of Interdisciplinary History*）可能是一个比较有代表性的信号。创刊于 60 年代末的《跨学科历史杂志》本身就是战后西方史学朝向社会科学史研究发生转向的一个产物，当时的历史学开始越来越多地借鉴社会学、心理学等学科的理论，在方法上广泛地采用了统计、计量、心理分析等手段进行跨学科的研究。七八十年代历史学的新转向同样是在借助了其他学科基础上的一种跨学科历史研究，只是这一次同历史学并肩齐进的是另一门不同的学科——人类学，尤其是文化人类学，从而形成了一门新的历史学分支学科——人类学史学或历史人类学，"文化"取代了"社会"成为历史研究中的核心概念。当然，新方法、新领域和新理论的产生并不意味着要抛弃旧的，传统的历史学门类始终有其存在的价值和意义，它们也在新的时代中不断地丰富和调整自己，但它们已经不再是这个新时代里历史学研究和叙述方式的主要形式了。

1981 年的这两期《跨学科历史杂志》以"新史学：八十年代及以后"为主题，组织了一批来自不同领域的顶尖的历史学家，对自己专长的领域的研究现状和前景分别进行总结和展望，主要集中在自 60 年代末，也就是该杂志创刊以来当代西方史学研究的状况，以及 80 年代以后史学未来的走向和可能的趋势。讨论所涉及的历史学分支学科包括政治史、家庭史、历史传记（即心理史学）、计量史学、社会史、经济史、科学史、思想史和人类学与史学。在下文中，笔者将对这些历史学家就本学科现在和未来的看法逐一进行解读和分析，希望从中找到 80 年代初西方史学转向过程中的轨迹，以此同过去 20 年间的实际发展相印证。

一 政治史（Political History）

将政治史排在所有讨论的第一位显然不是编辑中的简单巧合，而是对其在西方史学传统中的重要地位的一种尊敬和肯定。而且，政治史的这个专题也是两期杂志中所有分支学科中篇幅最多的之一，三篇论文和一则评论占了 48 页的篇幅，仅次于"人类学与史学"和"计量史学"部分的 52 页和 60 页。三篇论文分别是彼得·史密斯（Peter H. Smith）的《从拉丁美洲出发的一点意见》、雅克·朱里亚尔（Jacques Julliard）的《对其现状与未来的反思》和彼得·克拉克（Peter Clarke）的《思想和利益》，以及来自雅克·勒韦尔（Jacques Revel）的评论。几位作者来自不同的国家，但共同的是都专长并执著于政治史领域的研究，而他们又是如何看待进入 80 年代之后的政治史的前途呢？

首先他们都清楚地看到政治史已经不再是历史学中唯一的或是主流的分支学科。史密斯开篇即提到："如每个人所知的，政治史已经变得陈旧而过时了。特别是在美国，很大程度上在欧洲也是同样如此，注意力已从权威人物和决策者转向了普通人和世俗大众。经济史的探索不断地将封建主义、资本主义和社会主义的起源及变化加以澄清，社会史的研究打开了全新的认识和探究的图景——突出地强调性别差异、性、家庭及其他隐秘和日常的生活范畴。对当权者的研究兴趣迅速减退。新的关注点是普通人的日常生活，这一趋势对八十年代的政治史给出了一个明确的预言：它将不会有很多。"朱里亚尔也继承了年鉴学派对政治在历史中地位的评价，把它看成一种浮在历史表层的"短时段"，"政治是一种简单的附带现象，主要决定于经济和社会条件的共同作用，而不能由人的意志来改变"。政治史只是历史学众多门类和分支中的一种，并不具有任何特殊的地位，相比较于社会史和经济史，它也早已不再是史学界关注的焦点了。

但这并不意味着否定政治史存在的价值，在整个历史学科中它仍然有着重要的地位，即便是很多社会经济史的研究也都是在政治史的背景下展开讨论的，同时其自身也在不断地调整和更新着研究的方向与重点，进入 80 年代后更在发生着新的变化。几位作者都积极地强调政治史依然存在的必要和必然，而政治史继续发展的原因就在于它正在发生的一些变化。

史密斯主要以拉美史为例，认为虽然欧美史学界对政治史的研究已经相当充分，而且人们对政治史的兴趣也大大减弱，但在对拉丁美洲及其他第三世界国家的历史研究中，有关政治部分的分析和讨论仍然具有广阔的空间，有待于政治史家进一步的深入。不过，对拉美的政治史研究并不是传统政治史模式在改变空间和对象后的简单重复，史密斯把当时政治史中出现的主要趋势归为四个方面：（1）投入；（2）结构与过程；（3）产出；（4）思想与态度。其中前三个方面主要还是基于时间顺序对政治行为的发展、政治体系的运作进行的研究，依然以传统政治史方法为主，从起源、过程到结果而展开的叙述，同时又借用了社会史和经济史的方法进行结构的分析和解释。

具有新意的是第四个方面——思想与态度。史密斯写道："政治进程同政治角色们的思想和态度有着紧密而相互的联系。作为原因，意识形态或世界观可以影响有时甚至能够决定个人和群体对刺激的反应；作为结果，政治观点和意识形态最终与权力关系和系统环境的长期变化相适应。"在此，史密斯所指的除了个体政治人物和党派的政治思想、观点和主张外，还特别提到了集体意识的因素，如当时正在法国史学中日益受到重视的"心态"的问题，他认为应该把对心态的研究放到对政治史的分析当中，从而可以对认识和理解政治活动作出实质性的贡献。同时，在政治史中不容忽视的文化因素也正在日益得到广泛的共识，思想运动和大众文化都是深入探讨政治史的重要方向，比如对普通人政治态度的研究，新材料和新方法的运用。史密斯就认为，"历史学家必须在那些非文字的表达方式中搜寻态度的蛛丝马迹：口述传统、政治口号、流行音乐、绘画、卡通、漫画，甚至电视肥皂剧"。通过不同于传统的新的观念、新的视角和新的资料，才能为传统的政治史发展出新的形式，使它得到继承和发展。

在朱里亚尔看来，政治史既保留了传统的特点，也在吸收其他学科的长处，他概括道："政治史是心理的、传记的、定性的、思想的、事件的，总而言之，是叙述性的。"之后他也列举了四种不同形式的政治史："一是传统的叙事史，其中政治在事件的编年中占据着主导；二是政治构成主要的解释性假设的历史；三是作为权力社会学的政治史；最后是长时段的政治史，它所强调的不是事件和变化，而是文化特性和恒久的特征。"很显然，前面三种政治史仍是我们在传统的历史编纂中常见的形式，但同史密斯一样，朱里亚尔所说的最后一种形式，所关注的也是如何在文化的层面上展开政治史的讨论。

结合70年代后法国年鉴学派在研究中出现的新动向，就不难理解此处朱里亚尔所谓的长时段的政治史，那就是把文化因素，也就是"心态"，看作是决定历史进程的深层决定因素长时段的一部分。政治史也受到了这种观念的深刻影响，朱里亚尔写道："政治理念更深地扎根于个人和集体的意识中，在那里它们与宗教或者至少同一般的信仰体系结合在了一起。"政治不仅是浮于表面的事件，它也具有深层次的文化结构，由此，朱里亚尔进而提出了"政治文化"的概念，即研究政治活动之下的文化因素。

第三位作者克拉克的文章非常简短，其标题中的"思想和利益"主要是指在政治史的研究中必须注意对政治事件背后的政治思想与经济利益这两种决定因素的考察，但他也提到了另一个方面，指出"政治史的完全演绎要更多地注意到意识形态的问题"。而评论者勒韦尔对政治史的未来前途则更加乐观，他认为即使是在法国，年鉴学派的传统和影响也没能阻挡政治史继续作为一个重要的分支学科活跃在学术界。当然他也承认政治史必须不断地变化和调整，最新发生的趋势就是"将社会学和人类学的概念或模式融入政治史研究中"。

二 家庭史（Family History）

劳伦斯·斯通（Lawrence Stone）关于家庭史的论文是对这门新兴历史学科所做的一项非常详尽细致的史学史考察，标题也很直截了当——《过去的成就和未来的趋势》。斯通把家庭史看作是社会史的分支之一，其兴起是整个战后社会史勃兴的一部分，它在不同阶段受到了不同思潮和理论的影响，如社会学、历史人口学、女性主义等，其中"科学史学"和"自下而上的历史学"这两种史学潮流的作用尤为明显。在斯通看来，每一种新观念、新方法的引入都成为推动家庭史不断发展的巨大动力，如19世纪末恩格斯第一次把对家庭的历史分析同工业化时代的社会变化联系起来，20世纪五六十年代人口统计学帮助家庭史研究建立起一种科学的量化的研究模式，70年代的妇女运动、性解放把历史学家的研究视野引向了家庭生活的内部，如妇女的家庭角色和性。最后，在介绍最新的家庭史发展趋势时，斯通指出："一定程度上，在心理学和文化人类学的刺激下，首先在法国，然后在英国和美国出现了对于心态史的新兴趣，即指个人和群体的价值观念、信仰、情感、情欲。这种兴趣刺激产生了一种新的家庭史，对情感关系给予同经济或社会关系一样的关注。新的问题被提了出来，如核心家庭和家族成员之间、家庭内部丈夫与妻子、父母与孩子间的亲情纽带的性质和特点。"由此，也让我们看到了家庭史研究中出现的新特点和新动向。

斯通把家庭史宽泛地分成五种类型：（1）人口统计学的；（2）法律的；（3）经济的；（4）社会的；（5）心理和行为的。

其中第五种类型所体现的正是家庭史的新变化，"是关于人们是如何相处对待，包括父母与子女、丈夫与妻子、核心家庭与家族；在性的方面他们在婚前和婚后是如何表现的，以及他们是如何认为应该怎样去做的；最后是他们的价值观念、精神状态和情感，以及他们对婚姻中的情感，如爱情、性欲、敬老或爱幼的反应程度"。对于这些方面的研究，完全不同于以往的家庭史研究把大多数的人和家庭都作为一种统计数字和模型，由于资料的原因，对人们在家庭中的一些文化因素，包括情感、观念和心态等具体问题的定性分析一直没有得到充分的展开，但借助于心理学、人类学和心态史研究的开拓，家庭史有了进一步深入下去的研究空间。这不仅是在方法论上的重要突破，也意味着家庭史未来发展的前途。斯通在文章最后也指出，人口统计学的定量分析、社会和经济结构的概括等，这些研究都已经进行得非常充分了，对家庭史的研究作出了很大的贡献，但它们在理论和概念上也同时达到了尽头或极限，已经很难有进一步提升。家庭史要继续发展，就必须在方法上进行新的调整和开拓，而最有希望的新的研究方法，就是对价值观念的转变进行统计分析，同时借助心态史的方法将研究从量化的分析更多地转向对性质的解释。

三　传记（Biography）

作为心理学家的迈尔斯·肖（Miles F. Shore）对传记的评论完全是从精神分析学的角度展开的，标题为《一种精神分析学的观点》，因此其所说的传记也就是心理史学中最主要的一种形式——心理传记。肖把传记看作是介于文学和史学之间的一种独立的形式，而他对心理传记的总结和预测，主要也是基于心理传记的学科内部的变化而做出的。

心理史学的产生首先是同现代心理学，尤其是弗洛伊德精神分析学说的兴起联系在一起的，1910 年弗洛伊德关于达·芬奇人格心理特点同人生经历关系的论文被公认为心理传记（以及心理史学）的开山之作。此后，尽管这种心理传记本身和精神分析学一样饱受争议，但不可否认的是，精神分析学确实非常有助于传记的写作，"心理学的叙述对应于人从摇篮到坟墓的生命历程，使它能够作为传记故事的一种细致和丰富的补充形式"。在弗洛伊德之后，出现了心理传记的写作高潮。同时在理论上也逐步由早期弗洛伊德强调本我，即无意识的本能冲动，转向自我心理学，把内在的心理同外部的环境更多地结合在一起来考察。60 年代艾里克·埃里克森的将心理的发展比作若干阶段的生命历程的研究模式，更成为心理史学和心理传记研究的一个新的里程碑。正是在几乎同时，身为美国历史学会主席的威廉·朗格（William Langer）才会公开提出要将心理学的理论和方法作为"下一个任务"放到历史学家的议事日程上。

对这种运用心理学，尤其是精神分析学说对历史人物进行分析评价的心理传记研究的批评，从弗洛伊德开始就一刻未曾停息过。这些意见包括对精神分析学说本身的批评，对其理论和方法在用于历史人物身上时有效性和适用度的怀疑，对其资料考证和使用的担心，以及对心理学家在把握和处理具体历史问题中的能力的质疑。肖并没能有效地回击这些批评，他还是把传记设为一个不同于历史学的门类，并且认为在传记写作中，心理学对深入理解传主的性格、人生等的作用业已得到公认，未来所有的传记在一定程度上都是心理传记。至于传记同历史的关系，肖指出应该更多地为历史学家提供心理学的训练，同时在传记写作中更广泛地开展心理学家和历史学家的合作研究。

最后在预计 80 年代后心理传记研究的走向时，肖主要还是从心理学自身出发，认为随着心理学理论和方法的继续发展，传记的写作也可日臻完善。不过，他还是提出了一点实质性的预测，"有可能预见会有新发展的一个主要领域是集体传记。……它追随了大量试图系统解释集体行为的人类学、社会学、群体心理学和组织行为学著作"。在此，我们看到心理传记不再仅仅是心理学家的禁地，它也正在受到来自外界整个学术潮流的影响。

四 计量（Quantification）

计量史学部分 60 页的最大篇幅充分说明了这门学科在六七十年代的辉煌，计量的方法是战后西方史学发展中曾经最被寄予厚望的新兴学科，勒华拉杜里甚至曾经预测道："未来的历史学家就是一个程序员，要么就不是历史学家。"而到了 80 年代初，对计量史学的热情早已消退，越来越多的历史学家认识到量化研究只是历史研究中众多方法中的一种而已。在这样的背景下，戴维·赫利希（David Herlihy）和艾伦·鲍格（Allan G. Bogue）分别从欧洲史和美国史的研究领域出发分析"数字和形式分析"在历史学中的运用状况及其前景，他们的言辞间都充满了对已渐势衰的计量史学的极力维护。

赫利希把计算机技术本身也作为计量史学的一部分，因此他强调计算机的应用在历史学中有着广阔的前景，包括资料的收集、解释和证明，它可以被广泛地应用到各种历史学辅助学科当中。赫利希指出，外界对计量史学的批评实际上指向的只是计量史学的一种，即美国新经济史研究中的"克丽奥学派"（Cliometrics）。他们用一种数学的或数理逻辑的模式来解释历史，在研究中使用大量数据、计算和表格，从而推导和证明他们的结论。在此，赫利希把计量史学分为两种，一是在历史研究中仍大有作为的计算机辅助技术，一是已经陈旧落伍、远非完美的"克丽奥学派"。他写道："今天，计算机为历史学家提供了灵活而有力的支持。对于其未来的许多怀疑仅仅集中在它在历史研究中的诸多应用之一，即它在所谓的'克丽奥学派'中的运用，在形式变元（formal argument）中的发展。但即使是

'克丽奥学派'的失败也还远未最终决定。具有讽刺的是，他们的失败并不是完全的，而是仅限于一种形式分析的应用。他们对其资料进行严格的分析，却不能在收集和分析他们的信息时做到同样的严密。"

在某种程度上，赫利希的观点更像是一种无奈的辩解。不可否认，先进的计算机技术的确是一种非常重要的技术手段，它在图书馆学、绘图测绘等历史学辅助学科中也有着广泛的运用，但其作用终究只是作为一种工具而已。所谓计量史学，实际上更注重的是一种历史研究的方法，借助计算机及其程序强大的分析、计算功能，将大量的历史数据放在一定的数理模型中，从而得出某种结论。70年代后，对于科学的历史学的天真幻想，尽管开拓了历史学家的视野，展现出了历史的另一个独特的方面，但量化研究绝不是历史学的唯一，放弃定性的分析、解释和叙述的历史学是不完整的。遗憾的是，对于这一点，作为经济史家的赫利希似乎并没有看到。

另一位作者鲍格的研究专长偏重于新政治史，因此在他的论述中，新政治史的研究是较为主要的例证，同时他也比赫利希更加现实和客观地面对计量史学所面临的问题。在他看来，量化研究不仅是指"测量"（measurement），"而且还是一种编码语言，它包括通过机器可读数据的形式对量化的历史证据进行确定、处理和管理控制等相关问题，以及量化研究赖以形成和表现的概念结构和研究构思"。量化研究作为一种方法在六七十年代美国乃至西方史学的许多重要领域，如经济史、社会史和政治史中，都得到了广泛的运用。但鲍格显然比那些依然抱着对计量史学乐观幻想的人更加冷静，他既看到了量化研究的优势，也认识到了它的不足。因此他在预测计量史学未来的发展时认为，量化和非量化的研究都是历史学所必需的，"某些类型要求有计量的能力；另一些则不需要"，它们二者的关系是共存的。

五　经济史（Economic History）

虽然计量史学家也对经济史的研究状况发表了评论，但经济史家们自身是如何反省自己的学科的呢？这一部分的两位作者分别来自美国和英国，其中一位还是专职的经济学家，这在一定程度上反映了六七十年代的经济史研究对经济学理论和方法的严重依赖。彼得·泰明（Peter Temin）在谈到美国"新经济史的未来"时甚至称："新经济史的新成分就是它同经济学的联系。旧的经济史是历史学的一个分支，而新经济史则是经济学的一个部分。"

在泰明看来，正是这种从属关系的改变，才引发了新经济史的勃兴，同时也潜伏了日后出现的问题，以至于进入80年代的新经济史到了一个关键的"十字路口"上。他认为，当前新经济史出现的问题是它脱离了同经济学的联系，而游离于经济学与历史学之间，找不到一个合理的理论依托。在泰明对新经济史的回顾中，常常用这样一些词来概括它的特点，如"计量"（measure）、"说明"（explain）、"模型"（model）等，同时新经济史的发展始终是以某种经济学理论和分析模型为基础，从事研究的大部分也是经济学家。

但未来的经济史研究必须认识到，历史的发展并非都是简单的依照抽象的经济学规律运作的，在研究20世纪后的历史变化时，有许多问题不是单纯经济学原理所能够解释的。因此泰明在文中提到，经济史的研究除了经济学的工具之外，也应该借鉴社会学和人类学研究中的一些模式，即人类行为的不同模式，将它们结合进经济学的模型分析中。他认为只有这种方法才能"拓宽新经济史研究，让经济史和经济学更多地联系到作为所有历史的主体的人类行为的多样性上"。

另一位作者巴里·萨普尔（Barry Supple）是来自英国的经济史教授，他的观点比泰明更进一步，眼界也不仅仅停留在经济学上，还看到了经济史同其他历史分支学科的相互借鉴上，如社会史和文化史，提出"把经济也作为社会和文化的过程来研究"。他还建议经济史家应该认识到"社会条件中的一些微妙的、复杂的、不可计量的方面——事物间的内在联系：关于消耗、环境、文化和心态，而不仅是汇率的增长和确切的收入"。在他看来，经济史与社会史和文化史的关系是相互的，经济史可以既研究生产又关注消费，既强调经济发展的内在规律又看到社会和文化的作用，既运用计量和统计的分析又不排斥叙述的解释方式，他所预示的经济史的未来指向的是一种所谓经济社会史或经济文化史的方向。

六　人口史（Population History）

人口史是人口统计学和历史学的交叉学科，安东尼·里格利（E. Anthony Wrigley）更有意识地把人口史分成了人口统计史（demographic history）和人口史（population history）两个不同的层次，前者侧重于对历史人口数据的计算、统计、整理、量化分析，后者强调从这种人口变量的演变趋势出发，结合历史上环境、政治、经济、社会和文化的背景进行历史研究和分析，"将人口的特点同它们的社会经济背景结合起来，并证明它们两者之间的相互作用"。

里格利所指出的人口史研究中出现的变化，正是这两种不同的研究侧重的转移。他认为，人口的出生率、死亡率、结婚率等变量，人口迁移的数量、构成的比例等数据，都只是基础的历史人口统计学的研究工作，人口史应该要做的，是进一步说明和解释这些因素在对社会和经济行为的其他方面究竟产生了哪些重要的影响。由于人口史的研究在很大程度上必须以大量、准确的人口信息和数据为基础，资料的限制也制约着人口史的前进，因此借鉴其他学科的经验，如经济学、社会学和人类学的方法，一方面寻找新的可靠的人口资料，采用一些新的研究手段和技术；另一方面，更多地把研究方向转向人口因素在人类社会发展中的影响上。因此，80年代前后的人口史研究常常同家庭史、社会史等发生交叉，运用一些社会行为的模式来解释婚姻关系、家庭结构、人口流动、性别和族裔关系等问题。

七　人类学和历史学（Anthropology and History）

在这两期的《跨学科历史杂志》上，关于人类学和历史学的讨论占据了很大的篇幅，一共三篇文章和一则评论，恰与第一部分的政治史相对，一个代表了历史学的过去，另一个指向了未来。不同于其他几个部分，在80年代初，人类学史学或历史人类学的出现还是一个新兴的现象，因此几位作者的观点更像是就这一新领域展开的一场讨论，他们的观点也并不完全一致。

第一位作者伯纳德·科恩（Bernard S. Cohn）用《朝向复合》的标题来说明他所认为的人类学与历史学的关系。科恩回顾指出，历史学和人类学是两种受到了近代欧洲历史经验的深刻影响的知识形式，一直到18世纪人类学都还是历史学的一个部分，都是在过去中寻找他性（otherness），过去的行为和思想通过诸如文本、艺术、建筑、社会行为、风俗等形式的证据呈现在研究者面前，他们所关注的也主要是欧洲的历史。即使在进入19世纪后，人类学和历史学各自相对开始独立，人类学家开始更多地将视线投向欧洲以外的文化和文明，但他们的方法还是常常被看作是历史学的一种形式。不同的只是研究的领域和资料的来源，"欧洲人的历史可以从档案文件中找到；海外殖民地居民们的风俗则是在'田野'中"。如同文件对历史学家的作用一样，田野工作成为人类学家研究的主要手段，就像马林诺夫斯基所称的那样，"资料存在于活着的人的行为和记忆中"，获取它们的唯一办法就是直接的观察。

这种工作方式的不同在实质上进一步扩大了两者间的分野，随着传统人类学所依托殖民体系的瓦解，在一些人类学家中也出现了一股从当地人的角度、用人类学的资料重写当地历史的潮流，而不再是用欧洲人的眼光来俯视非欧洲的历史。以后这样的历史研究，还补充了殖民政府的档案文件、口述史料，以及考古和历史语言学的研究成果等，科恩称之为人类学向史学的"回归"和"复合"。

但在欧洲史中真正运用人类学的方式进行思考和研究，直接地借鉴人类学的理论和方法，一直要迟至70年代末。科恩引用了爱德华·汤普森、劳伦斯·斯通、勒华拉杜里、弗郎索瓦·费雷和雅克·勒高夫等人在这一时期的有关讨论，这些历史学家所感受到的人类学对历史学的可借鉴之处，涉及"稳定性、结构、规律性、地方性的、公共的、小规模的以及表现的、象征的和巫术的"等特点，这些都是人类学研究中所注重的一些因素，它们把历史学家引向更深层的社会结构。但科恩也看到，他们在对借鉴人类学理论上的态度还是略带犹豫和怀疑的，担心历史学同人类学的结盟可能会将史学本身引向歧路。

不过科恩的态度依然非常乐观，认为有希望让历史学家和人类学家建立起一种更紧密的工作关系。人类学史学的真正出现首先也是在非欧洲史的研究领域，它们"不是要把非洲、中国、印度或东南亚的历史构建成欧洲史的一种反映。对文本和经过整理的口头传说的解读不是为了建立历史年表，也不是要从神话怪谈中过滤出历史事实，而是要在这些文本自身的文化中获取它们形式与内容的意义"。此后才又逐渐过渡到也采用文化人类学的视角来审视和思考欧洲的历史与文化传统。但在80年代初，人类学史学或历史人类学研究还是一个新兴领域，如何在认识论领域上建立一种有效可行的研究方法，如何将人类学的成果运用到历史的时间维度中去，仍然是尚未完全解决的问题。科恩向未来的研究者提出了自己的建议，"人类学史学家或历史人类学家不能光把历史如其所发生的那样加以重建。他们必须还要涉及事件对那些作为我们'研究对象'的人们所带来的影响以及它们的完全解构这样的事实。历史人类学从而将成为对文化的描绘，通过研究影响和改变结构的事件，及对这些变化结果的解释，说明它们（文化）在历史时间中的位置。这不会产生如 19 世纪的学者们寻求的那种关于社会变化的'科学的'原理，而只是一种变化的历史学"。

但紧接着另一位作者约翰·亚当斯（John W. Adams）的观点却与科恩完全相反，持一种明显的反对态度。他首先即指出，历史学与人类学的结合，很大程度上是一些历史学家在"断章取义和没有完全理解"的情况下，"误用"了人类学的概念。这种在"误用"基础上形成的研究方法，主要表现为对人类学理论和方法片面的、有选择性的接受上，没有充分地认识到人类学内部存在的差异。亚当斯批评历史学家往往只选择那些他们认为可用的人类学家的理论，如克利福德·吉尔茨（Clifford Geertz）、维克多·特纳（Victor Turner）和玛丽·道格拉斯（Mary Douglas）等，而对其他如马歇尔·萨林斯（Marshall Sahlins）、马文·哈里斯（Marvin Harris）等却置之不顾，即便是对那些他们接受了的人类学理论，历史学家的理解也并不充分和正确，在实际的运用中更暴露出很多的问题。

亚当斯对历史学家对人类学的借鉴带有强烈的怀疑，在文章最后他更是警告道："历史学必须对它的目标及其用来实现目标的方法有更多的自我反省。对人类学家而言，历史学家中对理论的缺乏兴趣仍然显得非常明显。但从另一个学科借鉴概念有时也不会带来太大的希望，尤其是如果这些概念只是被用一种轻率的方式误用了。"

纳塔莉·戴维斯（Natalie Z. Davis）紧接着的文章可以看作是对亚当斯及其观点的一种积极的回应和反驳，更从实践的角度指出了如何在历史研究中更好地利用人类学的方法。她认为人类学史学的研究有着非常广阔的前景，它不是年鉴学派的那种"静止的历史"的延续，也不是人类学和历史学的简单结合，它为历史学家提供了更好地认识和理解过去的一种途径。随后她指出了人类学研究中对历史学家可资借鉴的四个特点，"对社会互动的生动过程的近距离观察；对象征行为的有趣解释；关于社会体系的各个部分是如何结合起来的意见；那些不同于历史学家习惯使用的来自于文化的材料"。借助这些特点，历史学家可以进一步改进自身的研究，运用新的资料、新的研究角度和对象，甚至新的叙述和解释的方式。

同时，在戴维斯的文章中可以看到，历史学家对人类学的认识并非如亚当斯所说的那样片面和浅薄，涉及文化人类学的大部分流派和观点；历史学家从人类学研究中得到的启发不光停留在文化的层面，经济史、家庭史、思想史、性别史等专门的领域也都可以从人类学的方法中受益；历史学家对人类学的运用绝不是轻率或失误的，两者的关系是相互借鉴，"人类学不是某种历史学家必须皈依的高一等的认识社会现实的方式，而只是一门与我们自身联系日益紧密的姊妹学科"。人类学史学并不意味着完全地照搬人类学的理念进行历史的研究，戴维斯从自己的研究实践中深刻地体会到："人类学对我在自己的历史思考上的影响在于，不仅加深了我对不变的过去的理解，还有对人类经验多样性的认识。……人类学能够扩大可能性，帮助我们打开眼界，给予我们一个新的位置来看待过去并从早已熟知的历史文本中发现惊奇。"

进行评论的卡洛·金兹伯格（Carlo Ginzburg）也是一位积极倡导人类学史学的历史学家，其所推崇的微观史学研究，在理论上受到了人类学，尤其是吉尔茨的解释人类学的深刻影响。金兹伯格肯定地指出人类学与历史学的交流对两个学科都是非常有益的，有助于它们摆脱自身狭隘的学科界限，扩展研究的视野。对于历史学家来说，人类学的影响主要体现在它的两个方面，"对文化差异的重视，及通过强调那些迥异于我们的社会中各个方面的内在一致性来克服它（文化差异）的努力"。在这

样的影响下，历史学家开始重视并从新的角度去分析那些原本
被忽视的问题和证据，诸如巫术、迷信、仪式等。由此在历史
研究中形成了一种新的表现方式，所谓的"叙事史的复兴"在
很大程度上也受到了人类学中个案研究的影响。金兹伯格相信，
对人类学史学的前景无需太多无谓的担心，今天的历史研究已
经不再像 19 世纪时那样，不再可能有一种唯一的、绝对的模式
包含和解释所有的问题。

八　思想史（Intellectual History）

思想史在进入 80 年代之后遇到了与计量史学类似的问题，
一度被看作是非常重要的研究对象和方法，这时却受到了剧烈
的批评，进而堕入了底谷。威廉·鲍斯玛（William J.
Bouwsma）不得不承认思想史的衰落是显而易见的，可能也非常
难以挽回了，但他还是从整个历史研究趋势中看到了思想史正
在经历的转变，如他的标题所言《从观念的历史（history of
ideas）转向意义的历史（history of meaning）》。

鲍斯玛认为，思想史作为一个专门类别的没落和消失在一
定程度上说明了思想史，乃至整个史学的日渐成熟，"我们不再
需要思想史，因为我们全都变成了思想史家"。传统的思想史研
究仅关注过去那些知识分子的作品和思想，将眼光集中于这样
一群相对处于社会上层的人群以及他们那些高深的思想，而对
那些普遍的、下层的社会现象和观念却往往视而不见，这是造
成思想史衰落的一个直接原因。因此他建议思想史应该同其他
历史学科相融合，如政治史、经济史、社会史等，更多地关注
历史中的意义。尤其明显的是，在历史学家中出现了非常明显
的趋势，即用"文化"一词来代替过去的"思想"，因为"文
化"的含义更加宽泛和模糊，也就是说思想史正在向文化史转
变。他举了一系列著作来说明在很多过去的思想史家中发生的
这种转变，"在各种不同的历史形势中，日益关注于对那些可以

被当作意义的问题的定位、描述和可能的解释"。在具体研究中，这种转变还包括，"从强调直接的历史经验转向人类从那种经验中获得了什么"。

这一转变过程中，思想史开始摆脱之前对哲学的严重依赖，而转向向其他学科寻求帮助，主要是文化人类学和语言学，它们为思想史的蜕变提供了新的理论支持。鲍斯玛希望这种转变可以变得更加强烈，"从文字和视觉的艺术扩大到音乐和舞蹈，从一切文科中有关精英的表达扩大到大众的表达"。可以发现，此处他为思想史所指向的前景，同之前所讨论的人类学史学或历史人类学的目标是不谋而合的。

与鲍斯玛恰恰相反，另一位作者乔尔·科尔顿（Joel Colton）提出的是如何坚持思想史的独立性的问题，他也看到了思想史的衰落，但仍然相信思想史的重要性。在他看来，通常所说的思想史常常混淆了三个各自独立但又时而重叠的方面，即"思想（ideas）或思想单位（idea-units）的历史；严格意义上的思想史（intellectual history），它将思想同产生它们的社会联系起来；文化史，它说明的是社会如何吸收、运用和传播这些思想的方式"。思想史衰落的很大一个原因是它把研究对象集中到社会精英人物及其思想上，而 60 年代的西方史学趋势是逐步将眼光转向下层的普通群众，借鉴社会学以及人类学的方法去研究那些占人口大多数的被过去的历史学家忽略了的人们，这两种相背的方向使得思想史渐渐偏离了历史学的主流。

不过，科尔顿所看到的前景是，"思想史、文化史和社会史不需要相互脱离，而应该是一种不断发展的伙伴关系"。个人或群体的观念和思想以及它们同社会的关系，都应该是历史研究所关注的问题。因而，传统的哲学意义上的思想史研究永远不该被放弃，它应该被放到与社会文化史相并列的位置，并且它们互为补充。

九　科学史（History of Science）

科学史是整个有关80年代史学发展趋势讨论中的最后一部分，它也是一个非常独特的跨学科历史研究的分支学科，就像这一部分的作者阿诺德·萨克里（Arnold Thackray）所言，它朝向历史与科学两个方向，并受到两者的共同影响，具有明显的两重性。萨克里分别从史学和科学两个方面出发，指出科学史继续作为一个重要的研究领域仍然有着广阔的前景。但在具体的特点上，它也在悄悄地发生改变，"科学史中历史意义的日益重要和这个领域对其他学科历来的开放，共同说明了它将从对社会学和人类学方法论不断更新的历史兴趣，从吉尔茨所谓的社会科学中的'解释性转向'中受益"。

这种单纯的科学史向科学社会史或科学文化史的转变，打破了原本支配整个学科的简单一致性，而进入更深层的认识中去，看到了文化对科学史的长期影响。萨克里写道："理解科学的一个中心就是把它看作是文化的一个方面。"于是在科学史研究中，出现了对科学、技术、医学等在公众观念中的作用及影响的研究，讨论科学在社会的接受、改造和传播的过程，这恰与自下而上的社会史研究趋势不谋而合；科学史家逐步认识到科学不仅仅是一种知识现象，也是一种社会和文化现象，萨克里称之为"科学文化"（scientific culture）；科学史的研究不再仅停留在科学家及其发明创造上，还进而开始讨论有关科学的机构和制度的问题。总的来说，就是把科学从封闭的象牙塔中解放出来，放在社会和文化的背景中来进行考察。

十　朝向未来（Toward the Future）

整个两期有关80年代后历史学走向的讨论最后以西奥多·拉布（Theodore K. Rabb）的总结结束，作为历史学家和《跨学科历史杂志》主持这次讨论的编者，他又是如何从各门分支学科的这些众说纷纭的观点中综合得出历史学发展的总体趋势的呢？

拉布的总结陈词把历史学的演变看作是一致性和多样性的不断转变，题为《一致性、综合和性质》。由史学史的发展可知，历史学不应该被理解为静止不变的、有着唯一的或权威的内容、方法和形式的学科，尤其在"二战"以后，新的历史学研究方向不断被提出并得以充分发展，充分展现了当代史学的多样性特点。他指出，"吸收所有这种创新，无论它是指计算机和精神分析学的运用、对人口统计学和树木年代学的借鉴，或是对那些未曾有过的课题的研究，如关于人口出生率和节日、疯癫和巫术，是今天历史学所面临的问题"。正是这种多样化的趋势，促使《跨学科历史杂志》的编辑用对不同历史学分支学科分别加以讨论的形式来总结它们各自以及历史学的现状和未来，也相信这种多样性还将继续保持，并将有更新、更美好的前景。

拉布不相信对这种多样化的历史学进行综合的必要和可能，历史学家能够做的，只是在各自研究领域更努力地工作，提高研究的质量和水平。在这一意义上，历史学在整体上依旧是统一的，各种分支学科在它的统属之下通过广泛的合作结合在一起。

如果说拉布的总结还只是一种宽泛的、宏观上的意见的话，那么从各个部分的讨论中我们又能捕捉到怎样的信息，它告诉我们具体的历史编纂和研究正在发生怎样的变化呢？

总体而言，这两期杂志的所有文章中，有两个比较明显和共同的特点。首先，从各个分支学科在史学史发展进程中的总体地位及它们当时所遇到的情况来看，传统的政治史早已退出历史研究的主流；（心理）传记和科学史同历史学的关系也始终是若即若离；经济史和属于社会史范畴的家庭史和人口史正处在调整和转型的阶段；计量研究和思想史则在迅速衰退，前者变成了单纯的一种研究方法和工具，而非解释和编纂的模式，后者部分回到哲学领域，部分转向了文化史；只有人类学史学或文化人类学，成为 80 年代初整个历史学领域中迅速崛起、最具活力和前景的一个方向。其次，从各个学科在各自的调整和变化中出现的相似之处来看，受到人类学的影响，"文化"正在成为大多数历史学家共同关注的一个研究方向。人类学（特别是文化人类学）取代社会学、经济学等成为历史学最主要的盟友，它的理论和方法甚至在其他历史学分支学科中也得到了广泛的响应，新的文化史研究成为一个明显的趋势。政治文化、科学文化、经济文化等吸引了各自学科历史学前所未有的关注；思想史把对象从哲学家转到了普通人和他们的观念世界；（心理）传记开始看到了集体心理或心态研究的可能和必要；家庭、人口等社会史研究也在长期的、总体的研究之外，投入具体的、细微的社会单位和人的考察，把由数字和图表的社会史变成了活生生的人的社会史。

《跨学科历史杂志》的两期讨论，并没有完全涵盖整个 80 年代初的西方史学状况，它的分类及各篇作者的观点也不可能全面地反映西方史学正在发生的转变，但从中我们还是能够强烈地感受到这样的信息——文化和文化史研究已经被放到了历史学家的日程之上，历史学的前进方向正在悄悄地发生着转折。

讨　论

徐晨光（首都师范大学历史学院硕士研究生）：首先感谢周老师精彩的讲座！我想问您两个问题。第一，后现代史学与西方新文化史的关系是什么？第二，有的学者认为，中国的社会文化史对应的是现代性，而西方新文化史对应的是后现代性。请问这该如何理解。谢谢！

周兵：20 世纪七八十年代是西方史学危机时期，后现代理论对当时的史学研究发起了巨大挑战。史学研究为回应挑战、开辟新路，由此产生了西方新文化史研究。后现代思潮对史学研究而言是"破多立少"，西方新文化史受到了后现代思潮的影响，是后现代史学的实践者。

中国当代社会史的研究
内容及关涉问题

时间：2011 年 10 月 26 日下午 3:00 ~ 5:00
地点：首都师范大学本部主楼 201 会议室

主讲人简介

朱汉国，北京师范大学历史学院教授、博士生导师。曾兼任历史系副主任（1994 ~ 1997）、系主任（2000 ~ 2003）、校学术委员、教育部高校历史学科教学指导委员等职。现兼任教育部教师教育专家委员、教育部基础教育历史课程标准研制组负责人、中国现代史学会副会长、北京新四军研究会副会长、南京大学中华民国史研究中心研究员等职。多年来致力于中国近现代政治思想史、社会史研究。近年来协助教育部有关部门主持全国基础教育历史课程改革，主编新课程全国试行教材初中历史教科书（共 6 册，北京师范大学出版社出版）、高中历史教科书（共 9 册，人民出版社出版）。

梁景和（主持人）：

各位老师、各位同学，大家下午好。今天我们很高兴地邀请到了北京师范大学历史学教授、博士生导师朱汉国老师。朱老师是我的师兄，是国内研究现当代社会史的专家，主持国家社科基金的重大项目——"当代中国社会史研究",这个项目,朱老师正在研究之中。今天,朱老师演讲的题目是《中国当代社会史的研究内容及关涉问题》。朱老师很忙,所以这次机会很难得,我们有什么问题,可以请教朱老师。下面我们就欢迎朱老师。

朱汉国（主讲人）：

谢谢梁老师！各位老师、各位同学,非常高兴来到首都师范大学来讲一些问题,说不上是讲座,也说不上是一次报告,就是咱们研讨一些正在研究中的问题。梁老师给我一个命题,让我讲一下当代社会史的一些问题。到目前为止,当代社会史的研究在国内学术界仍然是一个薄弱的课题。应该说,梁老师这些年搞社会史搞得很有成就,包括带的学生研究的一些社会史的内容。我下面讲的内容,可能还不很成熟,所以,咱们今天就是一个研讨性质的交流。我今天要讲的核心问题就是"中国当代社会史的研究内容及关涉问题"。第一是说说我们中国当代社会史的研究内容,到底研究什么;第二个要讲一讲中国当代社会史研究中应该注意的一些问题。下面,我分别就这两个问题来谈一下我自己的认识。

一　中国当代社会史的研究内容

先讲第一个问题——中国当代社会史的研究内容。当代社会史无疑是中国社会史研究的一个时间段。在中国,社会史研究应该说快有一个世纪的时间了,因为20世纪初,就有人提出要研究社会史。20世纪二三十年代,曾经出版了一批关于社会史的著作。但是,那时的社会史与我们今天所讲的社会史有所差异。国内社会史研究的复兴,是从20世纪80年代开始的。从研究的成果来看,主要集中在古代和近代部分。我和梁老师的老师——何兹全先生,在20世纪二三十年代就开始进行社会史的研究。何先生就主张，历史研究应该从政治史、经济史和文化史等方面扩展到社会史。何先生自己也从事魏晋南北朝时期的社会史研究。二三十年代曾经有一个《食货》杂志，其中就包含了许多社会史的研究内容。我和梁老师共同的导师——龚书铎先生，在 20 世纪 90 年代编了一套《中国社会通史》，这套书从古代一直讲到 1949 年。因为当时的条件还不够成熟，所以没有写 1949 年以后的部分。

以往的研究，对社会史的研究内容也有不同的说法，常见的有这么几种。

第一种观点认为，社会史的研究对象就是"人们的群体生活与生活方式"，其代表人物是南开大学的冯尔康先生。

第二种观点认为，社会史即是社会的全部历史，"社会史的对象，应该说是社会整体发展的全过程"。其代表人物为北京师范大学的张静如先生和华东师范大学的陈旭麓先生，代表作有张静如先生的《北洋军阀统治时期的中国社会》《国民政府统治时期的中国社会》，后来这两本书合并成为《中国现代社会史》，以及陈旭麓先生的《近代中国的新陈代谢》。张静如先生的书，就是在政治、经济等之外，又加入了社会结构、社会组织等内容。

第三种观点认为，社会史研究的对象，"不是包罗政治、经济、文化等在内的所有社会现象的历史，而是研究人类有史以来赖以生存并必然结成的社会本身的历史"，就是说，社会史要研究社会本身。其代表人物为山西大学的乔志强先生。当然对"社会本身"有不同的认识，什么是"社会本身"？乔先生认为，"社会本身"包括三个部分——社会生活、社会构成和社会功能。其代表作为《中国近代社会史》。中国人民大学的老校长李文海先生也持这种观点，不过，他对"社会本身"的认识与乔先生有所不同。李文海先生写过一本书——《世纪之交的晚清社会》。其中，将"社会本身"分为社会风习、社会心理、社会思潮、社会生活和社会灾荒五个部分。我本人对社会史的理解可以归纳到这种观点，但是我自己所理解的"社会本身"与上述两位先生的又不一样，我将在后文详细说明。

第四种观点认为，"社会史根本不是历史学的一个分支，而是一种运用新方法、从新角度加以解释的新面孔史学"。这就是说，社会史只是一种史学的范式，而不是一个学科分支。其代表人物，就是我和梁老师的师兄——赵世瑜先生。

以上是史学界对社会史的四种不同认识，在座的各位既可以认同其中的一种观点，也可以有自己不同的见解。仁者见仁，智者见智。下面我谈一下我自己对社会史的认识。

我也写过相关的文章来谈这个问题，我本人认为，社会史研究对象较为适当的表述应包括社会基本构成和社会运行两大部分。那么，什么是"社会构成"和"社会运行"？在我看来，社会史作为历史学和社会学的交叉学科，是历史学的一个分支学科。它区别于其他学科的特点，就是社会史是从社会学的视角来观察人类历史和社会。政治史是从政治学的视角来观察人类历史和社会，经济史是从经济学的视角来观察和认识人类历史和社会。按照马克思主义社会学的观点，社会是人类社会的共同体，是人们相互交往的产物，是各种社会关系的总和。换句话说，以人为主体的社会，是由人们的各种社会关系构成的。如由血缘关系形成了家庭、家族与宗族等；由地缘关系形成了邻里、政区与社区等；由业缘关系形成了工会、农会与商会等；还有靠政治的、经济的、文化的、宗教的关系形成的各种社会组织。因此，社会史必须首先从社会学的视角来剖析人类历史上社会的基本构成，即研究构成社会的各种社会关系。

然而，社会史的研究任务，不能仅限于此。社会史的根本目的还在于揭示社会自身在历史上的运行状态、作用和地位及其发展规律。因此，社会史研究的一个重要任务，即是要研究历史上社会的基本运行状况。由于社会发展不是静态的发展，是动态的发展，所以社会史研究不仅仅是研究静态的东西，还要研究社会作为一个共同体在发展、在运行、在变化。我们除了研究社会基本构成之外，还要研究它的运行。所谓"社会运行"，社会学中有不同的理解。我的理解是指由各种社会关系构成的社会系统，按照一定规律、变化和发展的过程。社会史所要揭示的社会运行状态可分为纵向与横向两个方面：社会运行的纵向方面是指社会的发展与变化。研究社会的纵向运行，其目的在于揭示历史上的社会在其前后相继的发展过程中所表现的承继关系、变异关系和中断关系。社会运行的横向方面是指人类社会在其发展的某一阶段中，构成社会的诸要素、诸系统的交互作用状况。研究社会的横向运行，其目的在于揭示历史上的社会在横向运行过程中各社会系统所表现出的交叉与渗透关系，以及相互制约、促进和转化关系。社会的纵向运行和横向运行就构成了人类社会自身运行轨迹。因此，从社会学的视野去描述、总结历史上人类社会运行轨迹，也就必然成为社会史研究的另一重要任务。

总之，在我看来，社会史既不是那种能把社会政治、经济、文化，以及社会组织、社会关系、社会心理、社会生活方式等都包罗在内的所谓的"综合性学科"，也不是仅仅只能反映社会生活和社会生活方式的专题史，而是从社会学的视角来观察历史上社会的一门专门学科。社会史的研究对象是人类历史上的社会构成状况和社会运行状态这两部分，其研究任务在于揭示历史上的社会自身发展、变迁的过程及规律。

刚才梁老师提到，我现在正在研究的一个课题就是——中国当代社会史。中国当代社会史作为当代中国的一门专史，既是中国古代社会史、近代社会史的接续，又有其自身的特点。中国当代社会史的研究对象涉及中国社会的方方面面，但重点是当代中国社会的基本构成、社会建设和社会变迁（社会运行）三大部分。这是我对我本人以前观点的修正，也是我现在所理解的"社会本身"应该包括的三个部分。

为什么要增加一个社会建设呢？这是由我们当代社会的特点所决定的。从中国当代社会的发展过程来看，中国当代社会的发展不是一个自在的过程，而是一个自觉的发展过程。特别是新中国成立以后，为了保障社会的正常运行，党和政府采取了一系列措施，也就是我们今天所说的社会建设的内容。社会建设作为党和政府的一种自觉行为，是有别于以往政府的一个特点，也是中国当代社会史发展的一个特点。我们倡导社会往哪方面发展，需要社会往哪方面发展，这里就需要社会建设，这里就有一个人的主观能动性的问题。当代政府的主观能动性要比以前的政府强得多。当代中国的社会建设，体现了中国特色社会主义的本质要求，也体现了构建社会主义和谐社会的要求。社会建设是中国当代社会史的核心内容，是社会史发展的主轴。社会构成是社会建设的前提和基础。社会变迁，尤其是民众生活的变迁，以及和谐社会的最终实现是社会建设的愿景目标。所以，我认为，当代社会史应该包含社会构成、社会建设和社会变迁这三大部分。社会构成是基础和前提，社会建设是内容，社会变迁是目标，三者结合在一起，共同构成了当代社会史研究的整体。

下面我就详细说明一下这三大部分各自所包含的内容。

（一）当代中国的社会构成

社会构成，一般来说指的是社会成员的组成方式及其相互关系格局。社会构成包含一些重要的子结构，主要有人口结构、家庭结构、城乡结构、社会组织结构、社会阶层结构等，这些都是社会构成的要素。这些要素里面，有些是传统社会本身就有的，在新时期出现了一些新的变化，有些是我们今天所特有的。

我想，我们今天研究当代社会史，重点要研究以下几个方面。

社会构成的第一部分是人口问题。社会是由人构成的，所以人和人口问题肯定是社会史研究的重中之重。所以，社会史研究的第一个方面，就是人口增长及其结构的变化。这也是我们当代社会史在构成方面的第一部分。人口结构是社会结构的基础部分，人口问题因而就显得非常重要。我国的人口，在建国之初是四万万同胞，经过 60 年的发展，去年（2010 年）的人口普查是接近 14 亿人，增长了将尽 10 个亿。这个变化是非常巨大的。中国古代几千年的发展，人口只增长到 4 亿，而新中国 60 年就增长了 10 个亿。当代社会的许多问题也都与人口问题有关。不仅要研究人口的数量，还要研究人口的质量（包括人口的年龄结构、素质结构、空间分布结构、流动状况结构等）。当今的人口素质结构，显然要比新中国成立之初高得多。现在是精英教育向大众教育转变，大学生的数量增长很快。

社会构成的第二部分是婚姻和家庭状况。婚姻和家庭问题是传统社会本来就有的，但是随着人口结构的变化，当代中国社会的结构也体现出较大的变化，反映在婚姻和家庭问题上就是传统的大家庭制向小家庭制转变，后者成为一种主体的家庭模式。现在社会以三口之家居多。

社会构成的第三部分是当代社会所特有的城乡二元结构，这是当代中国社会的一个突出现象。这与我国古代和西方都不同。我国从 20 世纪 50 年代开始，逐渐形成了城乡二元结构，80 年代以后，这种城乡二元结构又在发生变化，特别是东南沿海一带，城镇化速度很快。

社会构成的第四部分是当代中国的政区（行政区划）与社区。行政区划是中国历来就有的，各朝各代又有所差异，包括名称的变化、行政区的级别、行政区的大小等。新中国成立初期，我国曾使用过大区的概念，例如，华东区、东北区、西北区、西南区等。后来大区撤销，使用省的概念。80 年代，地区撤销，改称市。与此同时，还有一个社区建设。最近，中央正在做一个重大的调整，要强化社区的功能。有些地方撤销街道，以此来强化社区。要让社区成为社会管理的重要单位。

社会构成的第五部分是单位体制的形成与弱化，这也是我们当代中国所特有的一个现象和特点。在座的同学都是 80 后，可能对单位的体会不深。像我和梁老师这个年龄的人就很有体会。在以前，每个人都有单位，没有单位就感觉好像没有依靠一样。改革开放以前，单位是中国社会高度整合和低度分化的基本组织形式。当时的中国社会，是由两极构成的社会：一极是权力高度集中的国家和政府；另一极是大量的、相对分散的、相对封闭的一个个单位，这在城市当中表现得最明显。社会成员终身隶属于一个特定的单位，每个人结婚或离婚都要单位同意、批准。单位实际上就是一个相对封闭的小社会，生老病死等生活的方方面面都可以由单位来管理。改革开放以后，随着市场经济的发展，尽管现在还有单位，但是单位体制在不断弱化，不过尚未消亡。社会成员由单位的人逐渐转变为社会的人。

社会构成的第六部分是阶级和阶层的构成及其演变，阶级状况是当代中国的一个特质。中华人民共和国是由中国共产党领导的人民政权。中国共产党以马克思列宁主义为指导，马克思主义的一个基本观点就是阶级观点、阶级属性。马克思主义把人分成各种各样的阶级，社会上的每个人都属于一个阶级。特别是在改革开放之前，阶级观念在当代中国社会起着重要作用。改革开放以后，阶级观念也在弱化，人们趋向于使用"阶层"这一观念。

社会构成的第七部分是社会团体及其演变。社会团体有很多，政治的、非政治的都有。在座的同学应该都是团员或者党员，小学的时候都加入过少先队。这些都属于社会团体。

以上的七个方面，就是我所认为的社会史研究的主要内容。

（二）中国当代社会建设研究

社会建设的目标就是为了保障社会向良性的方向发展。在党的十七大报告中，胡锦涛同志明确提出了社会建设的内容，就是以民生为核心的社会建设。社会建设包括六个方面的内容：优先发展教育、实施扩大就业的发展战略、深化收入分配制度改革、加快建立覆盖城乡居民的社会保障体系、建立基本医疗卫生制度、完善社会管理。

社会建设由来已久，早在 20 世纪的第二个十年，孙中山先生在《建国方略》（包括《孙文学说》《实业计划》《民权初步》这三本书）中就提到过社会建设。《孙文学说》又可以称为"知难行易学说"，属于心理建设；《实业计划》是物质建设；《民权初步》就是社会建设。孙中山把民权作为社会建设的一项重要内容。不过，孙中山和国民党的社会建设是以县为界，县以上是政治建设，县以下是社会建设。新中国成立以来，我国的社会建设一直没有停止，孙中山先生提出的许多建设构想都由我们实现了。

十七大以后，关于社会建设的研究逐渐多了起来。有人认为胡锦涛同志讲得很好。有人认为这六个方面还有不足。例如，中国社科院社会学研究所原所长陆学艺先生认为，社会建设应该包括九个方面：社会结构的调整与构建、社会流动机制的建设、社会组织建设、社会阶层利益关系协调机制建设、社会事业的建设、社会保障制度的建设、社区建设、社会安全体制建设、社会管理机制建设。这就将方方面面的建设包括在社会建设之中，而不仅仅是民生建设，社会结构的调整和构建也是社会建设的内容。贾建芳学者认为，社会建设可以有五个方面的内容：发展社会事业、优化社会结构、创新社会体制、加强社会心理建设、加强领导能力建设。刘辉学者认为，社会建设包括三个方面：发展社会事业（这是社会建设的中心内容）、加强制度建设（这是社会建设的制度保障）、完善社会管理（这是社会建设的重要内容）。当然，学者们的观点还有很多，我在这里就不详细说了。下面我谈一下我自己的一些认识，我们研究当代中国社会史应该研究哪些方面。

一是社会调控机制的变化。社会调控就是为了保证社会向良性方向发展，是国家调节社会关系、控制社会矛盾、维系社会稳定发展的机制。社会调控体现国家权力对社会发展的政策关系，也体现了政府驾驭社会经济发展和控制社会矛盾的能力强弱和成熟水平。这直接关系到社会的稳定。社会调控机制有两个重要的方面：硬调控和软调控。硬调控就是靠国家机器、国家法律条例来强制大家遵守的机制，任何人都不能违背，违背了就是犯法；软调控与硬调控相对，是靠道德层面、学说层面调控，是对人的精神层面的一种约束力。社会成员在精神层面是要有所畏惧的，尽管这种精神畏惧是看不见的，就像民间说的"人在做，天在看"。软调控的作用不亚于硬调控，软调控可以通过社会的力量来维系社会运行。优良的传统学说对人的行为的规范作用不可忽视。俗话说，国有国法，家有家规。家规对于人的行为的约束力是非常大的。这些年来，社会的力量越来越受到重视。

二是收入分配制度改革的历程，同时包括就业。有就业才会有收入，没有就业，收入也就无从谈起。就业是民生之本，是民生的一个很重要的方面，也是保障和改善人民生活的一个重要条件。分配制度是劳动产品在社会主体中如何分割、配给制度的总称。

三是建立保障体系的基本经验。健全的保障体系是国家的一项重要的社会制度。新中国成立 60 年来，党和政府坚持广覆盖、保基本、多层次、可持续的社会保障方针，以社会保险、社会救助、社会福利为基础，以基本养老、最低生活保障制度为重点，初步建立了覆盖城乡居民的社会保障体系。从 20 世纪 50 年代开始，党和政府就非常重视社会保障体系的建立。由于城乡二元结构的存在，城镇居民的保障体系要比农村好得多。在农村，最普遍的社会保障是社会救助。但是，社会保障不等同于社会救助。社会救助是社会保障体系的一个方面，而且是最低的方面。社会保障体系包括多个层面，其中最基本的是社会保险，社会保险是保障人们生活状态正常进行的基本保障。社会福利是保障正常生活的最高水准，社会福利越高就证明社会福利越发达。社会救济（助）是一种应急措施，救助特殊群体。社会保障体系有没有完善，建立得好不好，发达不发达，水平高不高，要用社会保险去衡量。社会保险是衡量社会保障成熟与否的标志。社会抚恤是对特殊群体的安抚和抚恤，例如烈士等。我认为，社会救济（助）和社会抚恤是政府的应尽职责，政府的财政中必须要留出一部分资金用于这两项社会保障。因此，社会保障体系包括社会保险、社会福利、社会救济（助）、社会抚恤。社会保障体系不仅要靠国家的力量，更要靠社会的力量，双管齐下效果才会好。

四是医疗卫生服务事业的成就及其制度建设，即医疗卫生制度的改革。应该说，新中国成立60年来，党和政府在这一方面做的还是有相当大的成就的。改革开放以前，在农村建立了队、公社和县的三级医疗保障体系，并派出了许多赤脚医生。在今天，党和政府又在探索建立新型的医疗保障体系。

五是社会管理体系的筹建与完善。如今，这个问题研究得比较多。周永康同志最近发表讲话，提出要完善社会管理。周永康同志讲的社会管理侧重治安方面。我个人认为，社会管理应该以社区为龙头，它不仅仅是治安，更应该是服务。社会管理是现代社会很重要的一个方面，可以把它说成是人民的公仆，是为人民服务的。中央提出了一个建立社会管理体系的口号："党委领导、政府负责、社会协同、公众参与"的社会管理格局。这其中也涉及一个政府与社会如何协调的问题，具体地说，就是社区与政府的关系如何协调。这是需要我们研究的。

总之，社会建设是社会史研究的一个重要内容。

（三）中国当代社会生活研究

前面我已提到，当代中国社会史研究应该包括社会的基本构成、社会建设和社会变迁（社会运行）三大部分，而社会变迁的核心又是生活的变迁。社会生活是社会变迁的一项重要内容，也是我们社会史研究的一项重要内容。社会生活研究什么呢？学术界有不同的看法和表述。我本人在拙作《20世纪的中国——走向现代化的历程（社会生活卷 1949—2000）》中也提到了社会生活。我认为社会生活应该包括三大领域：劳动生活、物质生活、精神生活。以前我们讲的最多的是物质生活，其次是精神生活。但我认为，还应该加上劳动生活。劳动是我们生活的一项重要内容，我们一天大部分的时间都在劳动。试想，如果没有劳动，那么就没有收入，没有收入就没有消费。可以说，没有劳动就没有生活。尽管有人不赞同我的这个观点，但是，我本人还是坚持应该有劳动生活。

与此同时，社会生活还应包含五大方面：生活环境、生活群体、日常生活、社会交往、生活态度和生活价值观。这五个方面与我们的生活息息相关，并在很大程度上决定了我们的生活方式。

生活环境不同，生活方式就不同，生活的质量也就不同，城市的生活环境与农村相比，就显得要好一些，但也有一些不好的，比如说，大气环境、交通状况等；生活群体就是生活的主体；日常生活就是衣、食、住、行、用；人是社会的一分子，而不是一个个孤零零的个体，大家需要交流、社会交往，建立起各种社会关系；生活态度和生活价值观也很重要，这方面在以前不大被注意，最近大家在讨论幸福感，这就是生活态度和生活价值观的问题。有意思的是，相关调查显示，农村的幸福感普遍比城市高，但这并不是说，农村的生活质量比城市高。

二　中国当代社会史研究的目标

（一）综合运用历史学、社会学、经济学、统计学等学科的方法解析当代中国的社会构成。

（二）系统地考察党和政府以及社会力量为保障当代中国社会正常运行所作的种种努力，揭示当代中国社会保障体系、社会管理体系从无到有、逐步完善的过程，总结其间的经验与问题，以利于新时期的社会建设。

这里要特别强调一下社会的力量。以改革开放为界，之前是政府大包干，政府什么都管，而民间组织机构却没有。改革开放以后，社会力量复兴，民间组织逐步建立。社会建设要靠政府和社会两方面的力量，双管齐下效果才会好。

（三）从社会生活和社会习俗层面上，较为具体地考察当代中国社会的巨变。深入分析促进改善民众社会生活的各种积极因素，探讨制约民众生活改善的问题，并寻求改善民众生活的新方法和途径。

三　中国当代社会史研究中应注意的问题

社会史研究需要注意的问题很多，这些年来我从事社会史研究深有体会。我 1995 年之前重点研究政治思想史，1995 年之后重点研究社会史。这两者的研究思路是不同的。

其一，资料的发掘和运用。

中国当代社会史研究所需资料，量大收集难度大。其间，关涉的问题有：1. 个别档案是否允许利用？2. 浩瀚的资料如何取舍？3. 口述史料的甄别与运用等。

其二，研究方法的创新与运用。

资料的创新相对来说容易一些，理论方法的创新就比较难。首先要把前人已经用过的方法和理论用好，在这个基础上，才能再谈创新。1. 把个案研究与社会的整体研究结合起来，防止碎片化；2. 把静态分析与动态研究结合起来；3. 注意"国家—社会"视角的互相关照，视角既要向下看，又要抬头向上看。

其三，中国社会发展的地区差异性与社会史研究的全面性问题。

中国人多地广，东部西部，南方北方，城市乡村，区域差异较大，如何全面而客观地反映中国当代社会领域的变迁，我们务必注意研究内容的点面关联问题。

总的来说，社会史研究刚刚开始，包括我个人也是在探索，这样做合适不合适，我上面讲的东西对不对，我们还可以再讨论、再交流。梁老师在这方面很有经验，做得相当不错。我参加了梁老师的几次讨论会，每次来我都能学到好多东西。在座的诸位都是高层的人才，让我们共同努力吧，把社会史的研究推向一个新的阶段！今天我的报告就到这里，谢谢大家！

讨　　论

高永平（首都师范大学历史学院副教授）：听了朱老师的讲座，我感到很亲切。为什么感到很亲切呢？因为我是学社会学的，而且一开始您就讲您是从社会学的视角来研究社会现象、社会现实，所以我感到很亲切。我感觉，朱老师讲的内容对我很有启发。因为他运用了社会学的基本概念，同时，又对这些基本概念有新的升发。我感觉，首先从社会史的研究对象来看，它很类似于社会学当中社会学和其他领域的关系。在社会学当中就有这样一个争论——到底社会学是什么？有人就说，社会学就是研究社会整体的。那这样的话，政治学、经济学等学科就成了社会学的分支学科了，这显然是不符合常理的。另外有一些人说，社会学是一个"剩余社会科学"，就是说，社会科学当中，成熟一个就独立一个。政治学成熟了，就独立了。经济学成熟了，就独立了。结果剩下的、没人研究的，例如，婚姻家庭、社会生活、思想文化等就属于社会学。如果是把社会史定义为历史学的一个分支学科的话，那么，它的研究对象就是社会生活，就是研究那些政治学、经济学等学科不研究的社会现象。可是呢，如果把这个定义为社会史的研究对象的话，又有一个问题——这些社会生活和政治、经济等领域是密不可分的，在社会学当中也同样面临这个问题。虽然现在我们承认社会学是社会科学的一个分支，但现在问题却很复杂。因为社会学和其他任何一个主要的社会科学之间都有交叉，政治社会学、经济社会学、宗教社会学、教育社会学等，几大社会制度都有。

所以，有的时候就很难分清楚，比如，政治社会学到底是政治学还是社会学。我认为，这实际上是两者的结合。从社会学的角度来看，历史学就是研究社会的变迁、社会的升发、社会是怎么样来的，研究的是一个相对动态的社会现象。与此相对应的，社会学就是研究一个相对静态的社会现象。因为从社会学最初开始建立的时候，孔德就认为社会学应该分为两部分，一部分是社会静力学，另一部分是社会动力学。所谓的"社会静力学"，就是研究社会结构（现存的社会结构是怎么样的）、社会运行。所谓"社会动力学"，就是研究社会变迁以及社会变迁背后的推动力量。

刚才朱老师的讲座提出，当代社会史研究的对象有三个。第一个是社会构成。这在社会学当中就分为两部分：一是社会单位，即构成社会的材料，例如，个人、组织、群体等；一是社会结构，即社会关系的总和。第二个是社会运行。在社会学领域，特别强调社会运行的是郑杭生，他一直主张社会学就是研究社会运行的。我认为，他的观点受到了功能主义的重大影响。因为社会运行这四个字翻译成英文，就是 social functioning，意思是社会在运作、在发挥功能。第三个是社会建设。这个我有与朱老师不太一致的观点，因为朱老师也提到这个概念听起来让人有一种主观干预、改造社会的含义。我觉得作为一个学科，更多地应该是去观察和解释现有的社会事实，那么这种政府主观运作的历史就不应该作为一门学科的主体。我们倒是可以研究社会政策、社会建议等这些方面。

我们曾多次讨论社会文化史，我一直认为，社会史和文化史是密不可分的，或者说是完全分不开的。社会学中有一个流派叫做"符号论"。"符号论"认为，我们每一个人都是生活在符号当中，我们的生活是有意义的，如果离开这些意义，我们每个人都是无法生存的。那这个意义或者符号是什么呢？它实际上就是社会态度，或者说是文化史中非常重要的一部分。当然，文化史包括上层文化（亦称雅文化或大传统）和下层文化

（亦称俗文化或小传统）。社会和文化之间始终存在一种互动关系。以上就是我的一些基本感想。

朱汉国：高老师是社会学方面的专家，而我们则是以历史学为主体，为了研究社会史而从社会学中吸取了营养。我也想过，社会史区别于政治史和经济史的地方到底是什么。它可能是因为观察者的视角和理论的不同而有所差异。我不赞同社会史是剩余历史的说法，我觉得社会史应该把历史学和社会学相结合。那么社会史和社会学的不同究竟在哪里呢？我赞同高老师的说法，社会学侧重静态多一些，而社会史则更侧重动态的东西、历史的变化。这也许就是二者的不同之处。

梁景和：朱老师刚才讲到了社会建设，我认为他是从历史学的角度去谈的。

朱汉国：是的。社会学的理论及其成果是我们研究社会史的重要资料，比如说，田野调查、考察报告等。社会学多出成果，历史学就会有更多的研究资料。

高永平：没错。历史学中的口述史实质上就是社会学中的田野调查，找当事人做访谈。

朱汉国：李文海先生主编的《民国社会调查丛编》，收录的就是民国时期的社会学家所做的调查，这些就成为后人研究民国历史的重要资料。

高永平：民国时期的社会学在国际上的学术水平非常高，例如，李景汉先生的《定县调查》，就是一个学术价值很高的研究成果，至今鲜有超过者。其扎实的钻研精神和严谨的治学精神，是我们今天应当好好学习的。

蔡霞（首都师范大学历史学院硕士研究生）：朱老师您好，我就几个我自己没有听太明白的问题向您请教一下。第一个问题：您刚才提到，研究社会运行要从纵向和横向两个方面来探讨，横向研究的目的是研究同一个社会系统中的各种关系，那么，纵向研究可以理解为研究不同社会系统中的承继关系、中断关系、变异关系等内容吗？如果是，这个不同的社会系统是怎样划分的？是从纵向的时间上划分古代社会系统、近代社会系统、现代社会系统呢，还是诸如马克思的社会划分，分为原始社会、封建社会、资本主义社会、社会主义社会、共产主义社会这五个社会系统呢？

第二个问题是关于单位体制的。单位体制是否是城市所特有的现象？农民是否有单位？单位体制弱化的原因是不是与现在的社会改革有一定关系，其中的一个现象是引入市场经济后，私有企业兴起，这样使得权力下放，导致弱化？伴随的问题是，私有企业兴起，在这些私企中工作是不是算有单位？

朱汉国：可能是我的表述不太清晰，这里重新阐释一下。社会构成分动态的和静态的。社会运行是动态的。纵向是一个长时段的问题，它是有承继关系的。马克思所说的五种社会形态也是有承接关系的，奴隶制社会被封建社会承接，资本主义社会被社会主义社会承接，这些是不能割裂的。1949年新中国成立以后，对前面也是有承接的。当然，历史的发展有中断、有变异，要历时性地来看待。横向是同一个空间里的社会变化，它有共时性。所以，我认为研究社会史应该从这两个层面来进行。

单位体制是当代中国特有的社会现象，如何理解单位？有人认为单位体制是城市中所特有的，不包括农村。也有人把农村中的生产队、生产大队、人民公社等看作是单位。但是，农民不是单位，是阶层、阶级，是一种业缘关系。有人可能要问，地主算不算农民阶级？这就涉及阶级划分的问题。地主、农民等阶级的划分是按照政治经济学的标准来划分的，而不是按照社会学的标准划分的。毛泽东对阶级的划分，更多的也是从政治经济学的角度去进行的。他对资产阶级的划分，既可分为大资产阶级和小资产阶级，又可划分为买办资产阶级和民族资产阶级。大、小资产阶级应该是按照资产的大小来划分的。而民族资产阶强调它的民族性，是中国自己的。买办资产阶级则强调外来性，强调和外国的联系。但是，毛泽东却把大资产阶级等同于买办资产阶级，把小资产阶级等同于民族资产阶级。荣毅仁应该算是大资产阶级，毛泽东则把他归类为民族资产阶级。所以，我觉得研究社会史不能用阶级的概念，而应该从社会学的角度来划分人群，寻找他们的共同点。

至于说单位体制弱化的原因，它与改革开放、实行市场经济、政府放松对人的控制有关系。单位体制问题研究是学界研究热点，成果较多，属于社会学的领域。

梁景和：华东师范大学有一篇博士论文，是系统研究我国事业单位人事制度改革的学术专著，可以找来读一读。

高永平：个人与单位的关系，第一是一种依附关系：个人依附单位。第二是原来的单位取代了某些行政机构，出现"单位即小社会"的现象。

谭君（首都师范大学历史学院硕士研究生）：朱老师您好。我的硕士毕业论文题目是《"文革"时期北京大众的娱乐生活》。在最初拿到这个题目的时候，我认为"文革"时期是娱乐荒芜的年代。但是，经过我这段时间的查找资料和访谈，我发现我的这个想法是错误的。尽管有"八亿人民八个戏"的说法，但是，"文革"中，人们的生活并不缺乏娱乐因素。由于那个时期的特殊性，特别是孩子们，玩得特别开心。我有一种想法，是否可以把人们的日常生活划分为公领域和私领域？"文革"时期，公领域的娱乐生活单调乏味，但私领域的娱乐生活却依然丰富多彩。

另外，我读过您的著作《20世纪的中国——走向现代化的历程（社会生活卷）》，对我很有启发。我发现您的这本书对"文革"时期的记述比较简略，不知道是技术性的处理还是资料方面的原因？

朱汉国：我认为，这种公领域和私领域的划分是可以的。"文革"当中，政治生活是很重要的组成部分。例如，在学校，每个星期都要有政治学习，带有强制性。从我个人的观察来说，"文革"中的群众娱乐比现在搞得要好，在公领域有毛泽东思想宣传队、秧歌队等，私领域也很丰富。

梁景和：当年我在小学读书时，还是毛泽东思想宣传队的队员呢。

朱汉国：谭君刚才提到我书中对"文革"时期写得比较少，的确如此。因为"文革"中的东西有些确实不好评价。另外，也有些其他原因。但是，我觉得你的这个论文题目蛮好的，应该好好做。

我们为什么要铭记向阳湖

时间：**2011 年 12 月 11 日上午 9:00 ~ 11:30**
地点：**首都师范大学本部主楼 201 会议室**

主讲人简介

李城外，原名李成军，1977 年参加工作，先后在人民公社上山下乡知青点、湖北通山县对外贸易局、县委办公室、咸宁地区地委政策研究室、咸宁市政协工作。现为咸宁市新闻出版局局长、咸宁市向阳湖文化研究会会长、咸宁市作家协会副主席、咸宁市中国"五七"干校研究中心主任。著有《向阳湖文化人采风》（上、下），主编《向阳情结——文化名人与咸宁》（上、下）。

梁景和（主持人）：

各位老师、各位同学，大家好。今天我们很高兴邀请到中国作家协会会员、咸宁市市委宣传部副部长、咸宁市向阳湖文化研究会会长、咸宁市中国"五七"干校研究中心主任李城外老师。李老师现为《向阳湖文化报》总编辑、武汉出版社特约编审、咸宁学院兼职教授，曾获"湖北青年五四奖章""湖北省新闻出版系统先进工作者""湖北省杰出电大毕业生"等荣誉称号。李老师在"五七"干校的研究方面造诣颇深。下面，我们就以热烈的掌声欢迎李城外老师为我们作报告！

李城外（主讲人）：

首先，我感谢首都师范大学历史学院梁景和教授对"文革"史研究和"五七"干校研究的关注和重视，近日在梁教授主持召开的第二届"文革史"学术研讨会上，他说虽然自己不是研究"文革"史的，但愿为此作出努力，文学院王家平教授也表示，要动员自己的研究生涉足"文革"史和"五七"干校研究。因此，今天我才有了一个向大家宣传向阳湖文化和"五七"干校研究的机会，也有了一个与同学们学习和交流的机会。

如果说，高校文科研究生每每为选题难而苦恼，那么，今天，我可以为你们介绍一个新的研究领域——向阳湖文化和"五七"干校研究。我接触了很多研究生，不知如何选题。虽然干校研究今天也许还是"冷门"，但将来一定会成为"显学"。作为历史学院和文学院的研究生，大多是80后、90后，也许过去从没听说过向阳湖，也许熟悉向阳湖文化名人的名字，却不一定了解他们曾经的干校岁月。

何谓向阳湖文化？让我们先看看它的历史。向阳湖"五七"干校位于咸宁市郊，原属咸宁地区咸宁市（县），现在属咸安区。咸安在全国最知名的地方，莫过于汀泗桥和贺胜桥。1926年8月，叶挺独立团在北伐战争中攻克两桥，从此闻名遐迩，在全国乃至海外，很多人知道汀泗、贺胜而不知道咸宁（更不知道现在的咸安）。然而到了"文化大革命"中期，1969年至1974年，原文化部高级领导干部和著名作家、艺术家、出版家、文博专家、电影工作者及家属6000余人到向阳湖劳动锻炼，其中包括冰心、冯雪峰、沈从文、张光年、臧克家、萧乾、陈白尘、冯牧、郭小川、司徒慧敏、刘炳森、王世襄、周巍峙、罗哲文、金冲及、陈翰伯、王子野、周汝昌、范曾等一大批当代文化名人。在北京，一些重要的文化机构，如文化部、中国作家协会、中国文联、国家博物馆（中国革命博物馆和中国历史博物馆）、故宫博物院、国家图书馆、人民出版社、人民文学出版社、人民美术出版社、荣宝斋、商务印书馆、中华书局、中国电影公司、新华书店总店等单位，大都是"连窝端"下放向阳湖。20世纪80年代有一篇写"将军县"红安的报告文学轰动一时，叫《两百个将军同一个故乡》，而我们咸宁则可以说，向阳湖是"六千个文化人同一片土地"。

大家可能都读过余秋雨先生的散文，他的散文给我留下印象最深的是一篇《流放者的土地》，它将中国历史上的流放文人排了个队，读后令人心酸。文中谈到清康熙时代诗人丁介有两句诗："南国佳人多塞北，中原名士半辽阳"，说的是当年不少风流名士、才子佳人被流放到东北和边塞，演绎了一幕幕可歌可泣的悲剧故事。而"文革"时期的咸宁，可以说是"中华名士半向阳"。全国的"五七"干校那么多，咸宁的名士最多，下放河南息县的名人也不少，如钱锺书、任继愈等，但仍不如咸宁的名人多。

当年，咸宁干校由中国人民解放军毛泽东思想宣传队（简称"军宣队"）驻校军代表全面领导，下设5个大队、26个连队。咸宁干校总部设在甘棠，先遣队于1969年春到达向阳湖。1969年9月26日，第一批大队人马离京下放咸宁；12月19日，来了第二批；1970年5月18日，又下放第三批。建校之初，在咸宁高中设有中转站和子弟学校。此外，还在武昌金口、乌龙泉两地设有家属连，驻扎在汀泗桥的十三连（人民出版社）烧石灰窑，在双溪的二十六连（新华书店储运公司）挖煤。干校劳动主要是围湖造田，搞粮、油、肉、蛋"四自给"；同时搞学习与批判，有一段开展深挖"五一六"运动。一年之后，一批老弱病残约百余人转到鄂西北的丹江分校。干校初期是北京军区驻校军宣队主管，1970年6月2日，改由湖北军区军宣队接替。1974年12月底，咸宁干校被解散，合并于文化部另一所干校——原河北省静海的团泊洼（现属天津）。

在当时特定的历史条件下，浩浩荡荡的文化大军汇集于咸宁的一隅，人数之多，密度之高，总览古今中外的文化史都是罕见的。人以名传，地以人传，向阳湖——这个过去名不见经传的弹丸之地，由于这批文化人的到来，令人刮目相看。我上个月去海南的儋州考察了东坡书院，目的是加深对"流放文化"与"贬官文化"的了解，并与干校文化作比较。苏轼去世前曾自嘲道："问汝平生功业，黄州、惠州、儋州。"（《自题金山画像》）虽然有点反讽的意味，但对一个文学家而言，苏轼的传世之作均是在三个流放地完成的，其他古代文人也大都如此。因此，我们说，"国家不幸诗家幸，文人不幸咸宁幸"，向阳湖从此注定会被载入史册。

一 "五七"干校的来龙去脉

我们暂且回顾一下"五七指示"的由来：1966 年 5 月 7 日，毛泽东主席在读了林彪转送的解放军总后勤部《关于进一步搞好部队农副业生产的报告》后，给他写了一封信，提出各行各业均应一业为主，兼学别样，从事农副业生产，批判资产阶级。5 月 15 日，中共中央向全党转发了这封信。1968 年初春，黑龙江省革委会主要负责人建议按照毛泽东"五七指示"的精神办一个"五七"干校，5 月 7 日，全国第一所"五七"干校应运而生。

柳河干校首批学员共有 504 人，主要由原省直机关干部组成。他们到干校后，按照"五七指示"中"学军事"的要求，实行组织军事化，行动战斗化，生活集体化。不久，总结柳河干校经验的文章——《党政机关工作人员思想革命化的重要途径》在《黑龙江日报》全文发表。9 月 30 日，此文得到毛主席的亲笔批示。10 月 5 日，《人民日报》头版头条发表了通讯《柳河"五七"干校为机关革命化提供了新的经验》，文章说，干校"把活学活用毛泽东思想，改造干部的世界观，走与工农相结合的道路作为头等任务来完成"，"实践证明：'五七'干校是改造和培养干部的好地方，是实现机关革命化，搞好斗批改的一种好办法"。当时，《人民日报》在该文"编者按"中引述了毛主席的有关指示："广大干部下放劳动，这对干部是一种重新学习的极好机会，除老弱病残者外都应这样做。在职干部也应分批下放劳动。"由于毛主席最新指示的公布，"五七"干校在华夏大地如雨后春笋般涌现。

与此同时，柳河"五七"干校的经验迅速得到高度肯定，引起普遍重视，并在全国范围内推广。各地纷纷响应"五七指示"，党政机关、高等院校、文教科技战线的大批干部、教师、专家、文艺工作者等知识分子被下放农村，成了干校中的"五七"战士。中央、国务院所属各部委及豫、赣、鄂、辽、吉、黑等 18 个省均创办了"五七"干校。尤其值得一提的是，1968年至1970年，在武汉热工机械研究所任所长的江泽民受到严格的政治审查，被送进河南渤海农场"五七"干校接受再教育；时任共青团中央第一书记的胡耀邦和他的同事们来到河南潢川黄湖农场，和干校结下了不解之缘；后来担任国务院总理的朱镕基，下放到湖北襄樊国家计委的干校长达 5 年；曾任全国政协主席的贾庆林，曾在江西奉新一机部"五七"干校劳动，度过了近 3 年的艰难岁月……

据悉，当年全国中央一级机关争先恐后开办"五七"干校，知名的有江西进贤中央办公厅干校、湖北咸宁文化部干校、河南息县中国科学院（哲学社会科学部）干校、上海奉贤干校、湖北沙洋干校等。仅息县一地，就有铁道部、全国总工会、国家对外经济委员会、中科院等七部委整体"落户"，形成了罕见的"五七"干校群。在学部下放的知识分子中，包括俞平伯、何其芳、顾准、钱锺书、孙冶方、吴敬琏、冯至、李健吾、卞之琳、任继愈等学术名流（目前，息县也在挖掘干校资源）。许多"五七"干校成立之初，都提出了生产自给的目标，其中以中共中央办公厅干校最为典型。这是汪东兴亲自抓的全国干校示范点，地址在江西省进贤县五里垦殖场，下放干部有 1600 多人，有办公厅秘书局、警卫局、中央档案馆等 10 多个连队。他们提出"一颗红心两只手，自力更生样样有"的口号。中办干校于 1979 年撤销，为期 12 年之久。随着"实事求是"思想路线在党内的重新确立，国务院于 1979 年 2 月 17 日发出了《关于停办"五七"干校有关问题的通知》，干校才成为历史名词。

二　向阳湖文化研究的经过和主要成果

20 世纪 90 年代初，我在地委机关工作，先后在地委政策研究室和地委办公室从业。由于工作需要和个人爱好，我收集了咸宁各县市的地方志、地名志和组织史。一个偶然的机会，我在新版《咸宁市志》"大事记"上读到"文革"中期的一条记载："文化部到咸宁向阳湖创建'五七'干校。一大批著名作家、艺术家和文化界高级领导干部及其家属 6000 余人在该校劳动锻炼……"因为是学中文的，这普普通通的几行字引起我浓厚的兴趣，以至心灵受到震撼。想象一下，六千文化人汇集在一起，是怎样大的场面？他们在咸宁留下了多少苦辣酸甜的故事？这一段被扭曲的历史足可以写一部史诗！有感于此，我写了散文《向阳湖走笔》，在《中国文化报》上发表："'山不在高，有仙则名；水不在深，有龙则灵'，从这个意义上讲，向阳湖的价值，不仅在于它土地的富饶、风光的秀丽，更在于有一大批文学大师、艺术巨匠曾在这里劳作生息。……如果我们朝花夕拾，让历史告诉未来，何愁全省、全国乃至海外没有更多的有识之士关注咸宁、宣传咸宁、支持咸宁！"

当时，我把向阳湖文化资源归纳为四句话：（1）"无形的知识产权。"资产分有形和无形，巴金先生"讲真话"的大书《随想录》中有两段话值得一提，其中第 64 篇《现代文学资料馆》指出："我们有一个丰富的矿藏，为什么不建设起来好好地开采呢？"第 145 篇《文革博物馆》又说："建立'文革'博物馆，每个中国人都有责任"，"惟有不忘'过去'，才能做'未来'的主人"。因此，挖掘向阳湖这段历史，有利于吸取"文革"教训、防止历史悲剧重演，有利于提高咸宁在全国的知名度，有利于促进鄂南精神文明建设。现在是信息时代，讲知识经济，向阳湖应该说是一笔巨大的无形资产，值得我们珍视。（2）"没有注册的专利。"咸宁"五七"干校因为文化名人众多，在全国的干校中最具开发价值，我们请老"五七"战士回忆昔日生活，反思历史，可以填补"文革"史的某些空白，促进"干校文学"的形成，领风气之先。毫不夸张地说，学习中国现当代的文化史，读懂了下放到向阳湖的这批人，便大约了解了一半；书写十年"文革"史，如果遗漏了向阳湖这一段，便会留下遗憾。而且这项"专利"为咸宁所独有，不像有的名胜和历史人物还存在真与伪之争。（3）"不用花钱的广告。"在报刊、广播、电视上宣传向阳湖文化，点多面广，容易形成"热点"，比花钱做商业广告扩大知名度来得快，何况咸宁没有比较雄厚的资金。随着宣传力度的不断加大，人们总会达成共识，这不仅仅是咸宁的资源，也是湖北省的一种重要文化资源。（4）"品位高雅的土特产。"文化人下放咸宁时和返北京后，留下了不少关于干校的专著，还有不少人留下了诗歌名篇和字画及工艺品等，堪称"文化土特产"。

于是，从 1994 年春以来，我利用业余时间着手向阳湖文化的挖掘和宣传。经过 17 年的时间，研究向阳湖文化已经逐渐形成了气候，出了一批成果。我利用业余时间编著《向阳情结——文化名人与咸宁》和《向阳湖文化人采风》，1997 年由人民文学出版社出版，这是我国第一部综合性反映"五七"干校生活的散文集和回忆录。许觉民先生认为，"巴金先生力主要办'文革'纪念馆而不可得，而这两本书，倒是提供了过硬的见证"，他还说"要不是李城外不辞辛劳的采访、组稿，我们这些干校的当事人想到却未必有力量来完成这项工作"，并表示相信，"凡尊重历史的人，都会把这两本书当作珍贵的史料收藏起来并传之后人的"。在两本书编写的过程中，还得到文化界资深人士的高度评价。萧乾先生在北京医院的病床上给我来信说，"我相信它们不但当代必拥有众多读者，将来也会有历史价值。谢谢你不辞辛劳的努力"；国家图书馆馆长任继愈先生认为："后来人如写文化大革命史'儒林传'，这是一批极珍贵的第一手资料，此种野史的真实性或为正史所不及"；著名学者戴文葆先生热情来信："苍天不负有心人，你辛苦多年，执著不懈，终于出了全国性成果，而且关心世界史上空前'文革'的研究者，本国人与好奇的洋人，一定会利用你主编、创作的书做研究材料"；原《读书》杂志主编倪子明来函指出："回忆干校生活的单篇文章也不少，专著也出过几本，但是像你这样以两部大书，从各个方面反映咸宁干校历史沧桑，使之成为干校典型的著述，至今还是绝无仅有的，所以更其珍贵。"此外，还有著名杂文家牧惠发表评论《文革博物馆从这里开始》等。

同时，我还主编出版了《咸宁文史资料》、"文化部咸宁'五七'干校史料"、"向阳湖文化"等专辑。2006 年，《中国文学编年史》"当代卷"重点介绍了"向阳湖文化"；2007 年，湖北省作协"文学湖北"实施工程将"向阳湖文学"列为鄂南最有影响的文化品牌之一，《向阳湖文化人采风》被列入北京大学中文系研究生书目。我还以中国作协会员和大学兼职教授身份，应邀到省内外大中专院校和中国文化管理学会年会、全国民间读书年会作学术报告。中国国家画报——《人民画报》2010 年第 12 期推出"重返向阳湖——探访文化部咸宁'五七'干校"专题。

2010 年冬，武汉出版社隆重推出由我编著的《向阳湖文化丛书》，包括《话说向阳湖——京城文化名人访谈录》、《向阳湖纪事——咸宁"五七"干校回忆录》（上、下）、《向阳湖诗草》、《向阳湖文化研究》、《城外的向阳湖》（上、下），共计300 余万字，这是我国第一套综合性反映干校的丛书，京、沪、汉、港等各地多家媒体争相报道，不少京城文化名人和专家学者纷纷高度评价。2011 年 1 月 11 日，丛书出版座谈会在中国现代文学馆举行，曾下放向阳湖干校的文化界高级领导干部、著名作家、出版家、文博专家、书画家、学者、电影工作者及子弟 60 余人汇聚一堂。与会者认为，湖北咸宁将向阳湖文化部"五七"干校视为一种特定的文化现象，加以发掘研究并成书、成史，对研究当代政治史和文化史尤其是"文革"史极富参考价值。《向阳湖文化丛书》为特殊时代留痕，为文化名人存照，如同建了一座纸上"干校博物馆"。丛书编著历时 16 年，终于大功告成，使向阳湖文化品牌享誉海内外，是我国干校文化研究的一个里程碑，必将有力地推动全国的"五七"干校研究。

三　有关向阳湖文化的争鸣

1996 年 10 月，广东《岭南文化时报》发表了南京军区创作员、文学博士王彬彬（现任南京大学文学院教授）的文章《还有什么不能卖》，对咸宁开发干校文化不问青红皂白，横加指责。作为研究向阳湖文化的发起人，我不能不著文反驳，《羊城晚报》为了"炒作"，特地发表了煽动性文章：《干校文化能否开发，向阳湖畔风波骤起》。

针对王彬彬的"挑衅"，我先后写了三篇文章批驳。（1）《还有肤浅不能卖》。我陈述了三点：一是鄂南挖掘向阳湖文化资源旨在铭记历史，弘扬文化，与巴金先生倡导建立"文革博物馆"的思想一脉相承，王文所谓"把耻辱当光荣"，纯属睁着眼睛说瞎话；二是开发向阳湖文化，咸宁有组织、有领导、有步骤，目前已初见成效，不存在什么"文化打假"；三是我们得到文化名流的热情关注和大力支持，以文学艺术大师们的真知灼见，比王彬彬不知高明多少倍。（2）《还有粗暴不能卖》。其一，王彬彬说的"四个一定"不值一驳，他断言我们咸宁人开发干校文化"一定不会直面当时那种残酷的真实，一定会去掉血腥而增加一些香料，一定会弄出一点诗情画意来，一定会有意无意地'瞒和骗'"，事实正好相反，我在采访文化人的过程中，本着"客观、真实"的原则，揭露林彪、"四人帮"对文化人的迫害，记录"五七"战士的心路历程，反映文化名人和当地群众的诚挚情感。例如，严文井先生讲述干校中的侯金镜之死，是对极"左"路线的血泪控诉；又如，萧乾先生回忆道："印象最深的是那里的人好，具有中国农民朴素、勤劳的传统美德，对我们这些不会种田的臭知识分子，却没有歧视、欺生。"试问，否定"文化大革命"何罪之有？讴歌人民群众成过失乎？其二，王彬彬没有作任何调研，妄加评语："冰心、沈从文、萧乾等人当年在这里洒下的血汗和受过的屈辱，实实在在成了今日咸宁的一笔宝贵财富"，但明眼人都知道，我们正是站在抢救历史的高度，积累了不少珍贵史料。在采访过程中，众多文化人的高尚品格深深地打动了我，尽管干校的劳动生活异常艰苦，他们的精神受压抑，才华被磨损，但他们并没有失望，没有消沉，反而从中领略了大自然的情趣，开阔了视野和胸襟，品味了乡间的民风民俗，体会农民们的艰辛，加深了同志间的感情，铸造了坚定的理想信念。王文放肆地说："侯金镜等人的枯骨成了今日咸宁为经济搭台的材料"，语言新奇归新奇，但毕竟是偷梁换柱，并不能自圆其说。其三，"再辱一次"从何说起？王文污蔑道，文化名人曾因政治的原因在咸宁受辱，现在又因经济原因在这块土地上再被辱一次。我列举全国政协7位委员（其中有5位下放咸宁）联合提案，建议支持咸宁开发干校文化，难道是"情愿受辱"吗？（3）《还有偏激不能卖》。我又针对王彬彬的学风和独特的语言风格，一一进行批驳，指出王文漏洞百出，实在是走进了误区，让人大失所望。

北京的老"五七"战士也多有反感，如我采访陈原先生时，他评论道："王彬彬这样做，倒不失为一种出名的方式，可惜这位年轻人并不了解向阳湖的历史，更没有认真研究这段历史。历史是不能忘记的，更不能切断，只能真实地记录。重提咸宁干校并不是要贩卖什么东西，而是为了吸取经验教训，促使人们思考，为什么会发生历史悲剧，怎样才能避免今后重新发生？

王彬彬仅凭主观臆想，就认为你们一定会为向阳湖涂脂抹粉，而事实并非如此。现在时过境迁了，我们也不要去怪罪哪一个人，因为中央已作出了《决议》。挖掘咸宁干校的历史，有助于对中国 1966 年至 1976 年的历史作个大概了解，证实那时的极'左'路线是完全错误的，现在党的路线方针政策是正确的，从而进一步坚定改革开放的信心。"同时，中国社科院历史所研究员王春瑜在《中国党政干部论坛》上发表《还有健忘不能卖》，青年学者孙立峰在《文学自由谈》发表《可笑的偏见》，不约而同地批评了王彬彬。上海《文学报》和《中国对外服务》等报刊均作了报道。

四 向阳湖文化人的"干校情结"

令人欣慰的是，"向阳湖情结"牵动了文化名流的心，套用两句宋词，可以说是"剪不断，理还乱"，"不思量，自难忘"。下面从几个方面说明：

首先，热情接受采访。从 1995 年到 1997 年短短 3 年时间，我陆续采访了 200 多名京城文化人，夜以继日，乐此不疲，有时一天连续采访五六家，直至凌晨 3 点。在后来 10 多年的时间里，我又陆续采访了好几百人。在采访对象中，90 岁以上的有 10 余人，80 岁以上的有 20 多人，其余基本上都是花甲、古稀之人，他们中既有名人，也有非名人；既有当事人，也有家属；既有个体，又有群体（我曾在故宫博物院和中国电影公司主持老"五七"战士座谈会）；既有畅所欲言的交流，又有默默无言的"笔录"（我还采访过聋哑漫画家顾朴）。尤其值得一提的是，"文坛祖母"冰心老人以 95 岁高龄题写了"向阳湖"三个大字，并在北京医院接受了我的探望；老诗翁臧克家不顾年事已高，在家中和我谈了许多往事；萧乾、文洁若二老不仅多次接受采访，还热情介绍新的联络线索，等等。

在采访过程中，我听到了许多荒唐的事、有趣的事、感人的事和值得记载的大事，这里简要作个介绍。（1）荒唐的事：例如，当时干校流传着许多顺口溜，如"大雨大干，小雨小干，天晴不干——搞大批判"；"五七宝，五七宝，穿得破，吃得好，每人一块大金表，想回北京回不了"；"身穿破棉袄，手戴大金表，走路拄拐棍，三步两跌倒"；"文化部不文化，干起活来挺泼辣"，等等。（2）有趣的事：例如，中国作家协会党组副书记严文井在干校先后担任副班长、排长、连副指导员，他自嘲在咸宁"连升三级"；著名画家许麟庐在向阳湖先是放鸭，后来改为养猪、放牛，他戏称自己的"官"越做越大。（3）感人的事：例如，干校人在艰苦的劳动之余，仍保持难得的闲情逸致，刻竹筒，编印《向阳湖诗选》，举办美术摄影展览，体现了中国知识分子"穷则独善其身，达则兼济天下"和"不以物喜，不以己悲"的坦荡襟怀。再如，郭小川在干校受到江青迫害，他不服高压，写下五律明志："原无野老泪，常有少年狂。一颗心似火，三寸笔如枪。流言真笑料，豪气自文章。何时还北国，把酒论长江。"后来从咸宁转到静海干校，他又写下了脍炙人口的《秋歌》和《团泊洼的秋天》，被视为当时文坛首次唱出的叛逆之歌。（4）值得记载的大事：例如，咸宁干校创办后，众多文化人得到敬爱的周总理的亲切关怀，他高瞻远瞩，指示只转干部的粮油关系，不转户口，为他们日后调回北京提供了极大的便利。周总理关心咸宁干校文化人的故事还有很多，可谓"春风曾度向阳湖"。

其次，纷纷题字题词。在采访过程中，许多文化人泼墨挥毫，写下题词，主要有："不能再发生文化大革命了"（李琦），"身在向阳湖，心系周总理"（周巍峙），"忆向阳湖，难忘咸宁地区"（吴雪），"看向阳湖焕出新的光彩"（张光年），"向阳湖，我的过去了的生命"（严文井），"向阳湖是文革时期我们的避难所"（萧乾），"向阳湖哺育过我的诗"（牛汉），"向阳花正红"（绿原），"历史在这里沉思"（周明），"彼时多苦，今日咸宁"（谢冰岩），"我有多思寄远湖"（范曾），"忆咸宁，想咸宁，祝贺咸宁经济腾飞，文运昌盛"（杨新），"身怀咸宁地，情系向阳湖"（陈云鹤），"水波竹影向阳湖，不是故乡似故乡"（张慈中），"一湖诗画"（秦岭云），"汗水曾洒向阳湖"（侯恺），"六千人的汗水、泪水，苦恼和忧虑，还有一点希望，汇成向阳湖"（陈原），"向阳湖使我懂得了国情民情和友情"（陈早春），"鄂南重镇，人杰地灵。向阳湖水，曾润我心"（薛德震、杨瑾），"红楼非梦，向阳无湖"（周汝昌），"向阳甘棠，桂香满天，灵芝铺地，如入仙境。每一念及，为之神往"（单士元），"永记向阳湖锻炼之日，今朝风光胜昔多矣"（刘九庵），"常思当年向阳湖"（耿宝昌），"人才荟萃咸宁县，文彩风流向阳湖"（罗哲文），"向阳湖大有发展前途"（胡继高），"此景只应咸宁有，闲步于荷花林下"（朱家溍），"向阳湖畔紫禁城，人间才艺喜相逢"（吕济民），"咸宁人文荟萃之地，今已蔚为新文化之乡"（傅振伦），"向阳精神，永志难忘"（谢辰生），"向阳岁月未能忘，风雨跋涉叶正黄"（王宏钧），"谁云人生多忘事，四年咸宁常想中"（许觉民），"故园不堪，古泽沛然"（阎纲），"向阳湖畔度春秋，劫后余生未敢休"（程代熙），"诗文源流长，向阳永不忘"（胡德培），"向阳稻香飘四海，文人学士遍五洲"（杜耀西），"若要建立文革博物馆，咸宁向阳湖是天造地设的场所"（张初考），"弘扬向阳文化，开拓知识经济"（杜乃松），等等。同时，臧克家、王世襄、史树青、刘炳森、佟韦等名家也题写了干校诗。

再次，不断来信来稿。干校文化人的来信有建议，有鼓励，且举几例：（1）傅璇琮："我们不少人建议在咸宁向阳湖地区开辟一现代文化特区，这是有时代意义的。建议你们选择一个适当时间，邀请曾在向阳湖生活的文化人士到咸宁开一次会，如认为可行，我可以出微力相助。"（2）谢永旺："你做的是十分有意义的工作，你的采访和你的约稿，对向阳湖的历史留下了珍贵的篇页，也为世人显示了一些著名文化人心灵的轨迹，研究文化史的学者将会因你这些出色的成果，感到资料的丰富和真切。"（3）顾学颉："开发向阳湖文化之事，已渐引起各方面注意，是件大好事，应该打铁趁热，在省内、省外造成一种声势，尤其要让省内领导及各方认识到，这不仅是咸宁地区的事，而且是有关整个湖北文化建设中的一件大事，要从各个角度出力出钱，大力促其成功。新闻界是打头阵的，要他们大吹大擂，鼓起声势来，这对实际干起来是大有好处的。"（4）陈乔："前所寄《咸宁日报》均已收阅，望继续努力，将来集印成书，供后世流传研究，是一重要奉献。……我还有一个不切实际的空想，旧时代曹雪芹穷困潦倒一生，写出一部千古不朽的《红楼梦》，如果当代人写一部《向阳梦》，也可能是一部很有价值的史诗，这是一项艰苦而又伟大的任务，须具有人杰地灵的条件，未知城外君有无此种雄心壮志？"（5）萧乾："病中摘读你编写的有关'五七'干校的文章，一、十分佩服你的文字；二、佩服你几年抓住这个题材不放的坚韧不拔的精神……你已花了多少年（时间）不辞辛苦地访问当年去向阳湖的专家、作家、学者，应可以成一本书。我建议你出版一本书，一定既有读头又有历史价值。"（6）苏东海："你的专访已经形成系列，在国内可以说开拓了一个新的领域，对于研究向阳湖干校，对于研究全国的干校现象，做了有益的工作。但是作为一种历史现象，光有'情结'还不够，还需更多的理性解剖和反思，我希望你的是专访和研究，能不断向更深的层次进发。"更为难得的是，许多老"五七"和他们的子弟还为我提供了大量回忆文章。

最后，千里来寻故地。1994年咸宁开发向阳湖文化资源以来，每年都有多批次"五七"战士和"向阳花"重返干校，重续"向阳湖情结"。如，国家行政学院常务副院长陈福今、原新闻出版署署长宋木文、人民出版社原社长兼总编辑薛德震、老出版家陈原、香港翻译家张初考、出版家王仿子、人民文学出版社原副社长江秉祥、新华书店总店原总经理汪轶千、商务印书馆原总经理杨德炎、中华书局原总编辑傅璇琮、著名翻译家文洁若与卢永福、国家广电总局原局长刘建中、著名画家张广等先后重返咸宁寻梦。

五　各级领导重视向阳湖
文化的保护与开发

17 年来，北京和各地众多文化界名流，湖北省省委、省政府和咸宁市市委、市政府都十分关注和支持向阳湖文化的保护和开发。全国政协文史委早在 1996 年制订征集新中国成立后史料的选题规划时，就列了"五七"干校的专题，并专门选择文化部"五七"干校作为重点。在 1997 年全国政协八届五次会议上，张惠卿、陈早春、姜维朴、傅璇琮、沈鹏、刘杲、和穆熙 7 位新闻出版界委员联名提案，建议文化部和湖北省领导重视和支持咸宁开发向阳湖文化资源。2002 年 11 月 7 日，湖北省政府将"向阳湖文化名人旧址"列入省重点文物保护单位，为全国之先。目前，正在积极申报全国重点文保单位。咸宁市咸安区在原干校校址——"四二五高地"建立了向阳湖文化展览馆，较为全面地反映了当年文化部"五七"干校生活。

在 2010 年全国人大十一届三次会议上，李健、郑心穗、仇小乐、李传卿、黄楚平、毛宗福等 22 位代表联名提出议案，向文化部和国家文物局等部门和湖北省政府建议重视保护开发向阳湖文化资源。2011 年 7 月下旬，省委常委、常务副省长李宪生，武汉大学党委书记李健等专程到咸宁市调研向阳湖文化。10 月 29 日，湖北省省委书记、省人大常委会主任李鸿忠率省领导李春明、尹汉宁、张通一行到咸宁考察了向阳湖文化名人旧址。李鸿忠来到向阳湖"五七"干校总部旧址，在文化名人旧址展览馆，认真察看了过去的珍贵史料、照片和实物展示。他说，这么多文化名人在特定的历史时期集中在一个地方，在全国乃至全世界都很少见。向阳湖文化是咸宁独一无二、不可多得的历史文化遗产，下一步要按照"文、史、农、旅"相结合的思路，坚持政府主导、市场运作，继续搞好保护和开发工作。李鸿忠还听取了咸宁市的工作汇报，高度评价向阳湖文化的价值和意义，对鄂南在全国率先研究干校文化已取得丰硕成果给予充分肯定。他强调，咸宁要认真做好向阳湖文化这篇大文章，挖掘历史文化资源，不断探讨向阳湖文化现象，挖掘其深刻内涵，当前尤其要重视音像资料的抢救，在电视台开辟专栏，主持有关向阳湖文化的专题节目，文化展示馆要历史再现当年场景，增添历史感和穿透力；要加强与向阳湖文化名人及其子弟的联系，进一步加深感情，让他们更关注和支持咸宁的发展，把向阳湖这张文化品牌在海内外打得更响，推动文化事业的大发展大繁荣，把贯彻党的十七届六中全会精神落到实处。

咸宁市委书记黄楚平、市长任振鹤等高度重视向阳湖文化名人旧址保护与开发工作。2011年9月中旬，市委、市政府召开专题会议，强调要把向阳湖文化名人旧址保护与开发工作纳入重要议事日程，把向阳湖文化作为城市品牌来打造，作为文化产业来经营，推动咸宁文化旅游事业的大繁荣大发展，促进全市经济社会科学发展、跨越式发展。目前，咸宁市已成立向阳湖文化名人旧址保护与开发工作协调领导小组，咸安区成立了相应领导工作机构，工作专班专门抓，明确责任分工，做好向阳湖文化名人旧址保护与开发的上下衔接和具体工作的落实。

六　向阳湖文化及"五七"干校研究的价值和意义

为什么要铭记向阳湖？我们从向阳湖文化及"五七"干校研究的价值和意义可以找到答案。

向阳湖是一笔不可再生的文化资源。全国"五七"干校的历史从1968年5月到1979年2月，长达11年之久。咸宁"五七"干校存在了6年，即从1969年春到1974年底。2011年7月21日至23日，由中共中央党史研究室编写的《中国共产党历史大事记》（1921 年 7 月～2011 年 6 月）在《人民日报》上隆重推出，其中有两处提及"五七指示"和"五七"干校，足见二者于中共 90 年历史进程影响之大。向阳湖文化是对历史的反思文化，是对名人的纪念文化，是特色旅游文化，在海内外都是少见的文化资源。我们总结经验，是为了团结一致向前看，积极地面向未来。研究这段历史，正是为了大力倡导尊重知识和人才之风，更好地实践科学发展观。

向阳湖文化又是中国知识精英成果的集中展示。例如，沈从文的《中国古代服饰研究》，当时号称三大里程碑，就在下放期间补充了大量资料，他在干校还写了 91 封书信，其中有写给周总理的信，还写了《双溪大雪》《喜新晴》等诗作；郭小川创作了《楠竹歌》《花纹歌》《欢乐歌》（"江南林区三唱"）等优秀诗篇，后来又写出了脍炙人口的《团泊洼的秋天》《秋歌》，这些作品都是载入中国当代文学史册的重要作品；又如，张光年的《向阳日记》、陈白尘的《牛棚日记》、杨静远的《炼人学校》，还有一大批文化人写的回忆文章，都留下了特殊年代的"影像志"。

向阳湖文化更是中国知识分子的精神写照。在那个特殊的年代里，下放向阳湖的文化人在逆境中忍辱负重，乐天知命，战天斗地，回城后埋头苦干，成果迭出。文化人在下放干校期间，对历史与现实的深刻反思，对党、国家和人民前途命运的深情关注和深入思考，对当地劳动人民疾苦的深切关心和同情，对美好大自然的亲近，无不反映了广大知识分子忧国忧民的高尚精神境界。可以说，向阳湖，代表着一种思想文化符号，是象征 20 世纪中国知识分子的精神化石。

2000 年，咸宁市成立了向阳湖文化研究会，创办了《向阳湖文化报》，发行了《中国向阳湖文化名人风采》纪念封，建立了网站。9 年以后，研究会升格为省级学会。2009 年 6 月，又成立了中国"五七"干校研究中心。它们的成立，是一件具有里程碑意义的大事，它标志着以向阳湖文化为代表的干校文化研究迈入新阶段。同时，向阳湖文化研究也被赋予新的内涵，实现了向全国干校研究的历史性跨越。随着全国第一个"五七"干校研究机构诞生，也预示着研究会今后又有了新的研究方向——不再只是向阳湖干校，而是包括了全国所有的"五七"干校。

鄂南领全国之先，成立中国"五七"干校研究中心，优势明显：一是发源地，咸宁市从1994年开始就有人专门研究向阳湖文化，称它为干校文化的发源地毋庸置疑。二是人才库，研究中心不再只是咸宁本地人，而是遍及全国20多个省区市的100多名研究干校现象的同路人。今后的研究中钻研一些深层次的问题，可让更多的人成为这一领域的行家。三是联络站，全国各地大都有研究中心会员，咸宁处在"领头雁"的位置，可发挥联络站的作用，及时交流研究成果，进一步将干校研究引向深入。四是资料馆，我一人实地考察了全国多所干校，并到国家图书馆查过资料，那里有关的书报和文章有限。而我经过多年来的积累，搜集的资料非常齐全。咸宁早作规划，广泛动员，可将全国各地"五七"干校的有关文史资料都集中到向阳湖来。五是示范点，咸宁的干校文化研究起步早，成果丰，对自己提出的要求更高，力争在学术研究上成为全国干校研究的榜样。

由此可见，向阳湖文化和"五七"干校研究是"文革"史的一个重要组成部分，也是当代政治史和文化史的重要一环，可视为一种潜在的"软实力"。我们学习党的十七届六中全会精神，关键要落在实处，只有不断寻找新的文化研究领域，才不至于年年老生常谈。如果将向阳湖文化纳入文化研究的视野，必然会使之成为鄂南乃至湖北新的文化"亮点"。昨天在"文革史"研讨会上，针对"文革发生在中国，文革研究成果在国外"的慨叹，我响亮地提出："'五七'干校在中国，'五七'干校研究成果在咸宁、在湖北、在中国"，吸引了与会专家的普遍关注，受到了大家的认同和好评，也希望得到同学们的响应。建议首师大进一步加大研究"文革史",并积极引导研究生加入我们研究向阳湖文化和"五七"干校的行列,早日实现合作、双赢!为此,从长远出发,我们今后要深入探究中国"五七"干校的全过程,进而开展好学术研究和文学创作,在文学和史学上填补更多的空白,力争留下浓墨重彩的一笔。我们的研究方式也要有所突破,一是由以访谈回忆为主的文学纪实型研究向以思想探究为主的理论学术型研究拓展;二是由单一的民间文化研究向政府与民间联合、民间与高校联手转型;三是由对文化部向阳湖干校的个案研究向对全国各地干校的深入研究跨越。总之,开创这一事业别有眼光,开展起来很有成果,坚持下去大有希望。

我们欣喜地看到,从咸宁到湖北,从湖北到全国,一批有识之士正在积极探讨"向阳湖文化现象",为建立一门新兴的"向阳湖学"而不懈努力!比如,向阳湖文化研究会的骨干们也成果迭出,如《向阳湖畔的脚印》(田木)、《狗觞》(金戈)、《向阳湖逸韵》(胡国华)、《百咏向阳名贤》(王尚芳)、《诗意向阳湖》(韩志)和谌胜蓝的随笔《文人炼狱——小女子品读向阳湖》、张磊的博士论文《历史在这里沉思》,等等,均在社会上产生了一定影响。还有的会员正在创作长篇小说和电视剧,等等。向阳湖文化研究会和中国"五七"干校研究中心已有了良好的开端,将会取得更大的丰收!

下面的时间,欢迎同学们提问,我将一一解答。

讨　　论

梁景和:感谢李城外老师精彩的演讲!大家有什么问题,可以请教李老师。

黄巍(首都师范大学历史学院博士研究生):李老师,您好!刚才听了您的学术报告,我很受启发。您从 1994 年开始致力于向阳湖"五七"干校的研究,现在已经有 17 年了,这期间遇到了很多困难，而您却一直在坚持着。您的这种锲而不舍的精神对我们这些研究"文革"史的晚辈来说是一种巨大的鼓舞。刚才您也提到了，经过您这么多年的努力，目前向阳湖文化研究会又借助了政府、高校、媒体的力量在大力抢救音像资料，这对"文革"史研究具有重要的史料价值。我们首都师范大学历史学院梁老师的很多博士生、硕士生目前也在做着口述史的研究，我们主要是通过录音整理成文字资料，因为我们采访的对象涉及陌生人，有的人不愿意接受我们的采访，您能介绍一下您采访当年下放到向阳湖的文化名人的经验吗？

李城外：因为我采访的人基本都是当年到过向阳湖的文化名人，他们都是非常愿意接受我的采访的，有人甚至主动给我打电话要接受我的采访，他们也都愿意把他们当年的所思所想表达出来，我想这也是我们向阳湖的优势。我想我们做这个事情具有重大的意义，很多史料对研究"文革"史具有重大的参考价值。

郭思远（首都师范大学历史学院硕士研究生）：您研究向阳湖文化正是王家平老师说的"从头说"（王家平老师说做学术研究有三种方式：从头说，接着说，从新说），因此，这样势必会碰到一个问题，即材料不够，无从下手，会感到非常困惑，您是如何解决这个问题的？我现在也面临这个问题，因为我正在做中医文化方面的论文，尤其是我家乡那边的"南康医派"，现在能留下来的材料很少，也很零碎，感到有点无从下手。

李城外：你问到点子上了，这正是我现在需要去面对和解决的。以前我到北京来采访，都是进行人物专访，写了一段时间后，发现很多情节和故事都是重复的，我就要从不同侧面去把东西写出来，尽量让它们不一样。但是我感到，这样的人物专访有很多自己思考的成分，并不能完全展现当事人的所思所想，我自己还感觉比较累。现在我通过口述历史的方式，把当时采访的录音整理出来，这样就能原汁原味地展现当事人的思想和感悟，而且，我自己还感觉比较轻松。这也就是，当碰到这样的问题时，就要转变做事的方式或方法。方式或方法转变了，可能所碰到的问题就能迎刃而解。

梁景和：对于郭思远提出的这个问题，我有几点看法和建议：一是你想解决什么问题，然后去查找相关资料，也可以采用口述历史的方式，得到你需要得到的材料；二是田野调查，因为材料找不到了，只有深入基层，到事发地去做调查，得到一手的资料；三是什么材料都找不到了，那唯一的选择就是放弃，不要做了。历史研究不同于文学创作，历史研究必须要有充分的史料做支撑。

李城外：刚才梁老师说到的第三点非常重要，我们做学问一定要严谨，来不得半点马虎。

梁景和：好吧，今天的讲座就到这里。李老师的演讲非常精彩，对我们很有启发和帮助。最后，我们再次以热烈的掌声感谢李老师！

李城外：谢谢大家！

知识青年上山下乡运动研究

——发起及坚持上山下乡运动的
动因究竟是什么?

时间:2011 年 12 月 11 日下午 3:00~5:00
地点:首都师范大学本部主楼 201 会议室

主讲人简介

潘鸣啸(Michel Bonnin),法国汉学家,在巴黎获哲学学士、中国语言与文化学硕士及历史学博士学位。现于法国社会科学高等研究院讲授中国当代史,研究范围包括中国当代社会民主运动、民工、就业等问题。早在 20 世纪 70 年代就开始进行有关中国知青上山下乡运动的研究,在多种法文或中文刊物上发表论文。20 世纪 90 年代初,潘鸣啸老师出任在香港成立并由法国政府资助的法国当代中国研究中心主任。

梁景和(主持人):

各位老师、各位同学,大家好。今天我们很高兴邀请到法国社会科学高等研究院教授潘鸣啸老师。潘老师正在清华大学做访问学者,他是著名的法国汉学家,目前在法国社会科学高等研究院讲授中国当代史,研究范围包括中国当代社会民主运动、民工、就业等问题。潘老师曾创办杂志《神州展望》法语版及英语版，著有《失落的一代——中国的上山下乡运动（1968~1980）》一书，很有影响。下面，我们就以热烈的掌声欢迎潘老师为我们作演讲！

潘鸣啸（主讲人）：

感谢梁景和老师的邀请，给了我一次和大家交流的机会。我今天演讲的题目是《知识青年上山下乡运动研究——发起及坚持上山下乡运动的动因究竟是什么？》。

上山下乡运动在中国甚至世界的历史上是个史无前例的社会大试验，也是一个涉及面很广的历史事件，值得引起历史学家和各种社会科学家的兴趣。所以有关这个专题值得研究的问题很多。前几年，我出了一本法文书，想对法国读者比较全面地介绍这个运动。这本书现在有中文版，是《失落的一代——中国的上山下乡运动（1968~1980）》，繁体字版 2009 年由香港中文大学出版，简体字版 2010 年由中国大百科全书出版社出版，明年还会有英文版。今天很难得能有机会跟中国有关方面的专家学者讨论这个专题，就想提出一个至今还在引起很多争论的问题，就是中国领导人发起和坚持上山下乡运动的动因究竟是什么？

一 多方面的动机

很多学者，外国的和中国的，都认为主要而且有决定性的动机是城市就业及城市人口压力的问题，其他的动机是次要的，甚至是假的（只有宣传作用）。70 年代末和 80 年代初，最有学术价值的两本书，一本是美国学者伯恩斯坦写的，另一本是德国学者沙平写的。他们都强调上山下乡运动的社会经济合理性，并把它看作是当政者的一个有长期计划又能解决具体的社会经济问题的政策。不少当过知青的人也有这种感觉。我在 70 年代末开始研究这个专题的时候，也持同样的观点，但越研究越觉得 1968 年后的上山下乡运动的经济合理性值得怀疑。我的这个思想转变是因为看了从 80 年代开始发表的很多有关 60 ~ 70 年代中国人口和就业的学术著作和统计数字。了解上山下乡运动的另一种很有用的参考资料是 80 年代末开始出版的各省市的劳动志。

现在，我就想利用这类资料来初步回答有关运动成因的问题。因为资料还是不全的，也因为我自己对当时的中国各方面的情况所知有限，所以我的论文只是试探性的。虽然我已经有初步的结论，但是没有提供一个又全面又确定无疑的结论的奢望，不过是抛砖引玉罢了。希望其他的学者多多指教吧！

我认为中国领导人发起和坚持这个运动动机是多元的，而且从 1955 年开始把少数的城市青年下放到农村，到 1980 年这个政策完全被放弃，那些动机的重与轻有所演变。在我的书里面，我把这些动机分成四类：

（1）意识形态动机（改造青年思想和消灭社会差别，所谓的"三大差别"）；

（2）政治动机（在两年半的动乱后恢复秩序，通过大规模动员强化毛的"魅力领袖"式威权）；

（3）积极的社会经济动机（开发农村和边疆地区），这个动机也带有军事的顾虑；

（4）消极的社会经济动机（解决城市就业及人口过剩的问题）。

虽然我认为意识形态和政治动机在 1968 年后的运动中起着主要作用，但是因为我今天的主要目的是评价另一些动机的重要性，也因为时间不够，所以今天不再谈这些动机，只谈社会经济动机。

1968 年，官方宣传强调的动机就是再教育，但也提到了农村发展需要知识青年和其他城市"闲散人员"。事实上，在人口稠密的中国农村，根本不需要知青的劳动力。需要为知青下乡找一个更具说服力的理由，那就是无业青年给城市带来的负担。

1968 年，在学校停课、工业停滞两年多之后，"文革"初期还在上中学的几百万学生的就业成了一个大问题。对 1966 ~ 1968

年毕业的所有学生来说，要在城市经济中得到一份工作真是很困难。大学都已经关闭了，更年轻的一代人等着上中学。于是，除了那些设法在城里找到工作或参军的少数人外，他们被政府宣布"已经毕业"，并被送到了农村。可是，1968 年末的情况是个非常时期的情况，不能解释为什么这个大规模的运动延期了十几年。

大多数外国和中国学者认为，城市就业问题是下乡运动背后的主要动机，但是今天已经不能把这些问题放在这么突出的位置上。这场运动被彻底终止，恰恰是发生在中国历史上人数最多的城市青年进入就业年龄的时刻；如果我们看 70 年代进入劳动力市场的人数和每年知青下乡的人数，我们看不到二者之间任何明显的关联。图 1 显示的两条曲线在 1978 年及 1979 年，甚至是朝相反的两个方向发展的。

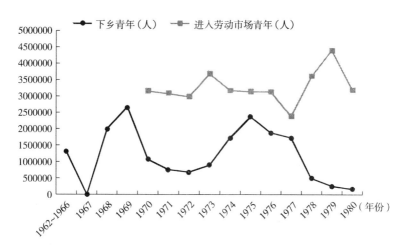

图 1 下乡知青与进入城镇劳动力市场的青年

注：统计年鉴没有提供 1961 年之前的城市非农人口数，但 H. X. Wu 发表了测算数，我们所采用的就是他的测算数。

资料来源：《中国人口统计年鉴 1990》，第 592 页；《中国统计年鉴 1983》，第 105 页，以及 H. X. Wu，"Rural to Urban Migration in the PRC"，*The China Quarterly*，No. 139，Sept. 1994，pp. 672-673。

在 1970~1976 年，进入就业年龄的人数是相当多的，而 70
年代末 80 年代初的劳动力市场人满为患。以后需要分配工作的
年轻人的数量开始下降，但直到 80 年代末一直很高。所以，如
果把向农村转移城市青年当作解决城市就业问题的方法，那么
这一政策本来应该在 1968 年后持续 20 年。但实际情况不是这样
的，这一转移仅仅维持了 10 年，1979 年大量知青开始返城，可
是从人口压力角度看这一年情况最糟，因为它是中国历史上城
市就业状况最紧张的一年。

在 1968 年后的下乡运动中，显然不是就业问题发挥着关键
作用。当然，人们还可以认为它在领导人的头脑中起着关键作
用。但这种假设也受到严峻的挑战，因为证据显示，在 10 年
"文革"中，到城里就业的农民数量与下乡知青人数大致相等。
截止到 1976 年底，农村大约有 800 万知青。20 世纪 80 年代初
以来的所有资料都证明，在同一段时期里，至少有 800 万农民
在城市就业并转为城市"非农业"户口。

我们只要看看城市增长问题就可以清楚，在大规模下放时
期（1968~1977），知青和数百万其他城市居民的外迁所带来的
"成果"，都被农村居民的永久性迁入抵消了。

表1　全国净非农城市人口的移民数（1968~1980）

单位：百万

年　份	非农城市人口	总增长	自然增长	净移民数	知青净转移人数	其他人净转移人数
1965	98.34	—	—	—	—	—
1966	99.65	1.31	1.51	-0.20	—	—
1967	102.73	3.08	1.54	1.54	—	—
1968	101.36	-1.37	1.56	-2.93	-1.99	-0.94
1969	100.65	-0.71	1.54	-2.25	-2.65	0.40
1970	100.75	0.10	1.54	-1.44		
1971	102.45	1.70	1.62	0.08	—	—
1972	106.24	3.79	1.46	2.33	—	—

年 份	非农城市人口	总增长	自然增长	净移民数	知青净转移人数	其他人净转移人数
1973	109.02	2.78	1.33	1.45	—	—
1974	110.08	1.06	1.01	0.05	-1.12	1.17
1975	111.71	1.63	1.03	0.60	-0.97	1.57
1976	113.42	1.71	0.73	0.98	-0.53	1.51
1977	114.95	1.53	0.90	0.63	-0.69	1.32
1978	119.94	4.99	0.99	4.00	2.07	1.93
1979	128.62	8.68	1.07	7.61	3.71	3.90
1980	134.13	5.51	1.14	4.37	1.71	2.66
1968~1970	—	-1.98	4.64	-6.62	—	—
1971~1977	—	14.20	8.08	6.12	—	—
1968~1977	—	12.22	12.72	-0.50	—	—
1978~1980	—	19.18	3.20	15.98	7.49	8.49
1968~1980	—	31.40	15.92	15.48	—	—

注：自然增长数是根据包含了农业人口的 1983 年的城市出生率计算的。非农人口的实际出生率应当略有不同，但二者差别不大，这可以从对"城市人口"的两种不同的界定的出生率在两个不同年份的比较中看到，1965 年是 27.6 对 26.59，1978 年是 14.1 对 13.56（参见《中国统计年鉴 1981》第 89 页和《中国统计年鉴 1983》第 105 页）。

资料来源：G. White, "Urban Employment and Labour Allocation Policies in Post-Mao China", *World Development*, 1982, Vol. 10, No. 8. p. 615；《中国人口年鉴 1982》，Ⅷ-3 页；《中国统计年鉴 1983》，第 105 页。

表 1 表明，在 1968~1977 年，尽管有将近 900 万知青，外加几百万其他城市居民（大约 300 万~500 万）从城市迁出，但存在大致的平衡。这似乎表明，要么从农村雇用的劳动力数量多于 800 万，要么他们能够使家属与他们合法团聚。

所以，有一点是很清楚的。就"文革"之后的下乡运动而言，就业和控制城市化的问题不是最主要的动机，反而是从属于意识形态和政治动机的。这并不是说它们对负责具体落实的领导人不起作用，但它们对这场运动的规模和形式影响不大。

曾经有一个中国朋友跟我说："当时，我没有感觉到有那么多的农民能进城转非农户口。这种现象大概只是在乡镇和小城市里发生的。有一段时期，政府鼓励发展这些地方。"但是，我不以为然，因为观察大城市在 70 年代的情况也会发现这种城乡人口的交流。北京就是一个好的例子。

表 2　北京市：下乡运动对北京农业与非农业人口
比例的影响（1967 ~ 1981）

年份	下放到市辖县的知青（人）	非农人口（人）	占全人口比率（%）	农业人口（人）	占全人口比率（%）
1967	0	4393000	56. 2	3427000	43. 8
1968	8051	4307000	55. 1	3510000	44. 9
1969	10726	4059000	52. 9	3617000	47. 1
1970	0	4031000	52. 3	3681000	47. 7
1971	14021	4109000	52. 4	3716000	47. 6
1972	10064	4216000	53. 2	3711000	46. 8
1973	54928	4264000	53. 0	3794000	47. 0
1974	54184	4330000	53. 2	3810000	46. 8
1975	44641	4426000	53. 8	3797000	46. 2
1976	58500	4470000	54. 0	3815000	46. 0
1977	56205	4528000	54. 0	3858000	46. 0
1978	39208	4670000	55. 0	3827000	45. 0
1979	10304	4952000	56. 9	3754000	43. 1
1980	1200	5104000	57. 6	3753000	42. 4
1981	0	5226000	58. 0	3782000	42. 0

资料来源：《北京志·劳动志》，第 46 页；《中国人口·北京分册》，第 206 ~ 207 页。

表 2 展示出北京非农业人口在 1968 至 1970 年呈下降趋势，从 1971 年开始，几乎所有的知青都下放到郊区去了。可是，从这一年到 1978 年，非农业人口的绝对数字还是有些小幅的增长，而比率则处于相对的停滞状态。必须指出，在同一时期每年都有大约 50000 名知青脱离非农人口群体，进入并壮大郊区市辖县的农业人口。为什么会出现这种现象呢？只有一种解释，那就是当时有差不多同样数量的人口作反方向流动，即是说，从外地来的人

口或者转了北京市户口的农民流入市内，进入非农业人口。

现在，我想介绍各省份的情况，来更广泛地研究上山下乡运动与城市人口和就业压力的关系。

二 省一级的下乡运动：知青下放率及下放进度

（一）下放率：好样的和差劲的

如果想验证是否经济及人口因素在主导下乡运动，那么可以去看一看省一级在执行政策上的差别。首先，在表3可以看到各省区市的知青下放率有着很大的差别。到了1981年底，全国城镇非农业人口的12.8%已经下过乡当过知青，而在上海市这一比率是18.7%，在西藏这一比率是2.1%。这样我们就可以根据城镇非农业人口的百分比，将各省、自治区、直辖市作一个排列。

既然有人强调下乡运动的主要动因就是城市人口压力太大。那么，我就试图通过这个表来看看是否因为这个因素就出现了这些差别。正是为了这个，我计算了每个省区市的城市化率，根据这个标准来排列，然后比较这两个排列。

表3 各省区市的下放知青率及人口城市化率

省区市	1962～1979年下放知青（人）	1981年底城镇非农业人口（人）	下放率（%）	排列	1981年底城市化率（%）	排列	排列差别
全　国	17764800	138700000	12.8		13.9		
上　海*	1252200	6710000	18.7	1	57.7	1	0
辽　宁	2013400	11850000	17.0	2	33.5	4	+2
四　川	1472400	9190000	16.0	3	9.3	23	+20
浙　江	646200	4180000	15.5	4	10.8	19	+15
吉　林	991400	6610000	15.0	5	29.6	6	+1
黑龙江	1519200	10290000	14.8	6	31.5	5	-1

省区市	1962~1979 年下放知青（人）	1981 年底城镇非农业人口（人）	下放率（%）	排列	1981 年底城市化率（%）	排列	排列差别
广　西	434800	2960000	14.7	7	8.2	27	+20
湖　北	886600	6330000	14.0	8	13.4	12	+4
广　东	973200	7480000	13.0	9	12.7	13	+4
陕　西	463100	3610000	12.8	10	12.6	14	+4
北　京*	636300	5000000	12.7	11	55.4	2	-9
江　西	504500	3970000	12.7	12	12.0	17	+5
湖　南	635800	5210000	12.2	13	9.7	21	+8
安　徽	576500	4740000	12.2	14	9.6	20	+6
福　建	372300	3120000	11.9	15	12.2	16	+1
天　津*	465100	3940000	11.8	16	51.6	3	-13
河　南	673000	5810000	11.6	17	7.9	28	+11
江　苏	828400	7390000	11.2	18	12.3	15	-3
甘　肃	245200	2220000	11.0	19	11.4	18	-1
新　疆	277600	2920000	9.5	20	22.4	8	-12
山　东	512900	5730000	9.0	21	7.7	29	+8
云　南	232500	2670000	8.7	22	8.3	26	+4
宁　夏	49200	580000	8.5	23	15.1	10	-13
贵　州	213500	2540000	8.4	24	9.0	24	0
河　北	384400	4900000	7.8	25	9.3	22	-3
山　西	264300	3490000	7.6	26	13.9	11	-15
青　海	43600	650000	6.7	27	17.0	9	-18
内蒙古	193800	4450000	4.4	28	23.4	7	-21
西　藏	3400	160000	2.1	29	8.6	25	-4

＊直辖市

注：我认为用 1981 年底的城市人口数字比较合适，也比较有意义，因为这些数字刚好是我们的研究课题所需要的——城镇非农业人口。1981 年也正是下放知青、干部及知识分子大返城基本结束的一年，那么我们的"下放率"就相当清楚地指明当年当过知青的人在城镇非农业人口的百分比。

资料来源：顾洪章等：《中国知识青年上山下乡始末》，第 304~306 页；《中国统计年鉴 1981》，第 90 页。

表3分三个部分，用横线隔开，每个部分都包含几乎相同数量的省区市：上面一部分是"下放率"超过全国"下放率"的；中间那一部分是与全国"下放率"相等或稍低的；而下面那一部分则是明显低于全国"下放率"的。

表3的最后一列显示的是各省区市下放率排列与1981年底城市化率排列之间的次序的差异，因为相当一部分省区市出现比较大的排列差异，就证明城市化率这个因素并不起决定性的作用，但是因为差异不大的省市也不少，因此可以认为这个因素还是有一定的作用的。

这样我们就可以清楚地看到，除了广西（排列差别为+20），所有少数民族居住的边远地区的下放率都是偏低的。西藏、内蒙古、青海、贵州、宁夏、云南和新疆都属于这种情况（排列差别都是0或负数的）。这些边远地区的城市化率的高低似乎对其下放率没有影响。其实，必须明白这些省区市经常接待来自其他省区市的知青或者移民，可是这些通常是贫困农村的接纳能力是有限的。还有别的经济社会因素能解释这个情况。但是，广西为什么是个那么突出的例外呢？我认为是因为政治原因：当年省委第一把手是韦国清，他本人是壮族，是个铁杆毛派，始终以铁腕领导闻名。

从上海和辽宁这两个紧跟中央的好榜样，可以看到是跟高度城市化有关联。其实，这种关联是由多种因素决定的，别忘记这两个省市也是当时极左派的老窝。上海后来成为"四人帮"的大本营。至于辽宁省的第一把手，最初是军队里的铁杆陈锡联，他也是"文化大革命"的既得利益者之一。该省的另一个重要的领导人是毛的侄子毛远新。

上海和另两个直辖市，北京和天津的差别也不能用城市化率来解释。政治因素的作用是显而易见的。

我们来比较一下浙江（排列差别为+15）和江苏（排列差别为-3），也会得到同样的结论。这两个省情况很相似，江苏的城市化率稍微高一点，但是下放率的差别就很大。而且1968年

·后下乡的江苏知青基本上都留在省内，而浙江省则下放了 7 万多知青到黑龙江和内蒙古。我认为主要原因是浙江省领导南萍很左，可是江苏的领导，许世友，是反对极左派的。

四川也是一个很左的省份，而它的排列差别特别突出（＋20）。

总的来看，在下放率的差别形成中，政治因素好像起着重要的作用，甚至可能起着比解决城市人口压力更重要的作用。不过我必须承认，对当年省级领导人的政治倾向及派系所属，我们并不了解得一清二楚。另外，这些领导人要下放多少知青去农村，城市化率不是唯一可用以解释的客观因素。对那个时期到达就业年龄的青年人数与各省经济发展所能提供的职位也值得研究。很遗憾，在这一点上，我并不掌握足够的资料。

（二）17 个省区市的逐年下放及安置进度

为了能更深入了解省一级的下乡运动，我对各省每年知青下放人数的差别进行了一番研究，可以称之为知青下放及他省接待进度。虽然到现在资料不全，但是我还是利用 29 个省区市中的 19 个的资料完成了逐年下放及安置进度的曲线图。我今天没有时间详细地介绍这些曲线，只是想强调有一些省区市的曲线跟全国的曲线很相似，但是也有一些很不一样。而省区市和全国的这些高低起伏的曲线令人感到并不是面对一份旨在解决城市就业问题的既合理又有大计的规划。

对省一级在开展下乡运动上的差别所作的分析还未结束，我们还缺少很多资料数据。但这初步的分析加上介绍过的全国情况已经清楚地显示，纯粹的就业及人口问题不能解释整个运动的进展。要了解 1968 年后的上山下乡运动，不能忽略"文化大革命"及毛临终前几年的动荡环境。毛泽东在 1966 年宣称，在任何时候都要"政治挂帅"，他为了在下乡问题上让这项指示得到肯定，一直斗争到最后一刻。

"文化大革命"开始以后的大规模上山下乡是有着明确的政

治思想目标的"运动",是与中共党的历史以及毛泽东本人紧密不可分的。它并没有某些70年代的西方政治或经济学专家们所赋予的"合理性"。硬把追求非实用目标的政体理性化,又把意识形态和政治目标简单描述成一件微不足道的面具,这些看来都是错误的。

讨　论

梁景和:谢谢潘老师精彩的演讲!大家有什么问题,可以请教潘老师。

黄巍(首都师范大学历史学院博士研究生):潘老师,您好!今天非常荣幸能听到您作的学术报告,以前只看过您写的书,您作为一个外国人能把中国历史研究这么好,而且坚持这么多年,作为中国人,我在敬佩您的同时,更增强了研究"文革"史的使命感。我想请教您两个问题,第一个问题就是,您能介绍一下国外研究"文革"时期女红卫兵、"铁姑娘"、女知青的学者吗?第二个问题是,您刚才提到采访了很多女知青,您是通过什么途径和这些女知青联系上的,那些要"扎根"农村的女知青当时是如何想的?

潘鸣啸:据我了解,目前研究"文革"时期女性的主要有一个德国学者,还有就是美国学者Emily Honig,中文名字叫韩启澜的。我主要通过朋友的介绍去采访的女知青,她们主要分布在云南、内蒙古等地。就我目前采访的女知青来看,她们当时选择"扎根"农村和农民结婚,主要是因为她们当中的大部分人觉得回城无望,为了生存而被迫和农民结婚,夫妻之间谈不上有什么爱情。有一次我采访一个女知青,采访到一半的时候,她突然间就哭了起来。其实,就当时情况来看,如果父母在城市,女知青选择和当地农民结婚也是一件不能被父母和其他人理解的事情,我想很多女知青当时是为了生存,寻求在农村的保护而被迫嫁给农民的。

张弛（首都师范大学历史学院博士研究生）： 潘教授，您好，我对您早年间作为左派学生的经历很感兴趣，同时更对法国五月风暴与中国"文化大革命"的关系有浓厚的兴趣。我之前看过法国导演戈达尔的电影《中国姑娘》，里面反映了他对中国"文化大革命"的美好憧憬和想象，尽管是极度变形和不真实的，但还是在一定程度上折射出法国知识青年对于中国"文革"的向往和追随。您作为当时身处风暴漩涡中心的一员，对于"文革"为何引起西方世界如此之大的反响作何评论？

潘鸣啸： 关于我本人早年间的经历，你可以在网上搜索崔卫平对我的采访，里面我讲了很多的故事。就你这个问题，当年戈达尔放映电影的地方就在巴黎的蒙代尔大学，也就是我的母校，这所学校也是五月风暴的核心。为什么说当时的法国青年对"文革"如此痴迷向往，还用收音机收听中央人民广播电台的法语广播，是因为我们都对苏联那一套官僚体制的腐败黑暗深恶痛绝，一听说毛泽东号召青年人要造反就顿时热血沸腾起来，"革命就是造反"的口号对我们青年人有莫大的吸引力。虽然我曾是左派学生，但并没有像一些法共（马列），也就是所谓的"毛派"一样对毛有个人崇拜，因为我不喜欢这种行为，却从此对中国"文革"产生了非常大的兴趣。我当时还没有毕业，也曾经彷徨过，做过几个月的托派，因为托派比较具有国际主义精神。后来由于对中国"文革"有了兴趣，就来到香港学习中文，在这个最接近中国的地方来试图了解中国，在那段中国对外封闭的年代里，香港可以说是外界唯一一个能够接触中国大陆地区的居民的管道，尽管他们都是以危险的"非法"途径过来的。

蔡霞（首都师范大学历史学院硕士研究生）： 潘老师您好，我对知青上山下乡运动的知识了解的少之又少，今天听了您的讲座启发很大，有几点思考与问题，向您请教一下。第一个问题是：在知青上山下乡后，他们的户口是不是由城市户口变成了农村户口？而这项运动经历了由政府鼓励知青上山下乡，大家非常踊跃积极参加，到政府强迫知青参加的过程，那这些被强迫下乡的知青中有偷着不去或在半路上跑回来的吗？他们回到城里后户口是不是没有了？他们在城里还能找到正规工作吗？

潘鸣啸：知青下乡后，城市户口就被取消，成为农业户口。城市户口和农业户口待遇不同。知青面对这种情况，有些是消极抵抗，有些偷偷回城。例如，有的知青趁每两年探亲时就留在城里。70年代（1975年、1976年）偷偷回城的大概十多万。回城后他们就没有户口了，成为黑户，这样生存只能靠父母，或者做一些非法买卖（当时社会认为做生意是投机倒把，为非法的），或者偷东西，甚至有的女知青成为妓女等。

蔡霞：第二个问题是：您提到有些知青利用地理条件便利偷渡到香港等地，他们的方式是游泳过去的吗？您还提到这些偷渡的知青被抓后判刑很轻，只有一个月。这个判刑是以什么样的罪名？是真正法律上的量刑吗？

潘鸣啸：有些地方离香港很近，游过去也不是问题的。知青用各种各样的手段偷渡。因为偷渡逃跑的知青很多，是一件很普通的事，所以这些知青被抓有点类似于收容管教，而不是法律上的罪名。

梁景和：好吧，今天的讲座就到这里。潘老师的讲座非常精彩，对我们很有启发和帮助。推荐大家阅读一下潘老师的著作：《失落的一代——中国的上山下乡运动（1968～1980）》。最后，让我们再次感谢潘鸣啸老师！

潘鸣啸：谢谢大家！

在上海工作的日本女性
——其现状及媒体欲向学生们传达的事情

时间：**2012 年 3 月 11 日上午 9 : 00 ~ 11 : 30**
地点：**首都师范大学本部主楼 201 会议室**

主讲人简介

石川照子，日本大妻女子大学比较文化学部教授，中国宋庆龄基金会第六届理事会理事。曾于 20 世纪 90 年代参与中国宋庆龄基金会资助宁夏女师范生项目，近年来在宋庆龄研究和性别史研究方面造诣较深。

梁景和（主持人）：

各位老师和同学下午好！今天是我们"中国现当代社会文化学"交叉学科的第三十九次学术沙龙活动，欢迎各位参加！今天我们邀请到石川照子老师为我们作《在上海工作的日本女性——其现状及媒体欲向学生们传达的事情》的演讲。下面让我们欢迎石川照子老师！

石川照子（主讲人）：

在 2009 年 4 月至 2010 年 3 月，我利用单位的驻外研修制度在上海生活了一年。此次研修的主要目的是调查和收集有关近现代中国基督教与女性的资料，因此，除了上海的档案馆、图书馆外，我还去了北京、南京、香港、台湾和伦敦，并获得了很大的收获。这一年，我的身份是上海社会科学院历史研究所的访问学者，能够过上久违的悠闲生活，并在此期间，也开始与当地的日本人进行了交流。

如下文所述，在中国经济高速发展的过程中，作为中国最大经济城市的上海，据说，目前生活着大约 10 万日本人。上海已经成为世界上驻外日本人最多的城市，其中，也能看到很多日本女性的身影。我的一名学生曾写过有关在上海工作的日本女性的毕业论文。此后，我本人也在每次来到上海之际，与这里的日本女性相识，并对她们更加感兴趣了。而在这次常住上海期间，随着与她们的不断交流，想进一步了解她们在上海的工作、生活、意识等的愿望变得更加强烈了。

在上海工作的日本女性们都是些什么样的人？她们为何会来到上海？做着什么样的工作及过着什么样的生活呢？通过这些"上海经历"，她们有何感受、思考着什么呢？通过这些，究竟能够看出什么呢？此外，学生们等年轻一代是如何看待这样的日本女性的呢？

在本报告中，我带着这样的问题，首先，我针对 2010 年 1～2 月在上海当地实施的问卷调查结果，从性别的角度进行分析和整理。此外，我将对在听了我在日本的大学课堂上"在上海的日本女性们的讲义"，并观看了以在上海的日本人为题材的日本电视节目后学生们的感想进行介绍，并对传达给学生们的事情、留给学生们的事情进行分析。

另外，关于清末至民国期间在上海的日本人的情况，日中双方已经有陈祖恩、高纲博文等学者进行研究，而关于目前在上海工作的日本人的情况，虽然须藤美香创作了相关的报告文学，但仍没有正式的研究。在此背景下，我希望通过本报告，尝试着做一些初步的分析。

一　上海的日本人

上海的经济活动不断吸引着来自世界各国的企业、人员、物资、资金、信息，日本也不例外。寻求廉价、丰富劳动力的日本企业也相继将生产基地转移到了中国，而在这样坚挺的中国经济下，又产生了庞大的消费者群体，这样一来，中国又作为消费市场引起关注。目前，已经有很多日资企业落户上海，如很早就看好中国化妆品市场的"资生堂"、加入中国便利店行列而很受欢迎的"全家"与"罗森"、迅速出击开设店铺的"优衣库"及进军中国流通业的"佐川急便"及"大和运输"等。

然而，关于居住在上海的日本人的实际数量，却没有准确数据。如本文开始时提到的，据说目前在上海市内约有10万日本人。在当地领事馆登记的人数2008年为48065人，2007年超过纽约，成为世界上日本常住人口最多的城市。其中，也有很多人取得了正式的工作签证，长期在当地工作，但未进行居留登记。可推测10万是一个可靠的数字。

在当地工作的日本人呈多样化，包括日本企业的驻外人员、日资与中资等企业的当地录用的员工、创业家、店铺经营者等，其行种及职种正在不断扩大。此外，也形成了同乡会、同窗会、趣味沙龙等日本人网络，在当地的日语免费报纸上登满了征集各期会员及活动的指南。我想在此简单介绍一下其中作为横跨性团体的"上海和侨会"与"在上海工作的日本女性会"。

和侨会2003年成立于香港，其后，在中国的深圳、广州及日本国内等地设立了20多个分会。受到华侨的有力网络的鼓舞，主要由立志在当地创业者组成，以相互扶助及对地区贡献为目标，以通过学习会及演讲会等实现相互理解与合作为宗旨。上海和侨会于2009年12月成立，目前，以30多岁的年轻人为主，举办演讲会及各种小组会等，力求相互学习与联络感情。

　　"在上海工作的日本女性会"成立于1995年，历经15年的岁月，目前，会员超过了300人。参加资格为"日本国籍、在上海及周边地区工作的女性"。该会的宗旨是"会员相互提高在上海的工作意义、充实个人在上海的生活"。具体地说，"开展相互交流。努力相互照顾，相互关心，确保能够健康、安全地工作。努力推动日中间的相互理解与友好关系"。"努力相互照顾，相互关心，确保能够健康、安全地工作"是成立该会的直接动机。活动除了每3个月召开1次例会外，还随时策划小组会（交流会、学习会、体育运动等），并利用会员电子邮件，向会员传递活动的指南及各种信息。

　　10万日本人居住在日本领事馆所在的上海市西北的古北地区及浦东等市内各地区。在上海拥有700～800家的日本料理店及大型百货店等，因此他们都能够方便地获得日本食品；并且能够唱日语的卡拉OK；虽然价格高，但能够买到日本的报纸和杂志。在上海工作的女性们是如何进行工作的，有何感受呢？接下来请允许我进行一些探讨。

二　问卷调查的结果与分析

　　调查概述　2010年1～2月，我以在上海工作的日本女性们为对象实施了问卷调查。在上述"在上海工作的日本女性会"等的配合下，收集了33份有效回答，回答者基本上都是该"女性会"的会员。关于该调查结果与分析，我已经做过几次报告，本报告根据以前的报告，重新进行了整理。

　　结果与分析　问题分选择题20道、自由问答题两道，共22道。在选择题的"其他"中，也有具体的记述内容。下面，我将对问卷调查的结果进行介绍。

　　回答者的年龄30岁至40岁者最多，出生地以日本首都圈为主，遍布于各县。在上海居住5年以上者最多，然后是2年以上，未满2年与最近才到上海的人也有近30%，与此相对，居住 10 年以上者也有 4 人。到中国工作的契机以工作调动者最多，为 13 人；对中国感兴趣、到中国（或上海）留学后就业的人很多；另外，在"其他"项中回答"作为自己自身的生活舞台转换""跳槽到能驻上海的企业""觉得要想用上在日本的大学学习的中文就直接到中国"。我们可感到她们对中国、上海的期待之大。

关于在上海以外的中国城市的工作经历，25 人回答"没有"，6 人回答在中国国内有过工作经历，1 人回答在德国、美国、台湾工作过。关于在上海工作的理由，依次为工作调动、上海这座城市有魅力、想考验自己的能力。在"其他"中，也有人回答"在以前的公司偶尔到中国出差……公司在上海成立海外公司时，希望再到中国工作，在与中国人交流的过程中进行工作，报名来到这里"，可以看出，她们对上海的期待与希望。

关于在上海工作之前的经历，70% 以上具有在日本的工作经历。当问到，您从日本的工作经历感受到了什么时，有近40% 的人回答劳动时间长，也有部分人回答日本式经营、论资排辈、男女不平等。关于上述各项目，回答者还记述了"在中国既有工作狂，也有偷懒的人。但是，没有任何意义地在公司待到很晚的人应该没有日本多"（劳动时间长）、"过于拘泥于形式，未能随机应变"、"组织社会、垂直社会"、"中国人与美国人的价值观非常相似，想法也很相似，即所谓的'全球标准'……另一方面，日本人无论走到哪里，都是'日本标准'，过于拘泥于与世界的价值观不同的异类价值观"（日本式经营）、"尽管日本有很多优秀的女性，但是，没有被充分利用（评价）。日本的社会无视女性人才，我想，这是很大的损失。不能充分利用女性的公司无法在未来的时代生存"（男女不平等）。对于日本企业的工作时间长，并且，在独特的经营组织与体制中未充分利用女性（在"其他"中，也有人记述，"上海女性施展才华的机会也很多，即使有了孩子，也能与男性一样工作"）

等，她们有切身的感受。

那么，目前她们从事什么样的工作呢？回答目前的工作是在公司上班者占80%多，其中，近一半是在日资企业工作，可以推测，这也是由于在工作中能够充分利用日语。业种也包括贸易、商社、制造、咨询等多个领域。单位人数在10人以下者占20%以上、100人以上的大型企业也占近40%，可以看出，规模从大企业延伸到小企业。关于单位的女性比例，有一半以上为女性的占大多数，其中，一大半是中国人。

单位的日本人在10人以上的占25%，为1人的占20%以上，日本女性人数近一半的为1人，有的人还作为唯一的日本员工对制造现场的众多中国职工进行管理和指导。月收入在2万元以下者占40%以上（1元约为12日元），如果从当地的物价水平来看，可以说也不低。尽管当地录用者的工资水平远远低于日本，但对于中国人来说，即使是大学毕业生，也有不少人的工资不到5000元，因此，总体来说，日本人的工资可以说是很丰厚了。另外，也有月收入超过4万元的高收入者，基本上都是企业的驻外人员。

日本女性在上海工作期间也会遇到各种各样的问题。关于在工作单位的烦恼，有60%的人存在工作上的问题。例如，列举了"对工作的意识差异""管理上的困难""总部与当地认识的差异""将工作全抛给自己，只有责任，没有权利"等，由此可以了解，她们在上海工作时，在总部与现场之间的苦恼。在人际关系方面，也有"虽然平时没意识到，但容易产生中国人与日本人不同的结论""由于只有自己一个日本女性，因此，有事很难与他人商量""在赴任者之间交流（KTV'卡拉OK'、高尔夫等）时，自己必须得奉陪"等。在"其他"中，还有人写到"培养人才，特别是培养中国人很难""中国工作人员的保险、福利等不依法办理，没有保证""中国工作人员对'日本工作人员的待遇太好'的反应比以前更强烈"，如上所述，反映出她们很介意本地中国员工对中日员工待遇差异的不满。实际上，在中国员工中也有不少人日语能力很强、业务能力突出，可以想象，他们对日本员工的优厚待遇，特别是当日本人未必优秀但待遇很高时，存在很大的不满。

可以说，经历着这样的辛苦，在上海工作期间收获很大。关于这方面，回答"掌握了解不同的文化、价值观的能力"者有60%，回答"有发挥自己能力的机会"者有50%，回答"结交朋友"者有40%。在"其他"中，也有人回答"邂逅多了""提高了商务能力、对自己有了进一步的了解""学习了语言、磨炼了意志""锻炼了胆量、变得顽强""学会了要积极说出自己的主张"，可以看出，她们在外国工作期间，变得坚强并不断成长。

休息日的利用方法实际上也充满了活力。与友人聚会占近70%，然后依次为学习（40%）、购物、体育运动。学习的内容也多种多样，包括语言、中国乐器、太极拳、瑜伽、弗拉门戈、骑马、插花、东洋医学、疲劳恢复、制作泰迪熊、中国金山农民画等。在"其他"中，除了"做家务、与家人一起度过"外，还有"看书""看DVD""请朋友吃饭""和丈夫一起去钓鱼""到上海近郊旅游"，可以看出，她们过得非常充实。与驻外的男性员工早下班（与日本相比）后，一起上小酒馆、唱卡拉OK、去酒吧的情况形成了对比。

尽管如此，在工作、生活中察觉到的问题、课题也不少。"对自己的未来担忧"及"感觉外国人的就业未得到充分保证"的人分别占40%。此外，"感觉日本人与中国人对工作、职业等的看法存在差异""关于卫生、食品及健康"也各有30%的人感到有问题。在"其他"中，有人回答"认为对外国企业的政策变化理所当然。企业的生存取决于国家的政策""既没有像在日本时那样，有行政部门发放的乳腺癌预防检查通知，也没有孩子的入园指南，所有的一切都需要从头调查，自己来决定，非常辛苦""不知道将家人的未来、据点落在哪儿"等，可以看出，只有在外国才能体会到的生活、工作方面的辛苦。其中，也有跨国婚姻者说到"丈夫是中国人，需要考虑（对孩子）采用什么样的教育方式"等。

关于未来的规划、展望，"想在第三国工作"超过了"尽可能在上海工作"及"将来想在日本工作"，可以看出进一步寻求发展机会的态度。在回答最多的"其他"中，包括"在能工作的时候想在中国工作，但还没考虑是否一直待到老""想以上海为起点，在全球发展""无论哪里，只要有感兴趣的工作就行，与国家无关""由于单身，只要健康，想继续在亚洲的大城市工作（日本除外）""没打算守在上海（第三国也行），至少不想在日本工作"，可以看出，既有对中国、上海的执著，也有对新的发展空间的期待，而固守日本的热情很低。

以上是20道选择题及其回答。接下来，我想介绍一下最后两道自由问答题及其回答。

对于第21道"对于您来说，上海的魅力是什么？"，大家回答得非常认真。下面，我想稍微详细地介绍一下。

回答中包括"在物价、交通成本低方面有魅力""不需要迎合流行及社会的论调，很轻松""不仅是日本人，欧美人也很多，是国际都市""有非常大的市场与机会""是发展飞速、不断实现'梦想'的城市""物欲横流、活力无限的地方""日本人的勤劳、日本社会的经历在这里成为珍贵的价值""有很多机会，如果坚定追求自己想做的事情，并付诸行动，一定会取得结果的地方""任何人都有机会，没有像日本那样对女性、年龄、经验等的限制、框架""在工作方面，与在日本时相比没有男女之别，这一点很有魅力""女性能够正常地工作，结婚、生儿育女完全不影响职业生涯""完全没有结婚后立即退职这一概念，由于存在不工作的女性不独立这一想法，因此，即使结婚、有了孩子，也不用介意别人的目光，是可正常地全职工作、具有便于工作的环境的地方"等，异口同声地表达了她们对发展中的上海的活力与动力、充满国际性的机会、工作中性别歧视低的切身感受。

最后的第 22 道问题，提问到"您从上海的就业、生活经历感受到了什么"。对于这一问题，很多人都深入思考，回答得很详细。下面，我介绍一下其中的主要内容。

"无法按日本的标准进行衡量，意识到自己是外国人，身在异国他乡，要努力了解中国人的生活、文化""入乡随俗。在工作方面，首先，要认真听中国人的意见、理由""感到要（在工作上）与中国人融洽相处，成为受对方尊敬的人很重要""认为了解了上海就了解了中国是大错特错""总感觉政府在进行干预""上海确实适合居住，也便于生活，但是，感觉大家对未来很茫然、很担忧""在日本，女性施展才能、活动的机会还太少""知道了日本人是如何特殊。曾经在哪里看到过，日本是神经病大国，无论好也罢、坏也罢，都有很大的收获""上海是座易于生存的城市。也与曾经的纽约及东京一样，今后，不仅是在亚洲，而且，将成为全球竞争的地方"。

可以看出，她们冷静地看到上海并非中国的全部，意识和感受到在外国生活、工作与在日本的不同，其中，对今后的日本及自己的未来感觉担忧，并切身感受到上海的前景广阔。尽管存在担忧和问题，但是，上海的生活实际给予了她们很多宝贵的经历。有一个人在回答中写到"这是中国让我哭泣、中国让我欢笑，与中国同发展的 14 年"。

三 电视节目《上海寻梦~ "和侨"们的挑战~》

那么，对于这样的日本女性们的存在与状态，学生们是如何看待的呢？在我担任的课程"性别论"（一学期课程，有 2、3 年级学生 120~130 人听课。由于是女子大学，因此，听课的都是女生）上，也自前年开始，提到了在上海工作的日本女性们。首先介绍有关上述问卷调查的结果，然后进行日中的性别比较，在此后的第二周，通过影像，进一步加深学生们的理解。

据我所知，近年来，介绍在中国、上海工作的日本人的电视节目就有《争取吧！公司之星　在上海工作!》（NHK 名古屋，2010 年 10 月 3 日、10 日播放），《上海寻梦～"和侨"们的挑战～》（NHK 福冈，2010 年 5 月 14 日播放），《聚焦现代追逐"中国梦"》（NHK，2011 年 1 月 17 日播放）等。在这里想以在课堂上观看的《上海寻梦～"和侨"们的挑战～》为主，探讨一下看完该内容后学生们的感想。

《上海寻梦～"和侨"们的挑战～》在 40 多分钟的节目中，以目前在上海工作的人物为焦点，在探寻其工作与感受的同时，传达了作为支撑她们的组织"和侨会"的意义。让我们看一下，其中的一位主人公佐藤夕纪小姐（29 岁）的情况。

佐藤出生在福冈县，从服装专科学校毕业后，于 6 年前来到上海。她的梦想是作为服装设计师，确立自己的品牌，目前，在日本的品牌服装制造公司担任当地负责人。从专科学校毕业时，正处于"就业冰河期"，很难找到工作，这时她从朋友那里听说，上海的缝纫厂招聘员工，于是她就决定去应聘。同时，相对于"处于饱和状态"的日本，对今后有望不断发展的上海的期待也对她的决定起到了推动作用。之后，她边工作，边拼命地学习中文。节目中介绍了她用流利的中文往来于批发商业街采购布匹的场面等，介绍了佐藤的工作及个人生活。

但同时，日中习惯的差异很多时候让她感觉不知所措，也体验过工作中的苦恼与背叛等，她想成为设计师的决心也出现过动摇。她也谈到，对家乡福冈非常思念，通过喂养很多宠物来努力控制自己的思乡情绪。采访中她说道："当初是因为喜欢而来到上海，即使回去，也不想带着讨厌的心情，而是想着以喜欢的心情回去。"

周末经常在公寓闭门不出的佐藤，最近与上海"和侨会"的朋友们在一起的时候多了。可以敞开心扉，畅谈工作以外的事情的"和侨会"，逐渐开始成为佐藤心灵的依托。

佐藤一直在工厂负责质量管理，为了对实现设计师的梦想有所帮助，最近，她开始挑战接待客户的工作，并更坚定了留在上海的决心。"在上海经历了各种各样的事情，遇到了各种各样的人。今后，还将继续努力在服装领域加油"，佐藤道出了自己的决心。

在课堂上，学生们同时观看了《上海寻梦～"和侨"们的挑战～》及上面提到的《争取吧！公司之星　在上海工作!》。看过这些影像后，学生们有何感受，有何想法呢？下面，我想从欣赏完影像后提交的感想文中摘选一部分，进行介绍。

首先，关于上海这座城市，学生们表示"日本已经成型，而上海处于发展过程中，能够进行挑战，这是上海的魅力""看了这次的影像，对上海的发展情况感觉吃惊。看到日本人在'异国他乡'的上海工作的情形，觉得上海正在成为经济的中心"，异口同声地表示，不断飞速发展的上海给她们留下了深刻的印象。有些同学表示"在上海工作的日本人不少，并不稀奇，觉得在上海工作比以前离自己更近了""在上海追逐梦想的人居然有这么多，让我感觉惊讶"，阐述了在知道目前有很多日本人在上海工作时的新奇、惊讶。

此外，学生们在发现其中有许多日本女性后，表示"在上海，这些年轻女性们在职场上施展着才华，让我感到吃惊。在二三十岁就创业，并且在中国这样的异国他乡工作，应该非常辛苦，但是，她们非常有活力，真是了不起""与男女、年龄等无关，依靠自身如何工作来实现梦想""看过今天的影像后，我感到日本人在中国工作几乎没有男女之别。与日本相比，觉得中国的职场尊重个性及能力"，可以看出，学生们注意到了关于女性就业问题以及日中对待性别的差异。

关于作为职场日本人的网络发挥着作用的"和侨会"，学生们表示，"我想'和侨'的社区非常好。在异国他乡共同努力的本国人，能够分享快乐与忧愁""原来我一直认为，创业是个人的事情，但现在明白了，正是因为有了日本人之间的纽带关系，才能在中国顺利开展事业"，可以看出，她们理解了"和侨会"

的意义。

综上所述，学生们知道了有很多在上海工作的日本人、日本女性，也将这些作为自身的问题来认识。也有学生表示"虽然我与出现在 VTR 的人们相差很远，但是，我强烈地感到，我也不应该、不想因为就业难就放弃自己的梦想！""虽然觉得作为日本人，在日本出生，在日本工作，住在日本是理所当然的事情，但是，有时自己想做的事情、适合自己的地方或许是在其他国家、其他地方；在日本，会落入'拘泥于形式的生活方式'，觉得很可怕"。特别是对于即将面临就业的3、4年级的学生来说，对自身的就业、未来的出路，及今后的生活方式给予了很大的鼓舞与启示。

其中，有学生表示"与日本相比，我更想在海外工作，看了今天的影像，这种想法更坚定了""我对未来有梦想，有何时到海外工作的想法。听说，很多日本女性在上海发展，并且，看到她们在那里英姿飒爽的样子，很向往。产生了像她们一样对任何事情都试着去挑战的强烈想法"，她们在看完影像后将来到海外发展的想法变得更强烈了。"我认为，赌上自己的可能性去挑战某件事情，其实这对于今后的生活最重要。在上海的生活既有阳光，也有阴影。究竟是日本好、还是上海好，无法作出评判，只能靠自己的判断。同时，我强烈感受到，最重要的是学习在上海带着目标、充满活力地生活着的以'和侨会'为中心的人们，我自身也要找到目标，然后就业，在能够发挥自己能力的领域积极进取"，从这些话可以看出，学生们能够理解在上海的日本人及日本女性们的存在是作为"日本人造成的为了日本人的'外压'"起到了作用。

从问卷调查结果来看，通过在上海工作的日本女性们的工作、生活，我们了解到她们所看到的和感受到的上海与中国，以及她们对日本的看法。很多的女性感受到，不看性别、平等地给予工作机会的劳动方的优点，并从而获得了与日本相比较的优点。从这里能够明白她们不在日本，而是到上海工作的理由。

也就是说，可以指出作为上海的拉动要素，有其发展的动力源泉与国际性、存在许多挑战的机会以及从那里感受到的性别上的开放感。另外，作为日方的推动要素，再次确认了劳动时间长及顽固的性别分工意识。尽管存在工作上的不满及问题，很难理解异国文化，对卫生、食品、健康方面及对自己未来的担忧等问题，但是，上海有超出这些的魅力在吸引着她们，这样的"上海经历"给她们留下了不可替代的东西。

在目前社会结构、企业环境、雇佣与劳动就业情况发生了很大变化的日本，在少子高龄化加剧的过程中，对老年人及女性的充分利用成为很大的课题。同时，在存在因企业结构重组而被裁减的风险的背景下，从分担风险、建立安全网络的意义上，也希望家庭成员中有多个有收入者。为此，日本需要完善女性持续工作的劳动环境，再次要求实现前述的生育、育儿休假及男性的育儿休假等制度，但是，最重要的是，缩短男性的劳动时间，实现工作分享成为当务之急。并不是要女性与男性一样工作，而是需要不断改变男女共同的工作方式。

在中国，女性退休早等问题也仍未解决。但是，经过新中国成立60多年，在女性中间，工作的意识及经验已经扎根、积累。其结果是，无男女之别、平等地工作成为理所应当的事情，实现了女性们也能经济独立的社会，这吸引了很多有工作热情的日本女性。尽管如此，中国也存在女性在繁重的家务、育儿负担，国家与政府的强力统治下，很难自由选择个人的生活方式的课题。

如果对通过影像传达给学生们的事情进行整理，可概括为：目前很多日本人、日本女性居住、工作在上海；其中的"和侨会"等组织有存在及其作用的重要性；这些内容在学生们考虑就业活动、未来的出路等今后的人生时，给予了很大的鼓舞与启示。

我在课堂上经常利用影像、报纸等媒体帮助学生们理解授课内容。在"性别论"课上也是如此，在讲课后让学生们观看了相关影像教材。首先，通过讲课让学生们产生概念性的理解，然后，再通过影像加深具体的理解。仅利用影像虽然能非常具体、现实地了解情况及问题，但是，有形成固定印象的危险。尽管如此，在教育现场，需要进一步利用媒体。在本次的影像中，学生们也看到了佐藤夕纪等在上海工作的日本女性们的真实情况，透过出现在影像中的人们的表情，了解了其工作及个人生活的苦恼与喜悦。这些影像的作用，可以说使学生们将上海工作的日本女性们传递的信息作为自己的问题来看待。

最后，在中国、上海生活、工作的过程中，重要的事情是什么呢？首先，需要了解中国的历史、文化、社会。在上海工作的日本人中，例如，有的人连中华人民共和国成立的年份都弄不清楚，如果不知道自己所在的国家，那么，也很难理解一起工作的中国人。另外，在问卷调查中，有人回答"成为让对方尊敬的人很重要"，为此，需要同样带着敬意，对待中国人。

现代日本需要跨越将男女差异绝对化的思想，克服限制个人能力的男女分工意识，建立可根据多样的价值观、意识选择多样的生活方式的社会。在上海工作的日本女性们给我们指出了探索建立男性、女性能够富有特色、充满活力地生活的社会并作出努力的重要性。

讨　　论

梁景和：谢谢石川照子老师。石川老师给我们介绍了在上海工作的日本女性的情况，这是一个很具体的问题。从石川老师的问卷调查和问卷反映的性质来看，涉及的领域非常多，包括历史的和文化的。人类有一个基本的理念，无论是哪个民族或哪个国家的人民，有一个最基本的问题就是如何生活，如何生活的核心价值是提高生活质量，增加生活幸福感。石川老师谈的就是这个问题。另外，中国有句话俗语叫"一方水土养一方人"，是说地域不同，文化就不同，民族不同，文化就不同，国别不同，文化就不同，从这个角度审视文化就很有意思。作为个体的一般人都容易以自己的本位文化作为判断他人文化价值的尺度。中国和日本都在远东，是一衣带水的邻邦，文化看似比较相像，但存在很多不同。政治制度、经济制度等不同对文化也产生重要影响。中国和日本在生活方式上存在差异，表现在很多的生活细节上。好，现在大家可以向石川老师请教问题。

秦方（首都师范大学历史学院讲师）：您好，石川教授，我想问您一个问题。您所在的日本大妻女子大学是培养贤妻良母的大学，您能介绍一下您所在学校的学生毕业后的一些选择吗？以及更普遍的日本女性，她们在接受高等教育之后，在社会中面临的选择有哪些？这样可以和在上海工作的日本女性形成一个对照，让我们更好地理解。

石川照子：我所属的大学作为培养贤妻良母的大学，创立以后已经过了100多年，原本是为了培养贤妻良母的，但是现在发生了一些变化。虽然她们结婚的愿望还是很强烈，但是毕业以后马上结婚的人很少，毕业以后工作一段时间再结婚的较多。日本的法定婚龄是男18岁以上，女16岁以上，比中国早很多，但是在法定婚龄结婚的不是很多。现在大部分人希望实现工作上的愿望，她们毕业以后大部分在日本国内工作，但是希望将来有机会去国外工作的人也越来越多。特别是我的学部是比较文化学部，课程中重视学习外国语，有好多学习第二外语的学生，她们对外国文化很感兴趣，部分人也希望到国外企业工作。

梁景和：有种说法是，日本大地震之后结婚率提高了，是这样吗？

石川照子：是这样的。

梁景和：日本女性的就业问题很有趣，您讲的日本女性很羡慕中国的男女平等和女性就业。那么日本女性毕业以后是自愿离开工作岗位而结婚生子吗？

石川照子：我觉得很多日本女性愿意继续工作的，结婚不是一个很大的问题，结婚生孩子后继续工作是一个问题。日本的家庭现在是核心家庭，父母和子女住很远的话就不能帮助子女带孩子。有孩子之后女性工作就很困难，丈夫育儿休假的比率很低，但是养儿只是母亲的责任的概念还是很少。

梁景和：日本女性还有很多想工作的，但是条件有限。在中国近现代史上有几次呼吁"妇女回家"的声浪，认为现在中国妇女不是解放而是有双重生活负担，既要工作又要做家务。有人还拿日本做例证，说日本女性结婚生子后就不工作了。从石川老师这里得知，实际上有的日本女性也想工作，只是条件有限，有些困难。

孙卫（首都师范大学政法学院硕士研究生）：老师您好，我问您一个不太学术的问题。日本妇女婚后有了小孩，上一辈也就是中国所称的"婆婆"会帮助他们照顾小孩吗？他们是住在一起吗？会不会在婆媳关系上有矛盾？

石川照子：夫妇和孩子住在一起的比较多，和父母生活在一起的家庭比较少，现在日本以核心家庭为主。如果他们生活在一起或父母住在很近的地方的话就会帮助自己的子女带孩子。如果住太远的话就不能。现在日本人也很长寿，78岁以上的人也很有精力，他们有自己的活动，实际上也很忙。有时间的话会帮助子女照顾孩子，没有时间的话就不会了。日本的公职人员退休年龄是60岁，还非常健康，他们很愿意做自己想做的事情，或者参加自愿活动，或者去美术馆电影院，他们不会为了孩子放弃自己的生活。

蔡霞（首都师范大学历史学院硕士研究生）：老师您好，我有一个问题想请教您。您刚才提到，来上海工作的一位日本女性29岁还未婚，我想问的问题是，在日本社会当中，现在他们实际的结婚年龄大概是多少岁？是否有中国现在所说的"剩男""剩女"现象？您提到，日本的法定婚龄是男18岁，女16岁，这跟日本人的实际婚龄有多大的差距？法定婚龄对实际婚龄产生了多大的影响？

石川照子：女人的法定婚龄是16岁，但是十几岁就结婚的人很少。现在日本男女的结婚年龄越来越大，以前是平均25岁左右，现在是平均27岁、28岁，超过30岁不结婚的男女越来越多，晚婚现象在日本越来越多，这也影响了日本的少子化。因为生孩子养孩子有很多教育费。日本没有独生子女政策。一个女人一生中生孩子的平均生育率是1.35左右，现在多子家庭越来越少。另外，女性愿意自己继续工作，但是现在条件不太够，如果条件允许，会有更多的女人晚婚。

梁景和：接着这个问题，我再提一个问题。现在我国青年结婚似乎越来越晚，有没有一种人们不想结婚的发展趋势？英国前首相布朗预测，到2020年英国将有一半的男女选择不结婚。日本有没有选择不结婚的趋势？

石川照子：日本也有，现在日本不结婚的、不愿意结婚的、不能结婚的也越来越多。现在超过40岁还一直和父母生活在一起的越来越多。也有依靠父母生活的。有的女人非常愿意工作，如果找到一个理解女性并支持其工作的男性，就会选择结婚，如果找不到，结婚影响工作，就不愿意结婚。

梁景和：有一部分人如果找不到理想的配偶就选择不结婚，不能因为结婚影响自己的私生活和自由。在中国传统社会的观念中，如果不结婚就会招来非议。现在中国出现"剩女"现象，我个人认为"剩男"才是中国一个很严重的问题。

石川照子：在中国大城市独身男女也有很多。中国城乡差异还是很大。在农村，一生独身的可能性几乎没有。日本在大城市一生独身的很多，在地方还有一些传统观念，但日本城市和地方之间的差别比中国要小。

梁景和：日本城市和农村的人口比例大概是多少？

石川照子：现在真正的农村很少，大概只有10%。

梁景和：中国农村的人口原来占80%左右，现在农村人口正逐渐缩小，据说最近城市人口已经超过农村人口，中国正在向城市化、城镇化发展。

梁景和：好，由于时间关系，今天的讲座就到这里，非常感谢石川老师。石川老师经常来中国，以后有机会我们再请石川老师，让我们再一次感谢石川老师！

性人权与性多元化

时间：2012 年 3 月 11 日下午 3 : 00 ~ 5 : 00
地点：首都师范大学本部主楼 201 会议室

主讲人简介

方刚，中国人民大学性社会学博士，著名性学家，性教育专家。北京林业大学性与性别研究所所长、青少年性健康教育基地首席专家、应用心理学系副教授，硕士研究生导师。出版著作 50 多部。

梁景和 （主持人）：

今天我们请来北京林业大学性与性别研究所所长、国内著名性学家方刚老师来作讲演。方老师著有《裸体主义者》《男公关》《换偶者》《男性研究与男性运动》《性权与性别平等：学校性教育的新理念与新方法》等多部学术著作。2008 年以来，方老师召集一批青年学者开始进行"年度性与性别事件评点"，以性人权和社会性别平等的视角，进行具有清楚价值立场的评点，希望以此引导社会舆论，促进公众观念的改变。

方老师今天要讲的题目是《性人权与性多元化》，下面让我们欢迎方老师！

方刚（主讲人）：

谢谢梁老师，谢谢大家。今天和各位一起来讨论"性人权与性革命"的话题。当我们看到性人权、性革命这两个词的时候，不知道各位的脑子想到了什么，可能有的人会想性和人权还有关系吗？那么性革命是否又等于所谓的性淫乱、性腐败等呢？这就是我们今天要和大家一起展开讨论的问题。我们的这一讲会包括三方面的内容：第一，性道德与性革命；第二，性的人权视角的思考；第三，性革命中的受益者。

一　如何理解性价值观的多元化

我们先来看一下中国今天关于性的价值观呈现着一个什么样的状态。因为性道德的背后实际上体现的是一种性的价值观，我们能够很轻易地看到，在今天的中国社会，人们的性的价值观实际上呈现出非常多元的一个状态。举一个最简单的例子，2008 年的时候艳照门事件，这个事件引起了整个社会的关注，但是如果我们仔细观察一下就不难发现，针对艳照门不同的人可能有不同的看法和观点，比如有的网友就说他们在自己愿意的情况下拍艳照关我们什么事？还有的人说，他作为一个公众人物应该成为道德典范，他不应该有这样的行为。还有的人说，那些拍艳照的人没有任何过错，那些把艳照传到网上的人有错。同样也有人说，传到网上的人有错，那些在网上传播浏览的人就没有错吗？有的人进一步反思说，媒体就没有错吗？媒体在这过程当中，是否也起到了推波助澜的作用，整个社会是否都在起着偷窥的作用？所以你看同样是一个艳照门事件，不同的人看到了不同的东西。甚至有的人因此学会了去拍艳照，所以艳照门事件之后，我们能够看到很多情侣，他们都会表示说，我们也在学拍艳照了，这是艳照门事件的另外一个效果。所以你看面对同样一个与性有关的事件，整个社会呈现出不同的观点，这就是性价值观的多元化。

　　性价值观的多元化在我看来是一件非常好的事情，为什么？因为一个社会当中有很多人，而这些人如果都持有一个相同的价值观，那反而说明这个社会是一个死气沉沉的、没有生机活力的社会，这一个社会当中的人民也没有思考能力，没有多元思维，这样的社会其实注定不是一个进步开放的社会。而当不同的价值观呈现出来的时候，一个重要的现象，就是个人的权利得到了张扬，每个人可以自主地决定如何判断这件事情，这样的社会其实恰恰是一个进步开放社会的表现。

　　当我们在理解性的多元价值观的时候，一定要认识到性它从来不仅仅是两腿之间的事情，有的人说，性是两耳之间的事情，也就是说属于大脑想的事情，但是在我看来这仍然很不够，性是整个社会的晴雨表，一个社会越开放，越民主进步，这个社会当中的人们的性价值观也就越不一样，当然人们的性的行为选择，性的方式选择，也都注定更加多元。所以有的时候你可以从一个社会当中成员的性的价值观和行为来推断，这个社会是一个什么样的社会，到底是封闭的、闭塞的，还是开放的、民主的。

　　我们其实可以看到，当性的价值观多元的时候，性的道德观念也就多元了，在这个时候，其实人类社会对于性的理解，已经从道德的视角向人权的视角转变了，如何对此更深地理解呢？我们来继续讨论。在这里我们先讨论什么叫道德？至少在性的领域上，好像从来没有人给我们性道德做一个明确的界定，当我们评价一个人的性行为选择和性方式的时候，我们通常会说他是道德的，或者是不道德的，也就是说是缺德的，或者是好的有德的，那么，在这个过程当中，这个简单的判断的过程当中，我们缺少的是什么？缺少的是理性的思辨和讨论。道德仿佛就成了一个标杆，它貌似一个最有理，但是又最无理的理由。因为没有人给我们清楚地说明，到底什么是道德，什么是不道德。我们更多的是依据自己的价值观来作出这样一个判断。在性的领域从来就不存在公认的伦理和道德，我说这句话的时候，并不仅仅是说，在人类历史的不同时期存在不同的性的伦理和道德，也不是讲在人类的不同文化当中存在不同的性道德，我讲的是在同一个历史时期，同一个文化，同一个国家，同一个城市，也一定存在各种各样的性的道德观念。所以当我们指责某一个性的选择是道德或者不道德的时候，你到底说的是谁的道德标准？这是需要我们反思的。在这里我给各位讲两个例子，是我自己做研究中访问到的两个例子。

我有一本书叫《惰性伙伴研究》，当时我要找有10个以上性伙伴的人作为受访者，因为这个研究我做得比较早了，2003年，如果现在可能我要找有20、30个以上性伙伴者作为我的访谈对象，当时只是要找10个。有一个我的读者，他主动地跟我联系，说："我符合你的受访条件，我愿意接受你的访问。"于是我们就相约见面了，在一个茶馆里见面，坐下来的时候，这位男士跟我说的第一句话是："我非常有性道德。"我很吃惊，因为在我们主流的社会观念当中，你要是符合有10个以上性伙伴的这样一个多性伙伴的标准，好像你就很不道德了。你怎么会有10个以上的性伙伴，而且我还规定至少同一时期有两个以上的性伙伴，我们的道德标准，多数人的道德标准，可能是忠贞的这样的标准，专一的跟你有10个，同时还有两三个，你怎么能是道德的呢？所以我吃了一惊，但是他后面马上对我解释说，我的性道德就是要让女人先达到性高潮。

我的另外一个受访者是一个台湾人，他所有的性关系都是和性工作者发生的，都是购买的性服务，没有谈过恋爱，甚至没有过一夜情，每个星期去购买性服务，购买了二十几年，我称他为职业客人。有一天他跟我说，我们一起去找小姐，我说我不想去，他立即指着我说，你真是不懂什么叫性忠贞，我一听很奇怪，他每个星期找小姐，他性忠贞，我不去我不忠贞，我们对于忠贞的理解，到底是什么样子的？他马上给我解释说，什么叫性忠贞？性忠贞就是对性忠贞，只要有机会，无论跟谁，无论在哪儿，无论以什么手段，能做就一定要做，这叫性忠贞。

你看这就是他的性忠贞观，他的性道德观。

这两个人貌似比较极端，但是我们从中可以清楚地看到，人类关于性的价值观是多种多样的，关于性的道德标准是千差万别的，所以你不要对我说一个性行为是道德的还是不道德的。我倒要反问你，你说的到底是谁的道德标准？所以至少在性的方面，性的伦理和道德从来就没有统一过。

我们再举一些例子。比如说触摸男婴的生殖器，男人的性器官阴茎这件事情，在不同的文化中，可能也不一样。在中国曾经是逗小孩玩儿的一个常规的用法——你再淘气，再淘气我把你小鸡鸡剪掉，所以很多中国男人在成长过程中，都有一个被剪掉阴茎的恐惧；在美国呢，如果你敢这样去摸一下，或者这样恐吓小孩子，能说你性骚扰，可以把你抓起来；但是在南澳洲的某些地方，在某一个民族部落当中，当婴儿啼哭不止的时候，他的母亲可以低下头去含住自己儿子的阴茎给他口交，以便让他安静下来。对男孩子的阴茎，就有这样完全不同的价值观。

以上是不同文化的比较，再来看一个纵向的比较，对于婚外的性行为的态度。我们都知道在 1978 年中国修改刑法之前，我们有通奸罪，婚外的性行为是犯罪的，要被抓起来的，要被判刑的，修改刑法之后，取消了通奸罪，但是在当时的社会，公众还不能接受，所以在 80 年代我们知道很多媒体都开设了一个叫做道德法庭的栏目，对于婚外的性，我们不再用刑法来管理它了，但是我们把你压上道，把你压到道德法庭上，用道德来谴责你，这是 80 年代的事情了。但是到了 80 年代末的某一年，出了一部电影叫《谁是第三者》，在道德法庭的时候，我们还认为那个婚外恋是第三者，所谓第三者来干扰我的婚姻，干扰我们的家庭，到《谁是第三者》这部影片出来之后，全社会都在讨论到底是婚姻当中无情的一对那个方面是我们应该保护的呢，还是婚外的有情的那一对是我们应该保护的，到底谁是第三者。当时问了这样一个问题，再之后第三者这个词又发生了变化，我们开始用什么呢？开始用外遇这个词，大家注意到，外遇这个词又更少谴责贬义色彩了，他说走在外面遇到一个外遇，再往后又变了，变成情人，有情有义的人，再往后又变了，小三、小四、小五，只不过你比我先到而已。看到了吗？这个词的变化从通奸到第三者、到外遇、到情人、到小三，其实表现了整个社会针对婚外性观念非常大的转变，这就是一个社会道德观的变化。

在性的领域没有一个统一的道德观，而且性的伦理和道德一直处于变化当中，都经过了一个曾经是坏的性，到不好不坏也就是有争议的性，再到一个好的性的变化过程。我们仅仅以自慰为例，也就是俗称的手淫，实际上手淫这个词很不好很不准，因为你看手淫，其实自慰不一定要用手，而且淫在中国文化当中又是个坏词，淫荡的意思。自慰这个词呢，自慰这个现象我们看在过去几十年，在中国就发生了变化。我们更不用说在中世纪，在中世纪的欧洲的时候，医学院的主流教科书当中，给医学生的，医学院大学生的教科书当中，会说自慰可以得20多种疾病，这些疾病包括脑膜炎、肺气肿、佝偻、哮喘、癫痫，今天我们听起来都匪夷所思，但是在当时所有人都坚信，如果你自慰你就会得脑膜炎、肺气肿、佝偻、哮喘等20多种疾病，全社会都坚信如此，这是中世纪的欧洲。再往后呢，我们看到一个比较流行的观点，是认为自慰通常没有害处，但是自慰过度就有害，这是今天中国社会一个仍然比较流行的观点，是很多医生告诉我们的一个观点。所以很多男孩子都被吓得不行，直到现在我还经常收到一些大学男生甚至高中男生的来信，他们在信中问我说，自慰过度有害，那么到底一天做几次才算过度，一天做一次、二次、八次？到底做几次？不知道这个过度的标准在哪里？我回复他们说，自慰不会过度，因为只要你能做就没过度，你过度就做不了了。道理很简单，就是这样，但是我们的主流的一些医生还告诉我们自慰会过度，所以有一次我在一个地方演讲的时候，下面有一个心理医生，他立即说不对，你说的不对，我的心理门诊就确实有过男孩子因为自慰过度来找我做心理咨询的。这个男孩子自慰过度了，一天8次……18次，我们都知道，总之他就失眠、睡不着、上课不能听讲、焦虑，就来找我治疗了。我问他，这个男孩子的这些问题，我相信有很多男孩子都存在，自慰的男孩子也存在，甚至自慰的女性也存在，但是它的根源是什么？它不恰恰是你的那些自慰有害论造成的吗？这个男孩子一边自慰一边数着，我今天3次……8次，我该过度了，我该失眠了，我该焦虑了，我该睡不着了，他就睡不着了，道理就是这么简单，我们对于某一个行为的污名化，其实在建构着这个行为行使者的心理问题。

按我自己的性学观点，我认为自慰完全没有任何害处，相反有很多好处，它可以缓解性压力，解决性需求，特别是在一个人的没有性伙伴的时期，能够释放你很多性的欲求的能量，甚至在婚姻生活当中自慰也是有好处的，自慰是一种成本最低的，可以想象力最驰骋，最好地满足你的性的幻想，又比较快捷的一种性的满足方式。所以你看同样针对自慰，从认为它可以得脑膜炎，到认为它有非常多的好处，甚至能够促进女性对自身性高潮的寻找。这样一个观念的变化，在我们今天中国是存在的，我们今天中国有很多人对自慰采取这样不同的价值观念。那么有的人又会问我了，你说这个社会上不同的人有不同的性价值观，但是这个社会上总有一个主流的价值观吧，就是多数人，绝大多数人，认为对的那件事情，那不应该成为我们社会的道德吗？成为我们社会关于性的伦理标准吗？这样一个说法也非常流行。这里我要告诉各位，把多数人认为对的事情当作一个标准，强加给所有人，这恰恰是最不道德的，最不伦理的，最可怕的一个事情。因为性是属于个人的私事，只要他没强迫别人，没侵犯别人的权益，就是他自己的私事，他关起门来自慰也好，他关起门来看毛片也好，那都是他的私事，跟别人没有任何关系，你用你的性的价值标准，你认为自慰不好，自慰不道德，看色情片不道德，你来谴责他来打击他，这本身是最不道德的。

我们不能把多数人的道德和伦理当作普适的道德和伦理，这就涉及我们经常会用的一个词，叫做性的道德霸权主义。性的道德霸权主义是什么呢？就是我这里写到的，"我是对的，你是错的，有权的人说的是对的，没权的人说的是错的，多数人做的是对的，少数人做的是错的，为了生殖的性是对的，不能够生殖的性是错的，有爱情的性是对的，无爱情的性是错的等"。这些我们都称为性的道德霸权主义，多数人的主流的认为的对的才是道德的，反之就是不道德的。性的道德霸权主义的毒害是什么？是它侵犯了性的人权，为什么这么说？因为性是每个人独特的尊严和价值，是属于他自己的权利，是他的身体，他的身体他应该有决定权，只要他的决定权没有伤害到别人对自己身体的决定权，那么他的选择就是道德，就应该支持，就符合他的人权，因为人权首先要包括身体权，如果我们连支配自己身体的权利都没有，那么何谈人权？还有一种观点是说那些多数人的伦理和道德，即使不一定应该成为一个标准，但是至少起着一个稳定社会的作用。如果我们的社会坚持信奉多数人的伦理和道德，我们的社会就会稳定。这样一个观点为什么说也是错误的呢？我们看一看人类的历史就会知道，我们不用再去看中世纪，我们也不用去看更远的古希腊，我们只要看一看 20 世纪的人类史就会知道。多数人的性的伦理和道德，起不到稳定社会的作用，它只起到稳定独裁者的统治的作用，最典型的莫过于"二战"时期纳粹德国。早在法西斯上台之前，精神分析学家赖西就在自己的论著，比如《性革命法西斯主义的性道德》提出，仅仅根据法西斯关于性的态度的论述，我们就可以得出这样的结论，如果法西斯上台，必将给世界带来一场灾难。你能够看到赖西不幸言中了。为什么？因为他研究法西斯关于性的极端主义、性的极端道德主义，他说这样一个政党，这样一个集团，如果统治国家，那么他就会对人民、对社会采取法西斯的极端的专制政策，会把世界带入一场灾难，确实在整个纳粹的时期，性都是高度专制的。我们多数人可能都知道奥斯维辛集中营，在纳粹党的这个那个集中营里，关着的是犹太人，我们可能不知道里面还关着同性恋者，还关着性工作者，还关着想变性的人，还关着几乎所有性的非主流的选择者。他们都被关进了集中营，甚至当犹太人被放出来之后，同性恋者、性工作者还没有被放出来，我们能够看到极端统治对人们性的禁锢，就是如此的强烈，如此的专制。好，所以正像这个女孩子的 T 恤说的，它的英文翻译过来中文的意思就是，"我不需要做爱，因为我的专制的政府每天都在强奸我"，当然是一个比较搞笑的 T 恤。但是我们同样还看 20 世纪人类的历史，我们又会发现越是那些性自由、性开放的时代，就越是人类社会进步、民主繁荣发展的时代，所以我们就会知道性的专制是与政治的专制、人民自由的丧失联系在一起的。

性的多元开放是与整个社会的进步民主繁荣联系在一起的，比如说我们看一下，20 世纪人类的历史经历了两次大的性革命，通常我们都知道第二次性革命，六七十年代在美国的，很多人不知道，第一次其实一二十年代就发生了，一二十年代在欧洲特别是北欧，出现了人类历史的 20 世纪的第一次轰轰烈烈的性革命。这次性革命相伴随的是什么？是工业革命，是第一次妇女解放运动，是马克思主义在苏联的一个实践，这些在我们认为比较进步的比较繁荣的推进社会发展的事件都是同时发生的。直到今天北欧国家仍然是性最自由开放、民族多元的国家，也是性的犯罪、艾滋病、性病最低的国家，也是性教育最好，青少年的少女的怀孕、堕胎等都最少的国家。这就是第一次性革命，带来了这样的一个成功。我们再来看六七十年代第二次性革命，第二次性革命发生在以美国为中心的美洲地区，那个时候各位想一想，六七十年代又是一个什么样的社会呢？那是一个反殖民统治最活跃的时代，那是一个民族运动最活跃的时代，那是一个黑人解放运动最活跃的时代，那是马丁·路德·金大喊着 "I have a dram" 的时代，那是女权运动、妇女解放运动最活跃的时代，所以性革命永远是和进步的积极的民主运动联系在一起的。因为性本身就是一种人权，和妇女解放运动，和黑人解放运动，和少数民族弱势民族的独立运动，和反殖民运动一样，它们都是寻求一种人权，这才是真正的性革命。

在中国一直流传着一个关于性革命的误导，那就是说性革命就是性滥交，性自由就是性混乱，这些都是腐败的。这只不过是西方反性革命的腐朽势力的一种观点，我们的媒体、我们的公众在筛选知识信息的时候，很少引入那些支持性革命的观点，只有反性革命的观点，或者说和自己的价值观一致的观点，我们看到了，我们相信了，我们介绍给中国人，而对那些和我们价值观不一样的，我们不相信也不会把它介绍出来，所以我们并不了解真正的性革命。性革命一直被认为是人类历史上，思想最伟大的一次革命，是重要的思想解放运动和人类的进步运动。为什么？性革命追求什么，性革命要革谁的命？性革命追求的是自己主宰自己身体的自由，这才是性自由的内涵，我主宰我的身体，我有决定自己行为方式的自由，这才是真正的性革命，而不是别的。所以性革命革谁的命呢，性革命是要革掉那些不让我主宰我自己身体自由的势力的命，谁不让我主宰我的身体，我就要革他的命，谁要剥夺我的身体的权利，我就要革他的命，换句话说，那些要强奸我的人，我要反对他，我要革他的命，我不允许别人强奸，我要自己做我身体的主人，我想和别人做爱，别人不让我做爱，那也是对我身体自由权的侵犯。所以你看性革命的本质，性自由的本质是要自己决定自己身体的权利。

如果我们理解了这一点，我们还会觉得性革命、性自由是需要反对的吗？难道只有当我们把自己身体的决定权给别人那才是好的吗？所以一个重要的变化是，在性革命之后，妇女被强奸，她敢于报案了，在那之前妇女被强奸根本不敢报案，你报案社会可以嘲笑你，你原来被人强奸，你脏了，你堕落了，被奸者反而成了污名的对象，会说你是不是勾引别人了，苍蝇不叮没缝的蛋，这都是在那个时候我们会听到的。但是性革命告诉你说，性是我的身体自主权，我不许你强奸我，我想跟你做还是我想跟别人做那是我的权利，我的爸爸妈妈说不让做那是不行的，这才是真正的性革命、性自由。它把性恢复成私事。还有一个流行的观点是说，性革命在美国、在西方失败了，西方现在已经复归主流家庭的一夫一妻制的生活了，我不想说这是谎言，但我只想告诉各位，这仍然是将我们筛选了的、符合我们价值观的信息拿来给人民。我只举一个例子各位就会知道，在70年代中期，有学者做过统计，美国有400个换偶的俱乐部，到了2005年再做统计，发现美国有4000个换偶的俱乐部，在70年代的时候，虽然同性恋运动已经活跃了，但是同性恋依然是被打击、被污名化的，而在今天美国更多的州、更多的城市，同性恋可以结婚，他们受到了平等的对待，所以你告诉我性革命到底是失败了，还是成功了？

我们前面讨论性革命、性自由的时候，实际上我们都在强调的是性人权，所谓性是我自己自身的身体权，这就是人权，所以这就是性人权，我们强调性人权是如此的重要，而性道德是一个暧昧不清的字眼，因为我们不知道你接受的是谁的道德，多数人的道德也不一定就有权利来侵犯我个人的身体权，不能全世界的人都说你应该打自己两个嘴巴，我就必须打自己两个嘴巴，没有道理，没有权利侵犯我自己的身体权，但是仍然会有人说，那就不要道德了吗？完全不要道德了吗？我们说也不是这样，仍然会有一个关于性的最低的道德标准，这个道德标准，跟各位分享的是，他一定是要符合性人权的，如果这个道德标准侵犯了性人权，那么就是一个虚伪的不道德的道德。只有符合性人权的道德，才是真正的好的道德的道德，否则就是缺德。那么这个性的最低道德标准是什么？中国人比较熟悉李银河先生提出来的三个标准：自愿的、非公开场合的、成人的。这三个标准我自己一直有所反思，跟各位分享，比如说自愿的没有问题，我坚决支持，因为如果不是自愿的那就是侵犯了我的人权了，我不想做，你要强迫我做，那就是强奸，我不自愿做，那当然你就侵犯我的人权了，所以肯定这个标准没有问题，因为他是和人权一致的，没有问题。

但是另外两个标准，可以拿出来讨论，我并不是说一定要反对，而是说可以讨论。比如说成人，成人这个标准一直受到质疑，因为关于成人的标准不一样，国际社会说 18 岁算成人，但是比如在日本，以日本为例，16 岁就可以结婚，当我们讨论成人这个标准的时候，我们一定要回答三个问题。第一个问题是 18 岁这个标准，是人制订的吗？当然是人制订的。人制订的就可以来反思，假设明天我过 18 岁生日，我今天晚上跟我的女朋友做爱了，那我就是缺德的吗，我睡一宿觉转天再做爱，我就是积德的吗？非常荒唐，以年龄为标准，能够确定一个人是否成熟，是否具有支配自己身体的能力吗？也可能我很聪明，我对于很多东西，比如性的人权，我很理解，比如说我听了方刚今天的讲座，我懂得维护自己的身体权了，那么我可能 16 岁，我就懂得我不想要的性，并且接受我想要的性；但也许我完全不懂，我从小被束缚、被建构，我对性完全不知道，20 岁了我还傻乎乎的，人家要跟我做爱，我以为那是要给我糖豆吃或者怎么样，所以那个时候我就成熟了吗？我就有做爱的权利了吗？所以你看这个年龄的标准本身很僵死，这是我们要回答的第一个，年龄标准是需要质疑的。第二个我们需要质疑的一个年龄标准是，人类真的越活越差了吗？什么意思？以我的祖父母为例，我的祖父 15 岁娶了我的祖母，我的祖母 16 岁生了我爸，你看原来我们的祖辈都是未成年人发生性关系的。我们这些人长这么大，和我们的祖辈比起来，我们接受的信息越来越多了，我们的营养越来越好了，我们的身体发育越来越好了，我们的思维、我们的各种决定能力越来越强了，唯独我们做爱的年龄要被推后，这本身不是很奇怪的吗？还有第三个质疑就是，未成年人，或者未满 18 岁的人，他没有性权利吗？他的身体权要被剥夺吗？他没有人权吗？人权是与生俱来的，仅仅因为他未满 18 岁就没有人权吗？我这里提出来的这些对成人标准的思考，并不仅仅是我的一家之见，实际上在国际社会这些年进步的学术界，一直在谈论青少年的性人权，青少年的性人权长期被忽视剥夺了，这是我们要反思的。当然我一定要跟各位分享的是，我在这里讲的所有的题目，实际上有很多可能是你并不赞同的，但是没有关系，其实我是想把各种各样的观点呈现给大家。因为我觉得大家应该了解不同的信息，从而去做思考，而不是被用一个信息灌输着。那样的一个民族将是缺少思辨能力、思考能力和反思精神的民族。

我们再来看三个道德标准当中的另一个，"一定要是非公开场合"，这个貌似也没有问题，通常我们都不会跑到大街上去做，我自己也不会跑到大街上去做，你让我去我也不去，但是这里有一个问题是，我去不去是一回事，我有没有权利去是另一回事。首先我们来讨论一下什么叫公共场合，公共场合属于全体公民所共有，假设我们讲一个广场，以奥林匹克广场，或者以奥林匹克公园为例，那是一个所有人共有的场所，公共场所既然为所有人所共有，就可以允许有人在那儿放风筝，有人谈恋爱，有人扭秧歌，有人打哑炮，就是这么简单。那么你不能唯独打哑炮不行，扭秧歌放风筝等都行。我正在那儿放风筝呢，没看你在我脚底下，你们俩正坐着呢，结果把我绊倒了，风筝也跑了，你看你们在那儿做爱影响我的权利了。但是这两个做爱的人也可以同样反问那个放风筝的人，我们正做的好好的，你踢了我一脚，把我吓阳痿了，你也侵犯我的权益了。但是通常放风筝的会质问那个做爱的，做爱的不敢质问那个放风筝的，为什么？因为我们仍然把性"污名化"了，性仍然是件见不得人的事情，所以才不能到公共场所去做。我在这里并不是鼓励大家都到公共场所去做，我说我自己也不会去做，但是在公共场所表现亲密关系这是一种权利，这其实已经随着我们观念的改变被接纳了，我们仅仅以在街头接吻为例，我自己清楚地记得，80 年代我在很多报纸上看到这样的文章，谴责那些当街接吻的人，说真不道德，回家去吻吧，干吗站在马路上吻，真不道德，但是今天谁还会谴责那些当街接吻的人呢，恰恰相反我们可能会觉得那是一幅风景，这就是我们观念的变化。所以也许有一天，我们看到两个在公园里，在树上，在角落里做爱的人，我们会给他们鼓掌或者我们至少会躲开他们，让他们享受自己的时光。这里是广州亚运会的一个宣传招贴，翻译的比较古怪，中文是"让我们广州充满爱"，英文翻译是"让我们在广州的大街小巷做爱吧"。

我们继续以性人权的观点来讨论下面这几种性。比如说老板和雇员的性，领导和秘书的性，通常是男领导和女秘书的性，老师和学生的性，这几种性到底是不是侵犯人权的？可能你会问我，是不是道德的。多数人可能会说，他们是不道德的。比如说现在一直在争论，到底该不该禁止老师跟学生之间的性，台湾也刚刚出台了法律说要禁止师生之间的性，但是引起了非常大的社会反弹，认为不应该制订这样的法律。为什么？反对者会认为禁止这样的两者之间的性，侵犯了性人权。支持者会说怎么会，你看老板要求他的女雇员，领导要求他的女秘书，老师利用权力跟学生发生性，当然要禁止了，但是我们到底是要禁止什么呢？我们禁止的是利用权力，利用要挟来达到的性，还是禁止仅仅双方有权力差异的两个人之间的性，那么这个社会上没有人之间没有存在权力差异，我们要禁止的是那些利用手中的权力要挟别人，威胁别人，强迫别人而发生的性，因为那是侵犯人权的，我们不应该仅仅因为角色身份的差异来禁止他们的性，而是要依照是否侵犯人权来禁止，这其实是我们应该有的标准。所以我们要在这里说，每个人都是独立的个体，在性上没有统一的性道德，当我们要制定性道德时，必须考虑到每个人的多样性，每个人都有权利决定如何使用他自己的身体，他的身体只属于他自己，在这个时候我们仍然要反思那些性的道德霸权主义。

二 性的人权视角的思考

前面我们讨论了性的道德，其实是反思了性的道德。现在我们来开始进入第二部分就是性的人权视角，人权和普通权利是有区别的，什么叫人权，人权是与生俱来人人平等，我一出生和你就是平等的，每个人都是一样的，这才叫人权，而普通权利是什么？普通权利是后天给予的，是与角色相关的权利，比如说举一个最简单的例子，各位现在在听这个讲座，因为你有一个首师大教师或学生的身份，所以你能够来听这个讲座，有听这个讲座的权利和身份。这个权利是你的普通权利，而人权比如活下来的权利、性的权利这些是与生俱有的，跟你的身份没有关系，他不是后天给予的，普通权利是后天给予的。

我们以婚姻内的性为例，如果我们按主流的性的道德观说，性应该是婚姻内的，婚姻外的都是不好的不道德的，只有婚姻内的是道德的，那就存在一个问题，婚姻内的性是否一定是人权的，比如说婚姻内老婆不想做，老公强行做，这是否侵犯了人权，如果你用普通权利的观点来看，不侵犯人权，为什么？我是老公她是老婆，老公和老婆就该有性关系，所以我不侵犯人权，这是什么样的观念呢？这就是角色权的观念，老公老婆角色之间具有性的权利，这个观念在我们看来，应该多数人认为是错误的，所以我们会认为婚姻内强奸也是成立的，即使夫妻两个，妻子不想做，丈夫强奸妻子，那也是强奸，丈夫不想做，老婆强奸丈夫，通常技术上达不到，但是如果强奸了那也算强奸。而与此同时，当我们坚持这样一个观点的时候，实际上我们认可性是人权，也就是说即使我跟你结婚了，我们有了这样的身份角色了，我们的人权，我自己的身体权没有放弃，没有丧失，没有转移给你，这才是人权，所以你不妨看一看，到底对于婚内强奸这样一个事情，你认为该不该判刑，如果你认为该判刑，该处罚，那其实你就是信奉性是人权，如果你认为不该处罚，那其实你就在说，性是一个身体权，性是一个角色权。性如果是人权，就应该充分全面地发展，只要不侵害他人就可以。那么，你会说每个人都按自己的方式去做，那会不会乱套，我们说其实有一个规则注定了他不会乱套，什么规则？那就是你做你的事情的时候，不能侵犯别人的权益，你维持人权的时候不能侵犯他人的人权，从这样一个视角来看，性就不会乱套。这就好比迪斯科舞厅里的舞者，每个人都按自己的方式跳舞，仿佛群魔乱舞，因为不是交际舞，不是探戈，所以他按自己的方式跳，但是你会感到一种动态的、内在的和谐。这就是尊重人权的一个社会，每个人做自己，但是整个社会高度和谐，因为每个人可以做自己，他会更加爱这个社会，爱别人的选择，尊重别人，社会才会更加和谐，而如果每个人不能做自己，这个社会反而是不和谐的。

　　经常被问到的另外一个问题是，婚外性是否伤害了配偶，因为你刚才说到婚外性一个观念的变化，我觉得这是一个心理上情感上的伤害，所以夫妻之间、伴侣之间一个理想的解决，应该是有一个约定，比如说我们要相互忠贞，那就相互忠贞好了，你就不要破坏这个约定，否则就会伤害你的伴侣，如果你今天想破坏了，那你就跟伴侣讲清楚，他接受你们就继续，他不接受就离婚或者选择别的一个解决方式。

　　我们不妨来总结一下性人权。性人权的核心是性自由权、性平等权和追求性福的权利。什么叫性自由权，性自由权就是我有自由做我想做的性，按我喜欢的方式去做爱，这是性自由权；性平等权是什么，是这样做的，那样做的，他们都是平等的，无论他们选择怎么做，他们都是平等的，异性恋的、一夫一妻制的、非婚性行为的、婚前性交的、同性恋的、双性恋的，其他各种各样的你能想到的和你想不到的都是平等的，这是平等权；还有追求性福权，这是说，每个人都有追求性的享受、性的高潮、性的幸福的那个权利。性人权我们一直在强调，但是性人权并不是目的，性人权是为了维护性的尊严，促进性的自由，全面地发展人类的潜能，促进全人类的性和谐，只有在我们尊重每个人选择的时候，人类社会才能彼此尊重，彼此相爱，才能真正和谐，因此我们要反对我们前面说的那些性的道德霸权主义。

我们用公共视角来看，用性的道德视角来看，性一定与公共道德有关，一定应该成为社会干涉的对象，而我们用人权视角来看，性就是个人的权利，只要他没侵犯别人权利的行使，就不应该成为社会的干涉对象，所以福柯曾经说过，一个社会对私人性行为的干涉越少，这个社会越进步。有的人仍然会说，我就觉得同性恋讨厌，我看他们俩同性恋我就恶心，你看他们俩同性恋伤害了我，因为我恶心，那么你不要忘记，其实你的这样的价值观，也在伤害这两个同性恋者，你用那样的眼光，鄙视的眼光、恶心的眼光看同性恋者的时候，他也在觉得自己被伤害。这种价值观彼此的差异，我不认为他侵犯了一个人的人权，只要他没强拉着你做，你没强迫他不做，那就不算侵犯人权了。一个社会应该包容各种各样的价值观，这也就回到了我们刚开始说的内容，一个社会越进步，价值观越多元，这是好事，我们应该允许别人有和自己不同的价值观。我们一定不想回到这样的社会了，有了阴茎插入肛门的性行为，可能甚至是伴侣之间两口子，夫妻之间肛交就要被判刑。一个女人可能因为和自己爱的男人有了性关系，她就被判刑，被称作女流氓。2004年中华人民共和国宪法的修正案，正式提出国家尊重和保证人权，史称人权入宪，尊重和保障人权当然也包括尊重和保障人的性的权利，人权入宪是对国家权利的限制，是对公民权利的保障，公民的基本权利包括性的权利，国家政府不去干涉，这是人权入宪的核心。与此同时我们看到，其实联合国多个公约都规定了国家，联合国的会员国，应该尊重和保障人权，比如说1976年联合国通过了《新性权利与性责任法案》，在这个法案当中明文写到，在任何情况下，人类都应当有权表达其性欲，也有权进入在他们看起来是适宜的性关系。只要他们没有伤害他人，或者干涉他人的性表达权。只要你没干涉到别人，你可以进入自己认为适合的任何的性关系，这是联合国 1976 年通过的法案。

三 性革命的受益者

我们再来讨论今天最后一个问题。性革命到底使谁受益？不要再误读性革命，性革命不是淫荡，不是混乱，不是艾滋病，不等于性的传播疾病，不等于伦理道德的败坏，性革命仅仅是要革掉那些反人权势力的命，性自由仅仅是要找回自己身体决定权的自由。性革命最明显的标志有以下五个，各位看一看，这五个和你的生活有什么关系。第一，性的公开表达，我们今天这个讲座就是性革命的结果之一，性的公开表达。第二，婚前性行为大量增加，现在有几个婚前没有过的。第三，同性恋浮出水面。第四，女性性自主权的伸张，我有决定自己的性的权利。第五，传统性法律的改良。这些是性革命的明显的五个标志。这五个是你要反对的吗？

我们再来从女性的变革来看性革命，这是守贞牌坊，死了老公不能嫁人，甚至没嫁老公的，老公死了也不能嫁人，一生守寡，皇帝会给你立个牌坊，走到街上跟陌生人胳膊碰一块了，回家拿刀把自己胳膊剁了，这都可以立贞节牌坊。我们要这样的性吗？这就是性革命之前的性的一个典型代表。我们要的是什么呢？1996 年卫慧用她的身体写作，成为社会关注的焦点。2002 年一些网络女明星开始出现，她们勇敢地展示自己的身体，谈论自己的身体，暴露自己的裸照。2003 年木子美成了一个社会现象，以往都是许多男人写性爱日记贴到网上，一个女人也有勇气写性爱日记贴到网上了。这是什么？这是女人性的自主权。2005 年芙蓉姐姐成为一个社会现象，其实也是一个女人对自己身体的权利的一个张扬和定义。2006 年当丫头暴露自己的丰乳的时候，我们在背后看到的不也是一个女人敢于炫耀或者说正视自己身体的性感特征了吗？要是以往贞节牌坊的时代，这样的照片一暴露，回家得拿刀把自己乳房剁了，因为男人看过了。这是一个社会的进步，性革命是和女人的性自主权联系在一起的。

这就是我们今天要和各位分享的总结的几句话：第一，在性的领域没有一个普适的性道德。用多数人的性道德作为标准压制少数人是最不道德的。第二，性人权应该成为我们判断一个人的性行为选择是好还是坏的标准，只要没有侵犯到别人的性人权，就是他自己的性人权，就应该支持，侵犯了别人的性人权，就要反对，就要打击。第三，性革命、性自由不是坏事，它们是人类思想史上一次重要的革命，它总是和进步的势力结合在一起，它是让我们找到自己身体的自主权的革命，不是所谓性淫乱，不是所谓艾滋病泛滥的罪魁祸首。

这就是今天我们要和各位一起分享的内容，我最后仍然想跟各位强调一句的是，你可以不信服我的观点，但是你不妨听一听各种声音的呈现，在这过程当中，你去思考去成长，这是我们需要的，谢谢各位。

讨　论

廖熹晨（首都师范大学历史学院博士研究生）：方老师，正如您所言，性多元是好的，体现了现代社会的包容和文明进步。但是有没有道德底线？该如何界定呢？

方刚：当然有，那就是不能侵犯他人的权利，即联合国人权公约中所规定的基本人权。但是我们不能以伤害所谓的"感情"来作为反对性多元的理由。例如经常举的例子，夫妻双方某一方的出轨导致另一方自杀，我们是否可以说伤害感情的结果促使生存权这一最基本人权的丧失呢？当然不能。此时应该反思的是社会主流价值观还是出轨的丈夫害死了妻子吗？一夫一妻制自然是当代社会所认可的主流婚姻模式，可是我们不应忘记恩格斯的名言：一夫一妻制从它诞生那天起就是以偷情和嫖娼作为补充的。

蔡霞（首都师范大学历史学院硕士研究生）：方老师，请问同性恋会否导致传宗接代的断裂？

方刚：这个问题要换一个角度想，作为父母不能单单从家族传承出发，而是要将子女作为一个现代社会的健全独立的个体——人来考量，父母是要自己的孩子快乐还是相反？如果是前者的话，还是要尽可能地尊重孩子自主的选择。

李涛（首都师范大学历史学院硕士研究生）：请问方老师，对娈童这种现象如何看待？中国是否该加强这方面的立法？

方刚：由于儿童没有充分的自我保护意识，因此有必要设定最低保护年龄。成人与14岁以下的未成年人发生性关系即被算作强奸。但中国的情况是，只有成年男性与14岁以下的女童发生关系才算是强奸，这就造成了很大的法律空白和漏洞。在这方面，相关立法工作急需开展，以切实保护未成年人的性权益。

开拓华语文学的灵性空间

——初论"灵性文学"的诠释

时间：2012 年 4 月 22 日上午 9 :00 ~ 11 :00
地点：首都师范大学本部主楼 201 会议室

主讲人简介

施玮，诗人、作家、画家。曾在北京鲁迅文学院、复旦大学中文系学习。1996 年底移居美国，获西南三一学院硕士学位，现攻读圣经文学博士。任华人基督徒文学艺术者协会主席、《国际日报》文艺部主任，主持 FEBC 电台"诗情细语话人生"、CCNTV 电视台"今日话题"等节目。80 年代开始，在海内外报刊发表诗歌小说、随笔评论等共 300 余万字。

梁景和（主持人）：

施玮老师是著名的诗人、作家、画家。施玮老师的作品多次在海内外获奖，2009 年获世界华文著述奖小说第一名。在美举办灵性艺术诗画展，画作多次发表并被收藏。出版诗歌、小说、画册共 13 部。曾主编《胡适文集》《灵性文学》等丛书。施玮老师今天讲演的关键词是"灵性空间"，我们在座的大部分同学是历史学研究生，也有文学研究生。文学的灵性和历史学的灵性是相通的，所以今天我们通过这样一次讲座可以得到一些启示和感悟。下面我们欢迎施玮老师。

施玮（主讲人）：

文学与历史非常相关。历史是记录一个真实，而文学是对真实事件中间感性的重新认知。今天我讲的"灵性空间"可能是从文学的角度来谈，但是实质是从中国古代的性灵和西方的灵性进行对照，来看灵性的空间是如何走到今天的。

一　华语文学的现状——灵性的缺失

（一）早期中国诗人是一种灵魂表达，而当代是活在游戏之中

华语文学的现状基本上代表了当今中国人的思想现状和生活现状。当今中国的小说，特别是长篇小说，好像是一部电视连续剧，原因就是我们已经故事化到了表面，失去了小说深层的积淀和灵魂的反映。诗歌也是这样，现在讨论的都是学院派、白话诗等，都是一些很表象的东西。诗歌到语言为止，渐渐变成了一种语言游戏。王国维曾说诗歌是玩语言游戏，就体现了这样一种倾向。直到今天，诗人活在游戏之中，而不是境界之中，灵性的缺失导致了这一现象。

（二）现实主义创作越来越呈现记录的表面化

现实主义创作的困境就是表面化的记录人生，而且是以图标化的、夸张的手法记录人生，每个人都没有丰富的内涵，这是电视剧需要的。文学到这一步，对我们心灵中的触动是很少的。现在很少有电影能够让人看完之后久久难忘、深夜难眠、反省内心。

当今的先锋创作和灵幻创作，是人对另一个世界和对灵魂的渴望，事实上没有一个灵魂的苏醒，这种渴望只能进入幻觉

时代，只能幻想有一个彼岸，而彼岸的描写完全和此岸一样，这里的灵魂睡着了。先锋小说现在没有市场，这里不谈，因为它只是寻找形式上的突破，缺少内涵。

影响文本的内在和外在的因素。中国对文本的看法从早期的文以载道发展到文学为政治、时代等服务。等到文学成为仆人，没有自觉意识与主导意识，就被人看低，这时文学就有一个反弹，中国文学开始出现一个浪潮：文学突破为谁服务，开始为自己服务，文学是一种灵魂倾诉。但是发展到后来又忘记了社会，成为后来女性文学写作中有一段时间的兜售私生活。

（三）灵魂的缺失是灵魂不自由的表现

灵性的缺失是因为我们不敢真正自由。今天的文学并不自由。文学是具有特殊呈现方式的人学。真正的文学谈的是什么是人，包括肉体、精神以及人与人的关系等。"文学"这一表达方式是以"人论"为主要思想构架的。从"何谓人"的"人学""人论"的思想体系，不仅衍生出人的世界观、人生观在文学作品中的表达，也影响了文学在语言、结构上的审美确立。比如，金斯伯格的诗歌《嚎叫》，表达的是反对世界观、人生观，一切都是毁灭，实际上传达一种毁灭的人生观和绝望。其毁灭是有目标的，因为西方的宗教给了他们一个严谨的结构，但结构过于严谨，就成为一个枷锁，他就要打破这个枷锁。中国的小说流派是跟着诗歌走的，中国没有框架，所以我们的打破和绝望是非常虚假的，有为说新词强说愁的味道。"上帝在中国就没有活过来"，而如何理解"上帝"，让"上帝"起作用呢？中国学习西方是没有建立自己的体系就去打破传统，这样的重新构建就是缺少根基的，只会让自己混乱。

刘勰《文心雕龙》首篇《原道》开卷："文之为德也大矣，与天地并生者何哉？夫玄黄色杂，方圆体分，日月叠璧，以垂丽天之象；山川焕绮，以铺理地之形：此盖道之文也。仰观吐曜，俯察含章，高卑定位，故两仪既生矣。惟人参之，性灵所钟，是谓三才。为五行之秀，实天地之心，心生而言立，言立而文明，自然之道也。"

"文之为德也大矣，与天地并生者何哉？"意思是文德与天地并生，文中间有德，并通过文来表达。文的产生是仰观俯察天地的结果。"心生而立言，言立而文明，自然之道也。"这告诉我们，如果今天的文学中的"道"不畅通，无道，就是不文明。文明来源于"言立"，只有心是活的，才能看天看地，天地因为你而活过来，才能做到"言立"。

二 灵性文学的三个层面

一讲到灵性文学，很多人认为是神秘的，不可知的，但是我这里讲的灵性文学并不是神秘的，不清楚的，它是指有灵活人的写作，呈现有灵活人的思想与生活，并启示住在人里面的灵的属性。

（一）灵性文学是有灵活人的写作

何谓灵？中国古代文献中极少"灵性"二字，却多有对"性灵"的描述，谓万物中唯有人有性灵，能思想，所以可以和天地并称为"三才"，人如天地之心，能感应天地之华彩，能借着天地万物领悟其中"全善之律""真实之美"，因此应该借着人的历史呈现看到的"全善之律""真实之美"。文学也是如此。"灵"就是"全善之律""真实之美"。中国文化讲，人是有灵的，可以借着天地万物感应"美"和"善"。古文中称灵为"善"，为"福"。但是现在的"福到了"含义发生很大变化，通过"福到了"这一含义的变化，我们可以窥探社会的价值观和趋向。中国古代的"福到了"就是指"善灵到了"，是"人有灵，可以借着天地万物感应灵"的意思。

圣经上记着，"首先的人亚当成了有灵的活人；末后的亚当成了叫人活的灵"。这灵让许多人活过来，也让活过来的人写出了具有灵性的文字。

这"灵性"与中国古文化中的"性灵",意义略有不同:不再是借着人的特性来体悟"灵"的存在与美善(性中之灵);而是灵在人里面,借着人的言说(文字)、行动,散发出来的气息与光芒(灵之性)。灵性文学是有灵活人,其属灵生命的自然呼吸。

(二)呈现有灵活人的思想与生活

人都是有灵的,为何人类文学越来越走向物质写作、肉体写作?今天的文学走向,不管是东方还是西方,都是谈物质写作、肉体写作。肉体离开灵魂的生活,这在中国古文里有预言:《后汉书》说"而性灵多蔽,罕能知天道也",意思是性灵被遮蔽,很少能知道天道,这与圣经里的形容相似。《列传》里说"岁月飘忽,性灵不居",意思是随着岁月的动荡飘忽,我们可以感受到性灵不在身体里面,"灵"离开了人。世上的人或感知了这离开,而思思慕慕,"朝闻道,夕死可矣"(孔子),产生屈原的《天问》;或无知无觉,生则不在乎"行尸走肉",文则以肉体为"天地",以情欲为"精神",这是当今文学最典型的特点,就是描写肉体生活,追求大获成功。今天的精神沦为情欲,《魏书》里早有预言,"性灵没于嗜欲,真伪混居,往来纷杂⋯⋯"人真仿佛欠了肉体的债,只能让肉体的情欲为生命之主之王,体贴顺从肚腹与五官之欲,以至于人里面的灵性被淹没。

现在文学创作陷入不正常模式:(1)内在思想缺少因对话撞击而产生的更新、接轨;(2)外在形式却失去文化之根、语言之根,挣扎于漂泊状态,并且因着翻译语言而失误。

从人的本性来讲,人都是有灵的,因此当人试图写神性写作的时候,只会陷入虚幻、模糊的神秘主义写作。因此一定要将灵性写作和神秘主义写作区分开。灵性写作是很实际的,不是缥缈的,也不是精神贵族自我满足似的贵族写作。

（三）启示住在人里面的灵的属性

《罗马书》里说："自从造天地以来，神的永能和神性是明明可知的，虽是眼不能见，但借着所造之物就可以晓得叫人无可推诿，因为他们虽然知道神，但是不当作神来荣耀他，也不感谢他，他们的思念变为虚妄，无知的心就昏暗了。"这和《列传》等中国古书中的表达一致。

希伯来文化中的神学是一种宗教文化，犹太人很保守的就是宗教文化，而中国人的文化往来纷杂。犹太人的文化尊崇荣耀的时候，讲到灵的来源、灵与肉分分合合的过程。犹太文化关于灵的概念：犹太文化认为人出生的时候有口气，当人自己要掌握自己的时候，这口气就离开了人，天地之气和人之间有了阻隔，阻挡灵回到生命之国，人与神隔开，直到等待拯救者。《新约》中认为人的灵是天地吹入人身的一口气，当你愿意吸这口天地之气时才能获得重生，这就是西方圣经中关于人与天地关系的解释。

有灵活人的文学有两种写作思路，一是中国看真实人生为虚幻，如《红楼梦》；一是西方看虚幻的灵界为真实，如《旧约》的伊甸园。文学借着灵的内住，看万事万物而言物的视角不一样。中国古代文化中性灵与《旧约》为主的《圣经》中的灵性不同，中国古代文化中借着人的属性来揣测天道，《圣经》借着灵住到人里面来表现不同的生活与性格。一个灵魂苏醒的人和一个灵魂没有苏醒的人，他们的行动和性格都是不一样的。

灵性文学最终要达到的，不是仅仅停留在对人性的表达，更是对神的灵的属性的表达，也就是对宇宙中之圣高的大善大美等造物主属性的表达，可以简称为对灵性的表达。文学只有对灵性（造物主本性）的理解才能传达真、善、美。

我们都说文学表达的是人性，那表达的是什么样的人性？

灵性文学的产生是对人类文学的转向：由神本写作到人本写作，再回归到将人的尊贵放到天地的尊贵之中的神本写作，不再是借着人的特性来体悟灵的存在与美善，而是要挖掘灵在人里面借着人的言说、行动散发出来的气息和光芒，我们今天应该看的就是人和人在一件事中表现的人性的光芒。一个人内心有美善的人才能写出美善之作。

三　灵性文学的创作特点

（一）神性光照的思想特质

我们这样的思想特质需要天地中神性的光照。文学需要文以载道。今天的文学不应该再是华丽的舞步，我们需要停下华丽舞步，离开一种文学审美的轻浮惯性，开始诚实的思考。

什么是载道呢？就是对爱、赦免、罪等有不同的诠释与描述。对爱和赦免我们最有同感。赦免就是原谅，爱常跟原谅在一起。而爱和赦免是有不同定义的。比如爱，从肉体的角度定义爱。一是"你爱我，我爱你"，这是等价的交换；二是"你值得爱，我爱你"，这是价格的买卖。而真正的爱应该是我心中有爱来分享给你，不存在你给我的是什么，你值不值得，不是价格的交换。又如赦免，真正含义应该是我不愿意恨住在我心里面，所以不去计算别人的恶。而今天的赦免表达的是"我因境界比你高而原谅你"。这样表达的不是真正的原谅，是在原谅别人的同时羞辱别人。包括罪也是这样，都是自己定义的。

（二）灵性空间的创作体验

文学创作体验有三个境界：物质的境界、精神的境界、灵性的境界。

第一，物质的境界。要对天地万物有很细致的体察。

第二，精神的境界。在物质境界的基础上，所描绘的事物在自己心中活过来，然后再在读者心中活过来。写历史也是如此，研究历史所有的细节，这是物质的境界，然后让精神投射在里面，让历史在你的精神和灵魂中有一个互动的反映，这就是精神的境界。

第三，灵性的境界。首先是圣化体验，体验每一项之后并对每一项体验有一个化腐朽为神奇的过程。换一个眼光看世界，世界就是不同的。用污秽的眼光看世界，世界就是污秽的；用美好的眼光看世界，世界就是美好的。还有敬畏与自由。今天的写作太缺乏敬畏和自由了。敬畏是对文字的敬畏。文字代表了人类文化，更代表了对天地之心的领悟。如果失去了这种对文字的敬畏，就不可能进入灵性境界。自由是对心灵的诚实。诚实才能让你有勇气自由，如果失去诚实的自由，是非常浮夸的自由。

（三）信望爱的文学的语言

第一是言之有物，不要说空话。第二是先知性的语言。作家应该有能够站在神性的角度来唤醒社会对人的心灵说话的先知性的视角，同时成为一个能够在人群中代替自己的民族像屈原一样呼天问道的人，不能只活在自己的个人世界。第三是信与静的语境。中国的审美是静，静来源于信。不管信什么，但是要有一种信仰来支撑你。有相信才能静，如果什么都不相信了，人就会浮躁。最后是语言的张力，这非常重要。真正的语言张力是很平静很朴素的语言中间巨大的思想张力，对人性透彻的理解和困惑。

四 结语

灵性文学正是要给予阅读者一双灵性的眼睛。让人看见繁琐平淡生活中的美善之光，让人从自己扭曲、污损的生命中看见人里面"神"的形象，看见人原初当有的尊严与荣美。灵性文学它不是出"世"的文字，而是在"世"的文字；但它是不受"世"所缚的文字，是可以成为"世"之翅的文字，能够带着我们自己以及读我们作品的人飞向另一个空间，飞向另一个境界，飞向另一种审美标准。

讨　论

梁景和：施玮老师的讲座并非一场文学讲座，而是一场哲学讲座，高深莫测。灵到底是什么？我们平时也思考这些问题，施玮老师的讲座给我们一定启发。灵性与性灵和形而下是相通的，我们每个人都应该有自己的思考。下面大家有什么问题，可以借这个机会向施玮老师请教。

文学院同学：施玮老师您好！我是文学院研究港澳台文学的。与大陆不同，港澳台文学内容更加私密，题材更加边缘。可能因为我是女生，所以喜欢读女性婚恋题材的作品，我读您的《红墙白玉兰》，感觉很像张欣的小说，给人温暖的力量。您在获得台湾文学奖时发言，喜欢用小说来展示大的社会问题。很多作者的作品都涉及人性、灵性，您的作品中的灵性与别人作品中的灵性最大的不同之处是什么？您的小说中的男二号，我特别喜欢，请问西方人在情感表达上与东方人有什么不同？

施玮：我先说灵性的问题。中国文学作品要想得奖，就要写大事件，有大背景。西方的文学作品则没有这种现象。我与别人作品的不同之处在于我没有刻意去写大事件，描述大背景，而是常写一些小事，不经意之间也会有很大的张力。我在一个小说中写，男女相爱一生，只做一次爱，两个人各有婚姻，只做一次爱有很大的张力。我描绘主人公百年后的灵魂生生死死地看着曾经的自己，人不过是尘土，像小蚂蚁，从灵魂的角度看，没什么。灵魂对今日的生活有嘲笑，有同情。我让灵魂去报信，让灵魂对自己有反思。我写性格造成的命运，一块砖一块砖地垒上，最后形成一堵无法翻越的墙，只有靠爱，才能解脱。《红墙白玉兰》中的男二号更有包容性，中国的女读者会问，哪有那么完美的人？我说他是一种西式的文化符号。中国人喜欢宏大叙事，研究历史，写小说都这样。我说历史都在一男一女之间，是社会的投影。探戈舞一左一右一进一退，就像人的属性与社会属性之间的缠绵与争斗。每个历史时代，人性的投射都不同，但人性都差不多。

李慧波（首都师范大学历史学院博士研究生）：施玮老师您好！请您解释一下"诚实的自由"。

施玮：自由源于诚实。人有两种不自由：一种是外来的压力，一种是心里对良心的不诚实。人生活在社会中，社会潮流对良心产生了绑架。有人不知道爱是什么，诚实地面对心灵，就知道什么是爱了。革命先驱可以抛头颅洒热血，因为他们诚实地面对自己内心的理想。

李慧波：我在采访中，经常遇到这样的情况，有人说自己是"文革"的受害者，不说自己犯过错误。

施玮：在文学中，伤痕文学、反思文学都在反思大社会，社会是人聚集在一起，中国人常把自己摘除来批判这个社会。我有一个法学家朋友，他说可以帮我提供写人性的材料，因为他打官司遇到很多案例。他自己是基督教徒，当他写自己的时候，也是一边回避自己的罪一边写。法学家是非常理性的人，他也难以对自己的心灵诚实。

孙卫（首都师范大学政法学院硕士研究生）：施玮老师刚才讲到苏轼的故事，表达相由心生，如何培养自己的审美？

施玮：赤子之心是中国文学的最高境界，无污染的，童真的。在西方，回到原初状态，老人像小孩子一样。"太阳底下无新鲜事"，发现自己的东西，所谓境界，就是回到原来的样子。诚实地面对良心，越安静，越能听到心中说什么。

孙卫：是不是持久修炼，才能达到真善美？

施玮：中国讲"苦修"，佛的最初是领悟。中国借苦的过程来剥夺享受，达到境界，相信那一顿悟的心灵感应。西方人活得快乐，什么都干，过程是享受。西方认为境界的提高与苦无关，人很难通过折磨自己达到境界。

美国中国性别史研究

时间：2012 年 4 月 22 日下午 2：30～5：00
地点：首都师范大学本部主楼 201 会议室

主讲人简介

秦方，美国明尼苏达大学历史学博士，现任首都师范大学历史学院讲师。研究方向为中国近现代史，尤其是妇女史、儿童史和城市史。在 *Ming Studies*（美国）、《近代中国妇女史研究》（台湾）及《百年中国女权思潮研究》上发表论文数篇，曾参加美国亚洲史学会年会、世界历史学会年会及"西方新文化史与中国社会文化史的理论与实践"等会议。

梁景和（主持人）：

今天请来秦方老师来为大家作报告，秦老师是美国明尼苏达大学历史学博士，主要研究方向为中国近现代妇女史等。今天，秦老师要讲的题目是《美国中国性别史研究》，下面让我们欢迎秦方老师！

秦方（主讲人）：

谢谢梁老师，很高兴和大家一块儿讨论。本次讲座，我将就西方社会女权运动和性别理论的发展以及有关中国妇女史研究的现状、操作以及趋势等几个方面进行阐述。

西方社会和性别理论的发展自 20 世纪 60 年代第二次女权运动浪潮达到顶峰，当时女权思想主要侧重于行动主义，且有些女权主义者对中华人民共和国政权所反映出来的男女平等新气象充满了向往。至 20 世纪 70 年代，西方学界开始提倡"从历史中发现女性"，于是，女权思想的倾向主要偏重于学院派，关于历史上名女人的研究提上日程。至 20 世纪 80 年代，Joan Scott 发表著名长文 *Gender：A Useful Analytical Category*，象征着西方女权思潮开始将 gender 这一概念引入研究领域。

美国的中国妇女史研究亦与西方女权主义发展思潮历史脉络相近。在 20 世纪 70 年代，主要针对历史上重要的女性政治人物进行研究，如武则天等人。到 20 世纪 80 年代时，受 gender 这一概念的影响，开始对"妇女""女性"这样的范畴进行反思，代表人物如 Tani Barlow。同时，学者 Rey Chow 和 Lydia Liu 等人对西方的学术霸权进行反思，强调中西方存在结构上的差异，不能将西方的理论硬套在中国的国情上，二者尽管有很多相似之处，比如说国家民族和女性的关心、内外领域的区别，但是二者是在本质上不同的框架之下运行的，如果简单地将理论照搬过来，反而又形成了一种权力施加。同时，Dorothy Ko、Lisa Rofel、Tani Barlow 以及 Christian Gilmartin 等人对所谓的五四范式进行反省。受五四话语的影响，史学界对于妇女史的研究得到了"女性总是受到压迫"这样一个强大的结论。但是 Ko 等人的研究则指出，其实这样一个话语是一个不断建构的过程，传统女性的生活并非像该话语所描述的这样，处处是压迫，处处是深渊。

在以往对中国妇女史的研究中，主要有两个具体的操作方式。一个是打破时间的界限，最明显的就是传统和现代的对立。传统是一副受害者的女性的一体性，现代则是各种各样的鲜活。这个就有些像西方的新清史研究一样，一开始强调清朝是一个汉化政权，后来新清史则强调满人仍在努力，或者说至少有意

识地在维持自己的少数民族身份。所以新清史就强调清朝内部
这种民族和种族的鲜活和呼应。但是在新清史强调清朝的活力
时，它又将明朝视为一个呆滞的、落后的、腐败的政权。这样
永远都是一种对立的简约化的区分。因此，学者 Presenjit Duara
和 Joan Judge 等人对传统和现代之关系提出质疑。如 Judge 关于
烈女的研究，强调近代对于烈女的呈现，主要取材于两个方面，
一个是对古代女性贞节形象的借用，一个是西方当下女英雄的
借用，并提出 Archo-Modern approach 这样一个方法论，即一方
面是一个对古代那个完全没有受到玷污、反映了理想社会的、
没有时间性的借助，一方面是对进步的、西方的、当下的现代
性形象的借鉴。人们在中国的远古和西方的近代这两个时间框
架之内徘徊。另外还有钱南秀的有关 1898 年百日维新中女性形
象的呈现，认为这些女性汲取了三个方面的资源：魏晋时期中
国思想资源，17~18 世纪江南女性文化，以及西方现代化的
知识。

有学者对中国近代国家民族话语和女性的关系进行了深入
的分析。如 Judge 探讨晚清女国民的概念，认为中国女国民是一
种自下而上由文人发动起来的，而不像日本，是自上而下由集
权政府发动起来的。在这个发动中，女性是白纸一张、可供操
作的政治表演者，但更重要的是，女性能够为知识分子提供机
会，将西方发展而来的民族主义以及中国本身的儒家家庭观念
融为一体，也就是说女性成为一种混合物（Hybrid）。只有这
样，文人知识分子才觉得能够在西方的观念和中国的传统中获
得一种平衡，构建起一种新式的中国国家和民族位置。这样一
种方式，给女性既带来了机遇，又带来了挑战。她们能够借用
国家民族议题来发展自己的主题，比如说教育、职业、参政，
但是一旦越出或者试图挑战这个界限，就会受到压制。

第二个操作方式主要是从空间视角上主要批判内外这样的
区分，认为硬生生地用西方的这种 public/private 概念套用，是
不恰当的。西方的这种 public/private 对立的观念在西方的哲学

思想史中一直存在，最早可以追溯到古希腊时期，但是一直到工业大革命后才开始成为一种规范、制约的体系性的用法。到了六七十年代在第二波女性主义思潮中，这种内外划分成为解释父权制对女性压迫，以及女性公共权力丧失的原因，public 和政治、经济、军事这样的事物联系在一起，而 private 则和家庭、婚姻、儿童这样的议题联系在一起。但是后来随着新文化史的出现以及后现代思想的冲击，人们开始对这样的内外观念进行反思。很多学者指出，公私概念其实是一种人为建造的过程，它反映了以父权制为主导的国家力量对于个人在私领域的干涉。后来更激进一些，一些学者提出，不应该截然对立这两种空间，而应该看作是相对性的、关系性的。比如说教室这样的一种关系，是私空间还是公空间，谁可以来，谁不能来，以及师生这样的权力关系，同学之间通过教育而建构起来的姊妹情谊和兄弟情谊。其实，中国的这种内外观念更多是一种相互关系性的，强调和谐，而非对立这样的观念。比如说房间之外的空间是外，但是整个家相对于国家而言又是内。最有名的就是高彦颐的《闺塾师》这本书。她的一个观点就是 17 世纪的女性通过出版、文字、郊游等方式扩大了自己的生活，但是这种扩大一方面是因为传统儒家思想有足够大的灵活性，另一方面也是因为这些女性从未试图要去挑战、打破儒家思想所带给他们的生活、家庭、社会身份的舒适圈。而到了 20 世纪，根据 Joan Judge 的研究，一些去日本留学的女性在革命、国家民族主义的口号下走出国门，但是在日本的学校，尤其是下田歌子创办的学校里面，又不自觉地创建了一个类似闺阁的学校空间，依然很小心地不愿完全破坏这种内外之别。而且，她们是有意识地在维系这种内外之别，甚至比男性还要小心。

中国妇女史研究主要有下面两个趋势。第一，强调性别差异。性别差异这个概念是在 20 世纪 80 年代后期在西方兴起的一个重要的概念，当时是第三世界的女权主义者反对中产阶级白人女性的。后来被中国学者纳入对中国妇女史研究的领域，强调阶级、阶层、职业、代际或者民族身份在构建社会性别身份建构中所导致的不同和差异。受此影响，当时兴起了对于女性这个群体划分的细化趋势，包括娼妓、女工人和少数民族等在内的研究。如 Paul Ropp 研究的是明末清初的娼妓。明朝上等的妓女在文人眼中代表的是一种自由、能动，在明亡之后，又成为人们对于过去政权的一种追思和怀念，以及对于新政权的一种反抗。但是文人对于下等娼妓的研究，却从来没有这样的时间观和政治观，她们更多地是代表一种无时间性的生物，既得到人们的同情，又对整个社会构成了一种威胁。而 Gail Hershatter 对 20 世纪上海娼妓的研究显示，娼妓这个群体里面的等级，不仅取决于这些女性来自哪里，也取决于她们的客人的社会等级；同时是男性文人在现代化过程中的边缘化问题，他们不能竞争过商人或者买办，所以只有通过对妓女的妖魔化书写来肯定自己在话语制造过程中的主动权。一方面是各派力量在现代化的模式下对娼妓的改造，从 17、18 世纪一种成熟的娼妓文化变为落后、肮脏和疾病的象征；另一方面，娼妓有自己的诉求和生存方式，她们在娼妓行业中的地位、等级以及所接待客人的不同决定了她们自身表现方式的不同。

第二，开始侧重女性主体性和能动性，强调以女性的立场和能力去应对不同的话语，以确定自己的身份。比如，Ellen Judd 关于山东农村妇女的研究，Judd 指出她们一方面不愿放弃娘家的社会网络，一方面通过婚姻、亲戚介绍缔结起来的婚姻，在夫家也建立起网络结构，所以其实在很大程度上，比她们的丈夫具有更大的灵活性。此外，Susan Mann 开始以史记笔法，以文学的手法来撰写清朝几代女性的人生，亦是亮点。

台湾学者熊秉真写过一篇文章，强调一种整体视角的参照：她提出了一个重要的问题，大家在探讨 17 世纪的江南才女文化时，这一时期，同一地域，其他的女性在做什么？或者是 20 世纪的女学生，当她们在趋新时，剩下的那些女性又在做什么？强调将不同群体或者职业的女性放入同一时间和空间之中，互相参照和对比。这可以当做同学们日后思考选题的一个可行性角度。

讨　论

徐晨光（首都师范大学历史学院硕士研究生）：秦老师您好！听了您刚才的美国中国性别史研究我很受启发。特别是中国性别史研究历程中两个主要的操作方式，关于打破时间的界限和打破空间的区分两个方面。我所研究是关于稳婆在近代以来的一些情况。一个是稳婆在近代存在的合理性和合法性，也就是说政府认同其存在。但是随着社会的变化，有关产生等级差别的知识与权力被引入概念当中。在医学知识的构架下，稳婆是既没有中医知识又没有受过西方医学教育的，所以近代以来产生了新式的助产士来取代稳婆。女性内部也不是铁板一块，在转型中。稳婆相对于新式助产士而言，知识更为简单。所以，我的第一个问题是，如何解释过去到现在关于接生话语权改变的这一现象？我第二个问题是，年龄大的妇女，她们可以接见男性，亦可以往来，也就是说年老的女性受到传统的性别约束较小。以稳婆为例，她们职业的形成是因为有经验而不是有接生的知识，而新式的接生女性年龄较小，而知识使得她们不受是否生育过这个经验的限制，我的想法是否有道理？

秦方：你的第一个问题涉及一个权力和话语的转变，决定着知识占据着什么样的角色和目的。在论述中，有的被压制，有的被提起。你可以参阅一下有关女性纺织的一本书，类似于知识和技术即纺织和技术本身，有可能从工具改造而改进纺织本身。在传统社会里纺织可用来养家糊口，而到了近代却成为无用的知识。再如，高彦颐关于17世纪一部分吟诗作对的女性与其他女性诸如女作坊的女性的对比。在近代进行动员时，如梁启超忽略了一部分女性，单纯以国家民族的解放为目的，其实是忽略了一部分女性为家庭所起的作用。为什么要把那一部分女性排除出去，值得我们思考。你的第二个问题涉及经验与知识的对比，另外还要注意个体与群体的对比。

孟原芳（首都师范大学历史学院硕士研究生）：秦老师，您好！关于文学上对丁玲的解读，有三种观点，一个是以坚定的革命者的形象出现，一个是以前受过歧视后来实现了个体命运的转变，另一个是中共挽救了的女性这个群体。从文本上进行讨论，女性在 1941~1943 年完成了自身思维的转变，为什么会强制性别转变？又如，《色戒》中王佳芝受到的批判有很多，因为在民族国家危亡之时，她舍弃了民族大义。所以，我的问题是，个体身心解放和民族国家的关系是中国特有的还是西方也有？

秦方：如 Wolf 提出的"我是一个没有国家的女人"一样，意即"我是作为国家的权益还是作为个人的权益？"所以说这种现象不仅仅在中国出现，在国外也有。中国从近代开始，女权民族国家的观念就已经存在了，如《女界钟》提出的理想的女性形象。很多学者解读女性投身国家应承担的责任，也就是男性要求女性放弃自我，加入到国家的解放当中，女性处于被别人解放的状态。再如，张爱玲、白薇乃至后来的张洁等人，这些人在书写方式上本身就存在在国家与自我中寻找一种妥协。所以，丁玲只是其中的一个代表。女性个体身心解放和民族国家的关系不是中国特有的。

满足欲望，自我选择
——西方的"生活方式"女性主义

时间：**2012 年 6 月 16 日上午 9 :00 ~ 11 :30**
地点：**首都师范大学本部主楼 201 会议室**

主讲人简介

柏棣，比较学博士，原海外中华妇女学会会长，现任教于美国德儒大学，任亚洲研究所主任。主要从事西方女性主义理论、中国现代文学与文化的教学与研究工作。

梁景和（主持人）：

今天我们主要讨论女性主义理论问题，很高兴请来美国德儒大学教授柏棣老师为咱们作报告，柏棣老师主要从事西方女性主义理论、中国现代文学与文化的教学与研究工作，并作出了优异的学术贡献。下面就请柏老师作报告，大家欢迎！

柏棣（主讲人）：

本次讲座先通过珍爱选择和争取同性恋结婚权的实例，说明西方女性主义在实践中的分野，以及在全球消费大潮中所面临的理论困境。接下来主要谈生活方式女性主义同消费文化的关系。女性主义，无论是西方的还是中国的，如果把着眼点放在个人选择上，就会丧失它和社会历史的相关性，成为中产阶级妇女的无病呻吟，如果非要将生活方式的选择说成也是一种政治性的，那么这种政治就是一种消极的政治、一种自恋的政治。女性主义不是真理，是对自身所处的某种社会权力结构的反应，常常受主流文化的影响。当前美国正向世界武力地、文化地、经济地推行自身的生活方式，处在这样的历史时期，如何认识西欧和美国的传统价值观，是对全球女性主义的挑战。

一

今天主要讨论经济全球化时期西方女性主义和消费主义的关系。消费主义是指把个人幸福同购买、拥有、使用物品等同起来的情形。消费文化是鼓励消费、促进消费主义的文化氛围。中国国内的一些文章，主要都是讲西方女性主义对消费主义和消费文化的批评。今天我们换一个角度来讨论这两者之间的关系。消费文化不是一种可有可无的、虚无缥缈的幽灵，也不是我们想避开就能避开的。消费文化是一种物质的存在，我们都自觉不自觉地卷入其中。在美国，消费是中产阶级——大多数女性主义者都属于这个阶层——日常生活的一部分。消费文化围绕着我们，就像空气一样，无所不在，或正面或负面地影响着我们的意识和意识形态。

至于西方女性主义，则很难规范其范畴。关心西方女性主义理论发展的人都很清楚，女性主义不是一种统一的、单一的思潮。西方女性主义主要是指西欧和北美的、白种女人的女性主义理论。这种理论从一开始就缺乏一致的理论根源，其理论可能是讨论社会经济结构的，也可能是纯粹的形而上的。女性关注的政治立场的范围也很大，从保守到激进，从原旨教义的到无神论、无政府的，五花八门。从形式上，女性主义一般来说是改良主义的，自身缺乏革命的社会基础。女性主义也没有唯一的定义，它是一种松散的运动，在不停地变化。总的来说，女性主义呈现为伞状，包含了多种政治的、经济的、个人的纲领，极易受社会思潮、意识形态变化的影响。正是因为女性主义纲领的松散，在特定的历史时期，女性主义经常发现自身处于理论和实践的窘境。在下面的讲座里，我把所有从女性角度上看社会性别关系的观点都称为女性主义。

可以说，西欧和美国的女性主义在 20 世纪末、21 世纪初就处在这样一场深刻的理论和实践的困境中。以往人们通常用自由主义女性主义、文化女性主义、马克思主义女性主义等标签来区分形形色色的女性主义。这种区分的方法主要是以流派所依据的理论为出发点的。经过了三四十年的进化、转化，这些流派相互汲取，互相借鉴，理论的疆界已经模糊。尤其是在过去的二十多年里，我们看到了一种持续的变化，以往的标签和标准不再适用。我认为，对现在西方女性主义流派的区分，应该主要看什么是其关注的焦点和中心议题。

就我个人的观察，这些众多的流派逐渐演变成了两个阵营：第一种是为争取社会公正的女性主义，着眼于社会生产劳动的价值报偿和社会财富的公平分配问题，着重点在社会结构上；另一种我称为"生活方式女性主义"，其主要纲领是个人选择，生活方式女性主义的理论基础就是后现代的文化理论。

2005 年 5 月，希腊克罗蒂大学举办了一个主题为"社会性别变革"的女性主义学术讨论会。在会上，有两个发言很能代表在经济全球化的今天，西方女性主义不同的关注焦点和理论实践分歧。第一个是加拿大女性主义学者安德里亚·欧莱利（Andrea O'Reilly）作的一个题为《通过女性主义养育子女的方式来反对社会性别不平等》（*Fighting Gender Inequality through Feminist Mothering*）的发言。她用自己的亲身经历讲述了对女性主义养育子女的理论认识和实践，并以自己反社会传统的穿着打扮、自己非传统母性的日常行为，解构了母亲这一社会性别角色，从而对自己两个女儿的成长起了巨大的影响作用。这些积极的、政治的影响，使她的两个女儿都无可非议地成为女性主义者。23 岁的大女儿是同性恋，并在同性性关系里扮演男性角色；小女儿则热爱自然，是动物保护主义者，是素食主义者，她只从豆腐中汲取蛋白质——骄傲的母亲滔滔不绝地述说着。对她的发言，听众有不同的反应。有人认为女儿们激进的生活态度是女性主义颠覆父权社会的成功例子，可是大多数听众很不以为然。有人发问：我们更关心您那女性主义女儿对侵伊战争有什么看法，对非洲灾民的援助和防止艾滋病的蔓延做出了哪些具体的行动。在西方社会，肉类蛋类食品一般比蔬菜和豆制品便宜很多，食素食可以被看成激进的左翼的生活态度，也可以被看成有闲阶级的生活方式。

第二个是爱尔兰都柏林大学妇女教育资源中心的著名女性主义理论家、活动家埃比·斯迈斯（Ailbhe Smyth），其发言题目为《对爱尔兰当前女性主义政治状态的思考》（*Gendering on down*：*Reflecting on the Current State of Feminist Politics in Ireland*）。斯迈斯把女性主义放置于经济全球化的大潮流之中，指出女性主义必须注重经济发达地区与发展中的第三世界，北半球与南半球以及北美、中东、欧盟等世界不同区域之间的经济政治冲突，把握住时代的脉搏，从而提出自己的行动纲领，否则，女性主义就失去了作为政治运动存在的意义。而目前的女性主义的政治状态使她困惑不解，她以近期在欧盟盛行的女性主义争取同性恋结婚权为例，指出了当前女性主义同政治运动的脱节。斯迈斯本人是同性恋。她认为，婚姻是个人的事情，是个人的选择。同性的人相爱，想组成家庭，女性主义当然支持同情。传统的只有异性可以结婚，而同性的性关系是不道德的观念，女性主义早就给予了批评。可是，如果把争取同性恋结婚的权利当成现阶段女性主义的主要议题，似乎令人不解，如同捡了芝麻却丢了西瓜。

同性的或异性的婚姻，本质上都是个人的选择，女性主义一向尊重个人选择。但是在当今世界政治经济的情况下，女性主义作为政治运动应注重社会结构的认识和重建，有重要的目标。再则，女性主义不应该忘记其对婚姻和家庭的批评。女性主义一向认为，任何形式的婚姻都是建立在父权制权力结构之上的。同性的，异性的，实质都一样。要求同性恋结婚权实际上是一种弥补父权制婚姻的改良主义。如果我们把这作为女性主义的主流运动，那么，女性主义便失去了它的革命性，自然，也失去了它的群众基础。

当然，斯迈斯谈到的这种现象不仅存在于欧洲，北美的女性主义也曾不合时宜地把一些个人选择之类的议题作为自己的主要政治纲领。比如，美国在21世纪的两次大选中，都是保守的共和党获胜。保守派在美国所谓三权鼎立的联邦政治法律权力结构中，完完全全地占了上风。一般来讲，共和党代表大企业集团以及富人的利益。可是为什么相对穷困的美国南部、中西部和山地地区的选民们似乎并不考虑自己的切身经济利益，一股脑儿地投共和党的票呢？在美国的日常政治词汇中，共和党代表了美国的传统道德价值，而相对来说比较注重中产阶级和一般民众的利益、主张环境保护的民主党，却被认为是没有道德价值的集团。当然，共和党的竞选机构和机制更有组织纪律，更会洗脑，更会歪曲事实做宣传。但是，这些都不是民主党失败的主要原因。比较左倾的民主党失去了它所要代表的利益集团的支持，主要是它的竞选议题。

比如，民主党的坚定同盟"全美妇女组织"（the National Organization of Women，简称 NOW），多年来主要关心的就是在堕胎问题上女性的决定权问题。从美国的基督教清教传统以及美国妇女运动的历史来看，争取妇女自己决定继续妊娠还是停止妊娠的权利，无疑是女性主义斗争的一个重要方面。在父权社会中，人类的再生产虽然主要由女性承担，但是她们很少有决定生多少和什么时候生的权利。她们作为母亲的社会角色和功能从出生的那天就定了下来。20世纪的科学技术发展导致各种安全的避孕措施的产生，但是，男性控制女性生殖能力的欲望远远没有消除。在美国，虽然联邦法允许堕胎，但是在很多社区和教区，对避孕和堕胎仍然有道义的和社会的制裁。全美反堕胎联盟的口号是："珍爱生命"（pro-life），用此对抗女性主义组织的要求堕胎权的口号"珍爱选择"（pro-choice）。

虽然美国的女性主义者们喜好解构社会、解构语言，可是她们却从未对自己的"珍爱选择"进行解构。选择被认为是一种个人的行为。可是，人是社会性的人。她的选择不可能逃出她的社会地位给予她的选择范畴。女人选择生不生孩子，不是一种纯个人的选择，她的选择受到是否有医疗保险，是否有固定的工作，是否有稳定的家庭等因素的限制。在美国，上千万的人没有医疗保险，其中大多是妇女和儿童。女性主义没有把争取男女同工同酬、争取全民医疗制度作为斗争的中心议题，而在大力宣传个人的"珍爱选择"。"珍爱选择"被右派力量阐释成女性不负责任地发生性关系，一旦怀孕，就为了自己的自由，不负责任地堕掉胎儿，扼杀生命。与此相比，极右派的"珍爱生命"口号就有了一种道德的力量。

从某种意义上说，珍爱选择和争取同性恋结婚权的实例是西方女性主义在全球消费大潮中所面临的理论困境的缩影。强调个人/妇女的选择还是争取全社会公正是西方女性主义的实践分野。

二

今天讲座的后半部分主要谈"生活方式女性主义"同消费文化的关系，包括两个部分：第一部分是作为消费文化一部分的第三次浪潮女性主义；第二部分是女性主义对消费文化的理解。最后是我作为女性主义者对全球化和消费文化的认识。

（一）第三次浪潮女性主义

20世纪90年代在美国大众媒介词汇中出现了一种奇特的状态：女性主义、女强人一时成了媒体的主题。一些自我标榜为女性主义的书籍成了主流媒体的畅销书。出人意料的是，在绝大多数妇女都在大喊"我不是女性主义者"，女性主义被称作"女权纳粹"（feminazi）的社会环境中，这些出版物受到主流读者群的喜爱和欢迎，被广泛地消费。出版商们赚了大钱，书的作者们也因此被主流媒体注意，被捧为敢于向正统女性主义挑战的新一代女性主义者。这些被标榜为第三次浪潮的女性主义者们有一个共同特点，就是认为以往的女性主义，也就是第二次浪潮的女性主义，陷入了一个意识形态的陷阱，认为所有女人都是性暴力的牺牲品，是经济剥削的对象，是男性所规定的美的标准的受害者。这几位所谓女性主义者都有良好的教育，都是常春藤联校的毕业生，在美国属于特权阶层，其中的三个代表人物为尼奥米·乌尔夫（Naomi Wolf）、克逊·泊伊夫（Katie Poiphe）和贾米莉·帕格利亚（Camille Paglia）。

生活方式女性主义认为，父权制的社会结构已经被摧毁了。女人是社会的牺牲品这样的论调完全是夸张。正统的女性主义不但不能赋权予妇女，而且实际上把权力从她们的手中拿走。泊伊夫认为，如果总是说妇女是受害者，那么就是说妇女是消极的。她们还认为，六七十年代的女性主义所争取的女人的经济独立和女人的工作权利，本质上没有给女人带来真正的好处，倒把男人惯坏了。因为女人工作了，男人养家的义务就消失了，这一代男人丧失了责任感。结果，女人又要顾家，又要顾工作，怎么能说她们得到解放了呢？权力女性主义者们还说，由于女性的经济独立，家庭形式发生了变化。单亲家庭、单身家庭现在几乎成了主流家庭形式。在这场变革中，还是女性吃亏。独身女人越来越多，而这些大姑娘、老处女都是妇女独立运动的牺牲者。当她们意识到要找男人的时候，才发现为时已晚，"连末班车都赶不上了"。

如何才能从受害者女性主义变成权力女性主义呢？首先要妇女追求性生活的美满，其次是不能害怕权力，躲避权力。对她们来说，传统女性主义对两性关系中的不平等权力结构的批判本身就表现出女性是惧怕权力的。性也是使女人产生力量的一种权力。她们的奉告是：人就要享受，作为女人应该积极主动，想要什么，就要追求什么，应该放肆地享受性快乐。同时还要像男人一样抓权、揽权。美国媒体中表现出来的女性主义者们，也就是女强人们，得到了观众的认同。这种被认同的女性主义是什么呢？它是一种新的生活方式：女强人们衣着合体，表现出特有的气质，生活在名牌之中，环境颜色协调，事业成功，经济基础雄厚；这些女人也有不足，她们好争吵，脾气大，处不好人事关系，过于自信。但是这些并不重要，因为这是她们生理所决定的，又有谁能改变女性染色体呢？尼奥米·乌尔夫在《火对火》（*Fire with Fire*）中，要把女性主义演变成或改变成一种时装性的东西。女性主义对她来说应该是"任何女人，任何关心女人的男人穿着觉着舒服合体"的自我价值实现的理论。乌尔夫很欣赏耐克公司的广告词"做就是了"（Just do it）。她说，女人就是要竞争，而且应该把这个口号作为争取胜利和自强的座右铭。

在 20 世纪 90 年代，不仅在通俗大众读物出版业里女性主义出尽了风头，而且在大众期刊领域，女性主义也被炒得火红。《绅士》（*Esquire*）、《都市》（*Cosmopolitan*）、《大西洋》（*The Atlantic*）和《新闻周刊》（*Newsweek*）等头版头条地刊登各种文章讨论女性主义，似乎在考察女性主义发展的现状问题，典型的标题不外乎"你可以做一个同时也能爱男人的女性主义者吗"之类。女性主义成了热门，成了热门商品。当然，广告商也在处心积虑地包装女性主义，从而吸引更多的女性消费者。这里有一个突出的例子：自称能帮助妇女解决男女两性关系问题的脱口秀主持人劳拉博士（Dr. Laura），在卖钙片的广告中说，真正的女性主义者不得软骨症，她服用了那种钙片，不但身体的骨架结实，而且腰板也是直直的，不向男性屈服。劳拉博士其实算不上什么女性主义者，她的政治立场相当右翼保守，是女性主义的市场价值把她卷了进来。

这 20 年来，好莱坞的女性电影以及有关女性的电视片等，都在起着商业广告的作用，对女人贩卖生活方式和生活态度。2000 年的电影《女人到底要什么》（What Women Want）就是典型的例子。一个女强人在那里为运动鞋做广告，通过商品和生活方式，她成功了，当然也得到了久违的爱情。之后有两部有名的电视连续剧，也在用生活方式女性主义吸引观众。《性和城市》（Sex and the City）是讲 4 个住在纽约的事业型妇女性生活的故事。她们个个都美丽漂亮，事业成功，穿着得体，自强自爱，她们生活的主题是和男人们做游戏，在两性的探戈中看谁得胜。《绝望的家庭主妇们》（Desperate Housewives）是 2005 年收视率最高的连续剧。剧中的 5 个女主角，都靓得耀眼。她们住在长岛的中上层社区内，整天闲得无所事事，却面临着许多个人的危机。每个人都需要男人，有经济的需要，有性的需要，有精神上的需要，也有母性、妻性对照顾男人的需要。但是她们又决不依赖男人，决不屈服男性。她们都被看成是有个性的，更确切地说，都是能利用男性的女人。这些女强人们似乎大多数男人也蛮喜欢，因为她们任性得可爱。正像左翼期刊《国家》（The Nation）中一篇文章讲的那样，她们的共同特点是有时代性很强的女人味儿，有 21 世纪的性感。这样的女人可以被所有社会的所有阶层所消费。

正是在这个时候，有人提出女性主义进入了第三次浪潮。第三次浪潮到底是什么？如何定义？或者更确切地说，是否能定义，由谁来定义？到现在还在争论不休。有一点显而易见，所谓第三次浪潮强调的就是女性对自身的关注，对生活的态度，对生活方式的选择。它的产生是女性主义与 20 世纪 90 年代消费文化相交叉的产物。大众媒体炒作出来的女性主义，主要是根据其市场价值出现的。这种生活方式女性主义正是为了迎合商品化的潮流而产生的。清楚地说明了商品化对于改变社会政治力量的巨大作用。生活方式女性主义和商品化互相利用，互相补偿。

当然，不仅是女性主义的政治被消费文化所侵蚀，美国的所有政治在某种程度上都变成了商品。美国四年一次的总统大选就是政治的装潢化、广告化、表面化的具体事例。在中国大众媒体中有一个常用词叫人气指数。人气指数简单地说，就是指某人的表面和表演在公众领域中的商业价值。在2000年大选中，民主党的总统候选人戈尔特地请前面提到的生活方式女性主义者尼奥米·乌尔夫帮他竞选，就穿什么样式的衣服，做什么样的手势，什么样的微笑能得到选民的尤其是女选民的好感，为他出点子，做他的人气指数参谋。共和党的布什为了接近共和党的基本选民而完完全全地改变了自己，本来出生在美国东北部，演讲时却操着一口得克萨斯腔，本来出生在类似于贵族的家庭，耶鲁大学毕业，却装成一个西部的牛仔。这些经过加工的形象，通过募捐来的数以百亿计的竞选资金，出现在电视的屏幕上。金钱、装潢、政治就这样融合在一起，由美国公民来消费了。

在20世纪60年代和70年代，美国民权运动和反越战运动中兴盛的第二次浪潮女性主义者们的实践，可以说是建立在"做"（doing）和"存在"（being）的辩证关系中的。她们是行动主义者，同时在为这些行动寻找理论的根源。她们把自己的生活经验置于大的社会运动的背景下，使自身的经历有了集体性的政治意义。"个人的就是政治的"（the personal is political）——这一口号的出现，就是对个人主义的批判。只有集体的政治，才能从社会结构上改变个人的生活状况。再看看生活在消费文化大潮之中的生活方式女性主义，它已经没有了第二次浪潮的那种坦荡的大破大立。它对消费文化的批评，主要是强调颠覆和调整，所以理论上呈现出很无奈的暧昧情绪。

（二）女性主义对消费文化的理解

在《时装文化：理论，探讨及分析》（*Fashion Cultures：Theories，Explorations and Analysis*）一书中，帕米拉·杰布森

（Pamela Church Gibson）主要讲人们的日常穿戴在现实社会中的意义。她还用了很大的篇幅把时装和高雅服饰区别开来。杰布森阐释了两种女性主义对时装的看法，两种她都不同意。一种是女性主义对时装的"清教式"的批评。第二次浪潮女性主义普遍认为，时尚是父权社会对女性美的定义，是对女性身体的控制，因此是对女性的一种施暴的形式。杰布森分析说，很显然，任何一种正在兴起的政治力量一般是纯粹的、带有清教禁欲色彩的。比如说在中国的"文化大革命"时期，人们统一色调、统一形式的服装，就说明是一场刚刚兴起的革命。为什么在革命或运动的初期，总会出现一种禁欲的情况？可能是任何政治的革命首先都是审美的革命。女性主义也是一样。第二次浪潮女性主义者戈莉尔（Greer）把女人穿的高跟鞋、擦的指甲油、戴的各种首饰，比喻成把女人当成性对象的东西，女人都是时尚的牺牲品。

杰布森也不同意女性主义者对时尚的认同态度。1997 年，贾米莉·帕格利亚去伦敦讲演，她说女人应该模仿的榜样是歌星麦当娜、已故的戴安娜公主和英国的歌唱乐队"风味女孩"（Spice Girls）。这些人知道怎么样才能成功。她们的外表是造型成功的入场券。她们不停地换衣服，换发型，而且认真地去健身房保持体形。她们让男性着迷。女性主义者为什么不这样呢？帕格利亚的演说并不成功。属于第二次浪潮的女性主义者们不停地起哄，打断她的讲话。最后，整个会场都被搅乱。

杰布森认为，女性主义不应该成为一种禁欲主义，也不必要那么崇尚时尚和时装。一个完全的女人、会生活的女人自然而然地要用化妆品，染头发，文身。这些正是女性自身的自由选择，没有什么可非议的。女性主义过分去谈论这些，没有什么重要性。

杰布森想建立一种女性主义对待时尚的辩证法。她借用马克思主义者弗雷德里克·詹姆逊（Fredric Jameson）的一种战略。詹姆逊认为，对后现代的解构分析应该超越好/坏这样的二元对立。他说，因为我们都生活在后现代主义文化之中，所以对它简单地怀疑否定和同样简单地欣然接受都不能说明问题。对后现代主义意识形态的评价也就是评价我们自身。在这个历史时期中，我们处在一种矛盾中，使我们不能把握好对事物的道义评判。杰布森的辩证法就是，首先我们应该采取积极的态度来看待时尚，在承认它的商品性一面的同时，也应该承认我们在潜意识中对它的追求。

伊丽莎白·威尔逊（Elizabeth Wilson）1985年的一本名为《梦里的穿戴》（*Adorned in Dreams*）的著作，是杰布森辩证法的共鸣。威尔逊指出，时尚其实是一种表演艺术，是"各种对抗的、不能统一的欲望的矛盾心理载体。时装的多种多样表示了欲望的多种多样，像艺术一样，是没有完结的"。威尔逊指出，第二次浪潮女性主义对时尚批评过于简单。因为有些人把"自然"这种概念同"真实"的概念相混淆，认为只有处于自然状态的人才是女性主义者崇尚的有真正自我的人。这种观念的混淆在戈莉尔的作品里比比皆是：穿高跟鞋、涂红唇膏的女人不能被女性主义接受，而裸体的女人可以。但是又怎么能说裸体本身不是商品呢？

第三次浪潮女性主义要求多样化、多种景象、多种身份和多元政治。它更注意消费主义的实质和女性消费的实质。20世纪80年代，威尔逊的研究对时尚做了这样的总结：时尚是矛盾的，我们穿衣服的时候已经显示出了自己的身体同艺术、个人心理和社会秩序之间模糊不清的关系。威尔逊在1990年修正了以上观点：时尚是后现代的中心，女性主义者应该更全面地把握后现代主义的矛盾性，如果强调一个层面，就有过分简单化的危险。女性主义在谈时装时，应避免简单的道德上的评议和反对。

彼德·斯特尔恩斯（Peter Stearns）的《肥胖之历史：现代西方的身体和美感》（*Fat History*：*Bodies and Beauty in the Modern West*）提出，人的体形美感是瘦还是胖的观念是同消费文化、妇女平权运动和女性性角色、母性角色变化相关联的。人们的研究不仅仅停留在体形上，还接触到大量生产的名牌食品：名厨烹调、电视餐、美食的冷冻果汁等。在后现代社会里，食品不仅是提供身体必需的营养来源，也是一种追赶时尚的商品。吃什么饭，做什么样的饭，吃什么牌子的饭，食品是如何包装的，在哪个饭店吃饭，吃什么国家的饭，都成了区别不同生活方式的时尚的重要部分。素食主义表示了一种很上层的身份。当然喝的也要按等级排列。科学也派上了用场，每个女人都要计算每天应该摄入多少卡路里，运动能消耗多少。一个巨大的笑话就是电视广告里充满了高蛋白高脂肪的食品，以满足人们的欲望，而在实际生活中，人们只能吃豆子、烤面包干之类的低脂肪食品。在这里，食物成了一种色情物：不停地煽动你的欲望，又不停地告诫你，你的欲望永远不会得到满足。在一个食品丰富的社会里，瘦就是美，骨感美就是有教养，有气质，有社会地位。欲望从来不是单一的，而是多重矛盾的。吃得好，体形就会不好看。减肥成了女性的嗜好。美国每年用在减肥工业上的钱，可以用来两次方地解决全世界的饥饿问题。

由消费而引起的满足感来自几个方面。首先是追求感觉上的刺激，如视觉、听觉、味觉。美国周六主要电视台，就连公共电视台也一样，着重于食品的宣传。一方面名厨介绍令人眼花缭乱的各种菜肴制作，另一方面紧接着就是健身广告和减肥广告。超级市场里的布局都是经过消费者心理调查而精心策划的。由大众心理学家参加设计的购物区的格局要迎合消费者心理的需要。比如说，利用迪斯尼乐园游乐场的格局，首先要建立一个长长的大道，小型和中型的商店沿道两边而立，恰似晚宴里的头台小菜，在两个尽头布置着大的百货连锁店，这才是购物的正餐，又好像是白雪公主的宫殿，只有达到那里，欲望才能得到满足，因为每个女孩子的最大欲望是成为白雪公主，而女性是主要消费者。这种布局把购物的过程筹划成了满足欲望、达到理想的过程。

女性主义对消费主义的研究有时会走入绝对化。比如，约翰·菲斯克（John Fisk）认为，消费者对商品化的社会有一种巨大的颠覆力，像游击战一样从人们意想不到的角度，对现在的文化不断袭击。女人是家庭中主要的采买员。最近几年在西欧和美国，有些女人得上了一种类似酒瘾、烟瘾之类的"购物瘾"。她们能从购物过程中得到快感。她们并不在意买什么，买的东西有没有用。只要心情不好，就去商场。菲斯克认为，女性的狂买乱买，导致家庭收支不平衡，使家庭不和，以致离婚。从这个角度上说，女性无目的的消费，无意识或潜意识的对父权制传统的婚姻结构和家庭有颠覆性的意义。

三

全球的消费主义是以美国的主流价值观为蓝本的。在《美国独立宣言》里，一句最著名的话就是：生活，自由和对幸福的追求（Life，Liberty and the Pursuit of Happiness），这三点"是人的不可分割的权利"。美国的发展就是在这样一个理想的框架中进行的。在这里，我想分析一下"对幸福的追求"的实际含义。《独立宣言》中的这句话，显而易见是从英国哲学家约翰·洛克（John Locke）那里借来的。在洛克的版本中没有对幸福的追求，而是："生活，自由，和庄园（或财产）"（Life，Liberty，and Estate or Property）。美国人把财产这个物质性的词改成了一个过程，一个追求的过程。如果说 17 世纪的英国人认为生活、自由和财产是人的基本权利的话，18 世纪的美国人则对人的不可分割的权利提出了更高的要求，他们要幸福，把人的心理和精神状态的满足变成了一种权利，变成了物质的结果。他们同时也预测到了幸福的不可得到性，因为得到了的就不是幸福的了，因此要追求。要想理解什么是美国人对幸福的追求，小说《伟大的盖茨比》（The Great Gatsby）是再好不过的教材了。它形象地描述了美国梦的本质：奢侈贪婪，对物质财富无止境的追求，以为这样精神上就会幸福了。这种物质和精神互为一体在现代消费主义的词汇中比比皆是，什么"道德破产"啦，"精神贫穷"啦，"狂甩文化"啦，等等，似乎精神境界和商品一样，都可用商业的词汇来形容、来表达。

今天，消费被广泛认为是最好的实现自我的方式。一个人在自己价值危机时，最不自信时，最没有安全感时，总是看一看自己的财产，然后就会心安理得地觉得有一个实体的存在。而更危险的是，好像只要有购买力，在获取商品的同时，就是享受到了民主。挑选商品的过程变成了自由选择。在这种情况下，美国实际上就是一个巨大的超级市场。20世纪80年代，美国当时的总统里根在一次电视讲话中说：美国超市里有几百种冰激凌，美国的孩子从小就知道选择，所以美国是最自由、最民主的国家。

我认为，对幸福的追求是消费文化的认识基础。全球化资本主义的文化逻辑就是制造一种统一的、纯粹的消费文化。资本主义的主要目的和效应表现在：不停地创造欲望，不停地制造不满足感，不停地制造不幸福感，因而有效地防止满足感的产生。女性主义对消费文化的批评，应该建立在对全球资本主义的批判之上。

全球化过程所孕育的文化和思想意识主要是以"生活方式"为主题的。商品、获得商品削弱了社区意识和公民生活。左翼作家罗伯特·麦克契萨伊（Robert McChesaey）指出：全球媒体系统的特征是肆无忌惮地全面商品化，制造各种所谓名牌，中产阶级年轻一代都是在名牌、名牌商品中长大的。作为政府的喉舌，新闻重在猎奇，无商品广告的媒体越来越少。这些变化严重地削弱了"公共领域"以及公民参与社区、国家政治的机会。广告推销的文化力量，使得政治公共领域被非政治的消费文化替代。世界现在变成了一个虚构的、由广告商根据不同的人口组织和消费习惯分成的社团，取代了民主社会必有的政治组织和团体。虚构的社团主要是买卖商品，而不是提供政治服务。广告商们不喜欢政治，因为目标观众很少，娱乐节目不仅帮助卖商品，而且可以间接地、有效地传播意识形态信息。娱乐节目具有麻痹性，使人们满足于现状，不去挑战现存的社会政治经济制度。这样，公共领域被成功地变成了满足商业利益的场合，公众失去了对社会、文化、政府政策的参与作用，商业、政府造成了垄断。这种现象和毛泽东讲的和平演变很相似。

公民的利益和消费者的利益是不同的。公民是一个政治概念，有其政治属性，公民不但对社区和社会有要求，也有其义务。消费者的身份和公民的身份不同，它是经济的概念，它对社区和社会没有什么义务，因为"消费者就是上帝"。

在大多数人的眼光都集中在消费问题上的时候，女性主义者安杰拉·麦克罗比（Angela McRobbie）在 1999 年指出，生产这个至关重要的环节被大多数女性主义者忽视了。大量的私有财富、大量的消费，必须有其原料基地、生产加工基地以及消费品的生产者。第三世界发展中国家为了满足发达国家的消费而成为提供物质生产、资源的基地。社会消费品要通过起码三个环节才能到达消费者手里：获取原材料、生产、运输。社会经济也不只是买方卖方，谁消费、谁控制消费的问题，而且还包括生产过程，生产劳动的报酬，因不合理的报酬随之而来的工人的贫困，劳动力再生产，谁掌握劳动力的再生产，谁能消费得起，消费什么，第三世界女工和童工的廉价劳动，阶级的重新组合和社会财富的分配等一系列问题。

这就让我们重新回到这次讲座开始提出的问题。女性主义，无论是西方的还是中国的，如果把着眼点放到个人选择上，就会毫无疑问地丧失它和社会历史的相关性，成为中产阶级妇女的无病呻吟。如果非要将生活方式的选择也说成是一种政治性的，那么这种政治就是一种消极的政治，一种自怜、自恋的政治。

我们都知道，女性主义不是什么真理，它是对自身所处的某种社会中的权力结构的反应。女性主义常常受主流文化的影响。从这个角度来讲，美国的女性主义的的确确反映了美国的社会主流：消费主义、多元文化、多元生活方式、多元思维方式。美国正向世界武力地、文化地、经济地推行自身的生活方式。处在这样的历史时期中，如何认识和批判西欧和美国的传统价值观，是对全球女性主义的严肃挑战。

讨　论

郭思远（首都师范大学政法学院硕士研究生）："流氓燕"是作为慈善行为解释问题，她做这件事情可能是因为生活所迫。作为问题的另一方面来说，农民工需要性生活，还有一群人也需要，这样的情况是否会带来暴乱？是否会涉及农民工本身的生存问题？

柏棣：是的，对"流氓燕"来讲，她认为这个行为本身是慈善的行为。马克思在讲法兰西阶级斗争时讲过，当时在资本主义第一次浪潮中，把大批失地农民赶去城市做工人，娼妓同样需要适应这样的社会，资本主义社会的娼妓较之以往社会形态的都不一样，是非常现实的，就是要解决人的生存问题。娼妓的出现是具有合理性的，因为大量失地农民工离开家，需要满足欲望。中国把大量失地农民变成农民工的时候，存在巨大的性问题，女性农民工、下岗女工充当娼妓的角色，缓和爆发机制，避免暴动的产生。

宋少鹏（中国人民大学中共党史系副教授）：我认为"流氓燕"的革命性就在于非常直接地宣誓资本主义精神，这是非常重要的一点，但总之，我认为，她的政治诉求是非常明确的。

柏棣：它的诉求是她自由和民主。

宋少鹏：她的实验店被砸之前，还有关于艾滋病人的问题。

柏棣：在中国要研究性和艾滋病问题，好像是非常不入流的，因为我们的整个社会就不知道"往哪放"？中国是特殊问题，用"特色"很有意思。"特色"可以解释很多东西，但是

"特色"本身又应该怎么解释呢？

宋少鹏：是后现代吧！

柏棣：前现代、后现代都有，可以再解释。所以是很好的、大的空间，现在全世纪都想解释中国。这个很有意思，没有秩序，又解放又不解放，导致国外很不好介绍中国。好多东西概念都不清楚，而且我们发展太快了，美国这20年没什么发展，中国发展快，GDP一高，循环特别快，就不稳定。所以你想解释不稳定性时，就存在好多问题。所以谁也解释不了，今天一个理论，明天一个理论。

谭君（首都师范大学历史学院硕士研究生）：老师您好，今天您讲了美国的女性主义，那么，在美国，是否存在白种女性的女性主义和黑种女性的女性主义？

柏棣：是的，的确存在，她们之间一直在内斗嘛。美国的黑人女性主义管自己叫"Womanism"（妇女主义），她与白人女性主义的用词都不一样。我们现在所讲的女性主义，通常就是指白人的女性主义，而且是白人的中产阶级，可能也包括中国上层女性的那些经验。黑人与白人女性主义之间的分歧很大，尽管有些黑人女性出身上层、毕业于好的学校，但她们认为，黑人与下层的、底层的人有一种特殊的联系。

谭君：那您今天讲的是不是主要是白人女性的女性主义。

柏棣：不是的，我今天所讲的主要是双方共识的东西。比如说，黑人女性主义也赞同主体性。她们的区别在哪儿呢？区别就在于，在女性主义开始的时候，白人女性要求工作权、走出家庭。而对于那些作为奴隶的黑人女性来说，工作不是问题，她们一直就工作着，所以要求工作权不是黑人女性的诉求。黑人女性的诉求，就是要求与白人平等，不只是要求与男人平等，就是和白人女性也不平等。所以，在这其中包含种族问题、阶级问题等。

魏开琼（中华女子学院副教授）：今天的主题是西方女权主义当前议题研究，《物质女权主义》这本书，书中的基本观念是科技发达为妇女的解放提供可能性，20世纪90年代第二波女权运动衰弱以后，年轻女性认为物质基础高速发展。我有自己的选择空间，他们两者之间是什么关系？

第二个问题是，《物质女权主义》2008年出版，背景是什么样的，出来以后美国的学界、民众有怎样的回响和反映？

柏棣：第一个问题是两个概念，物质（Material），它是物质性的，不是讲的物质消费问题，是人的物质，人不能总是思想，还有肉体的改变；另一个是消费的物质主义，这个是物质，是相互区别的，也不是马克思的物质主义。所有主义进入死胡同，都在想办法找到理论出口，如果太依赖科学的话，我们就没有存在的必要，女性主义科学家提出，在科学的发展中就能为人类提供道路，有进化论的感觉。

魏开琼：美国的大学要取消女性学，您刚才说到的主要原因是学生要找工作是吗？

柏棣：不光是找工作，这个学科本身是激进的，在大学体制中间仍然存在，女性学是解放学，是要解放的。而在大学里的任何学科，都应该是客观的、公正的。

魏开琼：那么 women studies 这个概念，在美国女性的眼中，其内涵就是解放概念的？

柏棣：是的，含有社会批判和解放的概念，现在还有 African study，非洲裔美国学者现在都在肃整，大学整个都在右转，不愿意出现这样的学科，那个是在六七十年代通过民意的过程中出现的。

魏开琼：所以说大学里想去掉的不是名称，而是在内容的讲述上进行改变。

柏棣：对，原来是学，而不是"学科"，为什么叫"学"。

魏开琼：这个很有趣，之前，我们想把一门学科改编成社会妇女性别研究，校方还是决定要叫女性学，这个问题可能出在，中西方对"女性学"不同的理解，而西方把它看作是一种解放，实际是一个词。

王红旗（首都师范大学女性文化研究中心主任）：中国引入的学科是客观化的。

柏棣：女性学是战斗性的，进去就是要被洗脑的，充分认同男权社会，女性应该起身反抗，社会是平等的。

魏开琼：其实我很好奇，美国女性主义的研究多元化，你说试图总结很难，她们主要关注的是什么？

柏棣：六七十年代等一批第二波西方女性主义现在已经进入体制，人进入体制后，还造什么反？所以女性学的这些学者，已经确定其地位。还有批判体制，已身处体制内的人，怎么批判？现在的女性主义呈现的是青黄不接的状态。在美国80年代、90年代、21世纪的 X Generation 是消费主义时代出生的，这代人根本瞧不起第二代女性主义。在占领华尔街运动中，年轻人开始参与，有社会正义意识。资本主义就是利用消费欲望对人彻底洗脑，赚钱买房子，买大房子、好车、好表、拿好包。所有的生活欲望就在这儿，这个是不得了的，你想这样的情况下无人关注社会公正，所以作为女性主义的社会公正性，谁去学。现在大家都去学经济，美国最大的专业是经济，大家都去华尔街挣钱去。现在是后消费时期，而六七十年代正处于全球的革命时期，第二波到第三波女性主义已经由我怎么满足我自己的问题，变成生活方式女性主义。芙蓉姐姐是在挑战男权社会，在道德上的挑战，宣传自己。但是在中国还有更多的年轻人关心社会正义，但是也是比较温和的。

中国已经进入家庭危机
集中爆发期

时间：2012 年 6 月 16 日下午 3：00 ~ 5：00
地点：首都师范大学本部主楼 201 会议室

主讲人简介

　　蔡鑫，首都师范大学政法学院社会学与社会工作系副教授、副主任，社会学博士。先后开设了西方社会学理论、社会保障与福利概论、城市社会学、婚姻家庭与女性社会学、社会学原著导读等课程。在核心期刊发表论文多篇，专著一部。

梁景和（主持人）：

　　今天下午请蔡鑫老师来给咱们作报告，蔡老师是首都师范大学政法学院的老师，近几年蔡老师的主要研究方向是婚姻、家庭、性伦等社会问题。蔡老师今天为我们作《中国已经进入家庭危机集中爆发期》的讲演，我们欢迎蔡老师！

蔡鑫（主讲人）：

　　非常感谢梁老师给予的这次机会，下面我会和大家一起分享一下我的一些研究成果和想法，也是这些年来始终关注的话题。中国自古以来以礼仪之邦自称，并且有重视家庭的传统美德，家庭的经营和维系对中国人来说似乎具有特别重要的涵义，正如儒家的家国观：正心—诚意—格物—致知—修身—齐家—平天下。

本文提出的一个基本观点就是，我国已经进入家庭危机的集中爆发时期，相应后果会在相当长一段时间内渐渐呈现，对此我国社会似乎并没有准备好应对。得出这一观点的依据主要来自三个方面：第一，离婚率水平保持持续增长，并没有见到回落或者稳定下来的迹象；第二，家庭暴力的发生情况始终未得到有效遏制；第三，受大的社会环境变迁的影响，青少年问题表现突出。下面将就这三个方面分别阐述。

一 谈离婚问题

家庭危机爆发的主要表现是离婚率增长。通过表1的数据来看，10年来我国的离婚率有显著增长，一些年份的增长水平甚至是惊人的，并且增长的趋势并没有停止的迹象。据数据资料看，2010年我国离婚率已经接近2‰的水平。也许有人会说这个数字并不算高，但实际离婚的人数是离婚率的2倍，当前已经超过每年500万人，即使保持这个离婚率水平不再增长，10年就是5000万，20年将新增1亿离婚人口。同时，延续这样的离婚率水平，可以预测的是我国未来20年将新增约2000万青少年经历父母离异的情况，而父母离异一般会给青少年造成重大的负面情感伤害。看到这样的数字，我们还会觉得中国的离婚率不高或者还没有什么值得担心的吗？并且近几年离婚率增长的趋势并没有停止过。

至于离婚率高速增长的原因，很多人做过研究，主要原因指向现代社会的社会因素、经济因素、环境因素、文化因素和心理因素等，各种原因交织错综复杂。除此以外，我认为有两个重要原因值得关注，一是社会的结构性因素，人是社会人，不可能不受到社会结构性因素的影响，因此高离婚率增长是社会结构性失衡的一个表现。比如我国的快速城市化与人口迁移，离乡背井对婚姻稳定不利，并且在人口大流动的情况下生活背景不同的人接触机会大大增加，实际也增加了离婚的概率。另一个值得关注之点是男女两性之间的不能相互理解沟通在当代社会愈演愈烈，主要是男性对女性的理解没有能够跟上时代发展，而女性的自我认知与独立平等意识早已经超越男性的一般认识。当代社会竞争压力巨大，女性寻求平等的努力实际并没有使女性摆脱生育和养育的重负，同时还要在职场和男性一样打拼，这样难免使得女性对婚姻生发种种不满，而男性对妻子的不满往往觉得难以理解，认为女性在工作之外更多照顾家庭是天经地义。言及此不能不说我国当前婚姻危机很大程度上是教育失败的结果，我们的基础教育向来重视成绩，缺乏对情商的教育，在国民文化中传统的恩情观奉献观逐步让位给罗曼蒂克的爱情观，婚姻因此而走向不稳定。

表1 2001~2009年全国离婚对数和离婚率

年份	离婚对数（万对）	离婚率（‰）
2001	125	0.98
2002	117.7	0.90
2003	133.1	1.05
2004	166.5	1.28
2005	178.5	1.37
2006	191.3	1.46
2007	209.8	1.59
2008	226.9	1.71
2009	246.8	1.85
2010	256.8	1.90

注：数据来自民政部年度民政事业发展统计报告。

二 关于家庭暴力的问题

在 2000 年左右，由中国人民大学社会学系潘绥铭教授等人领衔承担的研究课题显示我国女性每年约有 10% 受到过某种人身暴力，这个数字实际也非常高，因为排除掉发生率很低的老年人口之后，在中青年夫妻之中家庭暴力的发生率会显著提高。近些年一些严重家暴事件的发生又常常使我们思考中国社会到底出了什么问题。李阳殴妻事件引起全国范围内的广泛关注，而这次事件舆论一边倒地站在了美国人一边（李阳妻子为美国籍），国人的是非观还是非常客观的。李阳殴妻并非习惯性发生，具有相当大的代表性，男性工作繁忙，事业压力巨大，妻子难以得到丈夫的关爱，因此要求丈夫更顾家更关心自己，这种不断的诉求在丈夫看来成为难以忍受的喋喋不休的唠叨，于是使用暴力成为丈夫让妻子闭嘴和发泄愤怒的手段。

很多的研究认为家庭暴力是女性地位低下和男权社会的产物，在今天来讲这种观点已经过时了。从李阳殴妻事件来看也可以佐证这一点。在传统男权社会，家庭暴力的发生反而不如今天这么多，因为丈夫妻子会认可男权社会或者男尊女卑的社会家庭规范，冲突反而不容易发生，再加上我国传统文化强调夫妻恩情观，即使发生冲突也不会太激烈。今天家庭暴力的高发，尤其是一些严重伤害事件的发生不能不说是令人非常痛心的事情，比如演员白静遇害案，实际这样的案例与两性地位等无关，不能再用老的眼光来看待家庭暴力。今天我国更多的家庭暴力冲突是人际间的难以沟通理解、情绪易于失控造成的。现代人的独立意识、自我意识强，如果没有很好的修养，人往往容易变得更加敏感和易于失控。

此外，还有一点特别值得强调的是对于家庭暴力的防控，一个很有效的手段是法律，但我国至今迟迟未出台"反家庭暴力法"，使得对家庭暴力的制裁始终缺乏有效法律依据，家庭反而成为暴力伤害的庇护伞。还有其他一些法律实际也会造成严重负面后果，最具有代表性的是 2010 年我国出台对《婚姻法》的相关司法解释，明确了婚前财产在离婚分割时归婚前所有人，这一司法解释不能不说是历史倒退，从尊重历史和尊重现实的角度看都显然严重不利于女性权益。法律的倡导导向了一个不值得称道的方向，即降低男性离婚成本。白静遇害案一定程度上与这样的法律规定有重要关系，这真是需要我国立法机关认真思考反思。

三 青少年成长困境和问题

青少年成长困境实际和前两个因素密切相关，即高离婚率增长、家庭暴力与冲突。青少年的健康成长特别需要一个稳定和谐的家庭氛围，尤其是和睦友爱的父母关系。冲突和离异家庭对青少年的负面影响怎么强调都不为过。

人类在动物世界当中具有一个鲜明特性，就是人类有很长的幼年期，相对于目前人类的普遍寿命来讲，人类的依存幼年期更加显得太长。在这个成长期，年轻个体几乎不能脱离父母的照顾而生存，这一点可能恰恰是人类需要一个稳定家庭结构的主要原因，而人类历史的发展也符合了这一要求，最终人类文明统治了地球。家庭的分离冲突给青少年造成的心理伤害往往会影响其一生的幸福，否则离婚应该并不会构成多少负面影响，反而更应该如很多女性主义者的观点一样，离婚是一种显著进步的表现。

以我国离婚情况来看，婚龄为下面 3 个阶段离婚率最高，依次是婚龄 6～8 年，1～3 年，20 年左右，尤其是婚龄 6～8 年占到离婚总量的 1/3，而这个时候离婚的夫妻有孩子的占到大多数。婚龄 20 年左右的离婚者很多是在子女成年或考上大学之后才选择分手，以此减少对孩子的负面影响，于孩子而言，这么做的父母是伟大的，但他们却不是好的夫妻。

青少年越轨、犯罪与家庭因素密切相关，甚至90%以上的青少年走上违法犯罪道路本质上源于各类家庭因素。家庭是人类社会最基础的组织，是人类习得友爱、和睦相处和健康人格的最主要场所，没有爱的家庭对孩子是不利和不公平的。家庭是社会的细胞，不可能不受到社会的影响，今天家庭和婚姻的种种问题和危机很大程度上是社会的问题和危机的表现，对此，中国社会的各阶层都应该有所反思，尤其是具备相当话语权的精英社群。

讨 论

谭君（首都师范大学历史学院硕士研究生）：老师您好，我有一个问题。郑杭生先生主编的《社会学概论新修（第三版）》一书中，在讲到"社会化"这一章节的"代差"概念时，有这么一句话，"所谓'早恋'，其实并不是什么'社会问题'，而只是一个由代差引起的幻觉而已"。高永平老师说，这是一个比较前卫的观点，即使在美国也只有少数人赞同，请问您对这个观点怎么看？

蔡鑫：我觉得这个观点有道理。首先，我们都曾经经历过中学时代，回想一下，在中学的时候，当我们喜欢上某个同学的时候，你自己会觉得那是早恋吗？会觉得这种感情很不正常，是幼稚的表现吗？当时我们自己可能不会那么想。我认为，中国家长对早恋的极端敏感，反而导致了一些问题的出现。其实所谓"早恋"自身并不是一个社会问题，它所代表的是由"早恋"所衍生出的青少年无保护性行为、"少女妈妈"等问题。而这样的问题反映的是中学教育中性教育，或者说是伙伴教育的缺失。要解决这个问题，首先就要在目前的学校教育中增加关于"爱的教育"的内容。在西方，防止少女妈妈出现的最有效的手段是进行爱的教育，告诉孩子过早的性生活会伤害她。我觉得，家长不要吓唬孩子，越是吓唬，越是神秘，越不利于孩子的正常发展，效果并不见得好。

谭君：那么，既然说"早恋"已经造成了少女妈妈等一些不良后果，那为什么会被称作是"幻觉"呢？

蔡鑫："早恋冠了一个早字，它不是正常的恋爱。"这种观点认为，早恋比成人世界的恋爱早，所以就是应该禁止的。但是实际上"早恋"也确实是在恋，它的实质是恋爱，但"早恋"这个名词表达的却是一种极端化的社会问题。我想，这本书可能说的是这个意思。早恋与它的后果没有直接关系，这是两个问题。

姜虹（首都师范大学历史学院博士研究生）：老师您好，最近有一种说法，即到 2013 年，中国的人口红利就会消失，请问您对这种说法怎么看？

蔡鑫：最近也有一些报告指出：中国经济发展的"刘易斯转折点"正在逐渐呈现。就拿钟点工来说，最近几年，钟点工的工资涨得很快，从 2007 年到现在，工资涨了大概 4 倍。可以说，中国现在已经进入劳动力短缺时代，传统的劳动力优势不在，而新的经济增长点还没有建立。

随着经济的发展，人们生育的愿望在下降。加里贝克尔的家庭经济学理论认为，经济的发展使孩子的抚养成本加大，最终大于经济成本，最终造成生育率下降，劳动力更加短缺。

姜虹：那所谓的"越穷越生"是怎么一回事呢？

蔡鑫：父母爱孩子是人类的天性，在自身贫穷的时候，父母不愿意让自己的孩子也遭受贫穷。"越穷越生"的现象其实是一个历史现象。在公社化时期，多一个孩子就可以多分一份口粮，抚养孩子的成本实际上是由国家负担的。而现在抚养孩子的成本绝大部分是由公民个人负担的，所以这种现象已经基本上不存在了。

姜虹：我最近听同学说了一件事，他的一个北京的同学在本科毕业后马上就结婚了，但是不久就离婚了，请问您对现在离婚率的升高怎么看呢？

蔡鑫：现在的离婚率的确很高，尤其是 30 岁以下的青年夫妻，婚姻十分不稳定。据统计，在婚姻中有几个离婚高峰时期。一是结婚 1~3 年，这个时间段里婚姻破裂的大概有 20%；二是结婚 6~8 年，也就是人们俗称的"七年之痒"的时间，这个时间段内有高达 40% 的婚姻破裂。过去人们离婚选择的方式更倾向于协议离婚，现在人们离婚时的财产纠纷越加严重，更倾向于诉讼离婚。而且现今有不少 30 岁以下的年轻人在离婚纠纷中表示希望得到房产而不是孩子。这种现象的出现和房价的升高、政策的负面影响、法律的不完善都有关系。

张弛（首都师范大学历史学院博士研究生）：老师您好！10 年前曾经有一部电视剧《不要和陌生人说话》，这部电视剧反映的家庭暴力现象给人们留下了很深的印象。在剧中，施暴者是一位高级知识分子。我想请问一下，在家庭暴力中施暴者的职业分布、城乡分布有什么规律吗？

蔡鑫：根据我们的调查，家庭暴力在城市和乡村的表现有所不同。在乡村，人们更加重视传统，但是如果女性有可核算的独立收入，或者受教育的程度提高，受到家庭暴力的概率就会下降。在城市，夫妻双方的文化程度、收入水平和家暴发生的概率没有必然联系。城市中发生的家庭暴力事件中，夫妻双方的互动因素要更加明显。

另外，在调查中还发现，施暴者一般性格孤僻、少友、不善交际、自我评价较低、倾向于将自身的失败归罪于他人。而受害者方面，从事服务业、商旅业的女性受暴的可能性更高。

所以，要反对家暴，就要在农村提高女性的受教育程度，在城市提高夫妻双方进行交流的能力。还要使人们认识到家暴的危害，提高施暴受暴双方向社会求助的意识。

日本思想传统特征的一个侧面

时间：2012 年 9 月 23 日上午 9 :00 ～ 11 :30
地点：紫玉饭店玉澜楼一层会议室

主讲人简介

　　区建英，东京大学博士，日本新潟国际情报大学教授。区教授在东京大学求学期间，除了师承东京大学的指导教官之外，还得到日本著名政治思想史家丸山真男先生的直接指导，作为丸山真男先生唯一的中国弟子在日本学界受到特别注目。

　　梁景和（主持人）：

　　今天我们邀请到日本新潟国际情报大学区建英教授来为我们作讲演，区教授是研究日本近代思想史和严复问题卓有成效的专家。区老师今天演讲的题目是《日本思想传统特征的一个侧面》，这是一个非常吸引人的题目，让我们来聆听区老师的精彩讲演吧！

　　区建英（主讲人）：

　　非常感谢，有这个机会我非常高兴，下面我要讲的是一些自己的研究，我将从以下三个方面的内容作报告。

一 难以理解的邻国

在中国人看来，日本是近邻，一衣带水。但对日本的很多事情，中国人难以理解。日本有一些优点，但也存在致命的弱点，比如日本一直以来否认侵略战争的各种事实，甚至否认侵略战争本身。近年来，名古屋的市长否认南京大屠杀，东京的石原慎太郎等人否认慰安妇，说她们是自愿的。这类语言越来越多。为什么这个民族犯了罪却不承认呢？我们担心日本的右倾化越来越严重。

日本现在国内的情况：近十几年来，日本一直都要修改和平宪法，最近在领土问题上制造事端，大肆宣扬中国威胁论，把国防厅上升为国防省，要把天皇定位为国家元首。中小学的开学典礼越来越严厉，要求学生和老师起立唱国歌。在新潟、名古屋、东京的中国驻日大使馆也受到冲击。日本一些思想史学者认为日本思想已经回到"二战"前的状态。比起20年前，日本已经严重右倾化，而且目前支持右翼分子的民众也越来越多。对这种现象的批判也越来越少，日本知识分子处于失语状态，而且随着知识分子更新换代，接受的教育也不了解"二战"的历史。

为了让大家更好地理解日本的思想，我先讲一下三岛由纪夫的故事：三岛由纪夫作为文学家名气非常大，但他的另一个侧面令人很吃惊。他中年时候组织了自己的私人武装（盾会），1970年11月他带领4名盾会成员，冲进自卫队东部总监室，在阳台上呼吁自卫队士官实行政变，推翻否定日本拥有军队的宪法，使自卫队成为真的军队以保卫天皇和日本的传统。因为没人响应，三岛便按照日本传统仪式切腹自杀。

日本著名思想家完山治男先生的弟子们认为，三岛由纪夫的行为体现了日本人的思维方式，在日本社会具有一定普遍性，我们希望把这个现象的思想实质挖掘出来。

二　武士文化与儒学的关系

（一）江户时代（1603～1867）的政治思想概观

日本思想的特征，最有代表性的因素几乎都集中在江户时代。江户时代是由德川将军统治的，所以又称德川时代，主要是幕藩体制。所谓幕藩体制，中央是幕，由德川将军掌控，地方设藩。幕藩体制产生于战国——这一武士互相夺天下的时代，其特征是世俗权力压倒佛教思想以及基督教传来的势力。武士文化的特征：以暴力统治社会，没有国教，不研究什么理论，也没有特定的思想体系，政治体制就是靠暴力来支撑。武士原来有一种独特的忠诚，只对自己的主公表示忠诚，不管主公是做好事还是坏事，都要对其绝对忠诚。他们的本领就是武勇，通过掠地杀人来建立功勋，获得恩宠。江户时代没有战争，但是幕藩体制维持着战国时代的思维方式，武士随时准备为主公进行下一场战争。江户时代持续了两百多年的繁荣，随时准备为主公进行下一场战争的武士精神与现实不协调。武士统治无法持续，需要一种伦理，于是人民自发地从中国和朝鲜引进一些道德伦理思想，主要是儒教思想。儒学与过去日本的佛教的神道有很多的不同，有着很多世俗的政治伦理准则，对庶民百姓很有说服力。但是如果我们因此就认为日本人就接受了儒教是不对的。对于儒教这种外来文化，日本人在引进之初就有强烈的排斥。他们一方面需要它，另一方面又批判它。随着不断批判，儒学在日本发生了深刻变化，儒学的日本化在它引进之初就开始了。我们应该注意到，儒学的日本化并不意味着日本接受了儒家的大部分思想。所谓儒教对日本的影响，更大程度上是儒教对日本起了刺激作用。儒教刺激到日本人的思想，使他回到古代，想起了日本古代的很多东西，把日本古代的东西挖掘出来变成另一种思想。有一种是接受了儒教的一部分特别是政治权术，但不接受道德思想，另一部分产生了批判儒教的潮流，在这种潮流混合下，日本社会形成了新的日本观和天皇观，皇国制就是这时候出现的。还有一种是刺激了日本吸收西洋文化，儒学中有很多哲学概念，日本人就借用儒学中的哲学概念吸收西洋哲学。

（二）儒学在武士精神中变容

儒学虽然对武士统治的德川时代产生了很大影响，但又正因为武士社会的性质，使儒学发生了深刻的变容。

1. 武士忠诚意识的影响

武士的忠诚意识是抵抗儒教的非常重要的因素。武士的忠诚是纯粹的主从关系——领受主公的恩情（封地、俸禄）和对主公的绝对忠诚，在那里不需要追究"是否符合正义"，"是否符合道理"。德川时代没有战争，但是武士对主公忠诚来获得恩宠的想法没有变化，因此武士之间常常殴斗，用各种暴力行为和自杀行为表明对主公的忠诚。1663年，德川幕府不得不发出禁止令。一些武士学习儒学成为教导人民的官员，武士忠诚由对主公个人的忠诚转变为对藩这个组织的忠诚。但是无论如何转变，都改变不了武士的忠诚。武士精神与儒学不相容的一个典型事例就是"赤穗事件"。"赤穗事件"就是武士为主公复仇而不问正邪。具体内容是：赤穗一个藩主杀另一个藩主没有成功，被德川将军判有罪而切腹自杀，他的家臣为了给他复仇，组成47名义士杀了主公的仇人。德川幕府判其有罪而集体切腹自杀，但是又封他们为义士，理由是他们表现了武士忠诚最值得歌颂的精神。不仅武士文化歌颂他们，连日本的儒学者，也毫不犹豫地歌颂他们这种完全抽空了正义的暴力行为。这47名武士因此变成赤穗义士，世世代代受到歌颂，因为他们表现了最好的大和魂。直到现在，赤穗义士的精神在日本民主社会仍然受欢迎。

2. 武士与"仁政"

西方和中国的政治以及日本政治的一些特点：西方的近代

政治很明确的政治的目的是为了国民，每个国民享有平等和自由，政治是自治，是由人民自己来管理这个国家事务。

中国儒学传统的政治观：政治的目的是为了人民，重视民生和社会安定（以忠孝礼仪来维系），政治是由有德之人来统治的王道思想。（这是民本主义，而非民主主义。）

日本传统社会是武士（战国武士的原型）社会：武士跟随主公去攻城略地，武力取胜，以军工获得荣誉和恩宠。从来没有"为民"的政治目的，反而人民必须为武士提供所需物质。

儒学被引进这样的精神文化之中，他们吸收一些民本思想，是为了维持用武力夺来的政权。武士所关心的是儒学里的天道思想，这里的天道思想与儒学的畏民思想不同，是指天的报应，如果不对人民有所恩惠就会遭到天的报应，不能维持政权。因此，日本武士排斥儒教民本思想而接受儒教的安民思想，日本儒学在目的上就日本化了。

而日本最不能接受的，是儒学中讨伐暴君的革命思想，尤其是民为本，肯定汤王、武王讨伐暴君的思想。中国的儒学是民为本的，所以讨伐暴君是合理的。君主头上还有天，君主是有德之人代表天意的，他不符合天意的时候理应推翻他。

在日本，讨伐君主是绝对不能容忍的，不仅是武士还有一些儒学者都持这种观点。日本的天皇是将军的权威，将军是保卫天皇的。天皇之上没有天了，天皇对日本人民来说就是神，所以不能讨伐天皇。因此在"君臣之义"这一点上，儒学也被日本化了。

三　国学的所谓"纯真之心"

（一）对"理"表示一种厌恶是一种美感

"理"指道理、道德、原理、理性等一些抽象思想。日本有一种奇怪的思想是热爱自然美就要讨厌道理。一般来说人与人之间要形成互相关爱、互相不侵犯的关系，需要一种普适的道理来支撑。但是日本的道理是负面的道理，通俗来说是把人们讲道理的行为看成是丑恶的，认为讨厌是对道理的超脱，这种超脱型的讨厌道理是很美丽的。在这种审美观里，他们认为人与人之间的相互关爱、帮助都是不干净的，所以他们结成一种同盟，同盟之间不能互相帮助。他们没有什么思想和规范，虽然讨厌但也不能改变这个规范。

三岛由纪夫的《镜子之家》暗示了对太平洋战争的怀念，怀念毫无秩序的已变为废墟的世界，同时对战后有秩序的、和平的、发展经济的社会表示厌恶，这是日本浪漫派文学的共同心理。他们对科学真理、伦理教育表示排斥，极端的时候排斥一切理论，对这些理论表示不信任，不信任是一种超脱的美。

因此厌恶"理"，在日本是一种精神结构，或者说是一种思维倾向，易于与暴力相结合。其思想根源是国学。

（二）在抵抗儒学中诞生的国学

儒学在日本发生变容，是因为儒学与武士精神有不相容之处。日本在抛弃儒学精髓的过程中，产生了追求"纯真"、厌恶"理"的"国学"。右翼的精神谱系可追溯于此。

（三）国学的产生及发展过程

1. 狄生徂徕——对国学产生影响的"徂徕学"

狄生徂徕劝统治者学"圣人之道"，即儒学，但是他用统治时间的长短判断"圣人之道"的有效性，是致命弱点。他指出中国夏商周的统治时间很长久的原因是用儒学统治，因此要日本统治者也用儒学统治。

2. 徂徕弟子——服部南郭

服部南郭的主要理论是证明儒学无效。"武士不学无术、太平长久持续，成了否定'圣人之道'的理由。"服部南郭认为中华社会是不好的，日本社会是好的。日本人是非常纯真的，不用讲什么思想、道理，皇国思想就是这个时期开始的。

中国的美意和日本的美意是不一样的。中国的儒教"正义"和"美"是形成一体的，赞美有德者，相信有德者以民为本带来的文明社会是很和美的，是普适的。这成为日本国学攻击的材料。

3. 贺茂真渊——"国学"的开祖

"国学"的重要特征就是证明儒学不好。贺茂真渊把很多江户时代表现对儒学抵抗的因素集合起来创造了国学，抵抗因素主要来源于服部南郭。贺茂真渊的代表作是《国意考》，引用事例说明儒教在政治治理方面是无效的，是没有价值的。他用有效统治时间来评判，认为推翻暴君是很不好的事情。在道德方面否定报应教诲，鼓励杀人。

贺茂真渊讨厌和不相信以理为支柱的明理和教义，他以"纯真之心"为支柱。"纯真之心"是国学最重要的部分，统治社会不需要任何的智慧和道德，只需要人的"纯真之心"。

"纯真之心"是他们从古代日本的风俗习惯中寻找到的。贺茂真渊认为坏的行为出于纯真之心也是好的，社会用武力、肌肉、双手就可以解决问题，治国平天下。

4. 国学者——本居宣长

本居宣长为贺茂真渊的弟子。他提倡古代日本的"物哀"，即对事物的哀情，这种哀情是很自然地产生的，是日本纯真之心的一个很重要的表现。他忠于他老师贺茂真渊的立场，认为现实中坏的人会繁荣，善的人会痛苦，并认为这种现象是理所当然的，不需要改变。他主张回到古代野蛮淳朴的时代。江户时代对于他们来说是被儒学污染的社会，君子都是虚伪的。贺茂真渊认为改变社会的方式是复古，而本居宣长比较现实，他认为日本已经不可能复古，最好的方式就是完全没有思想地顺从一个君主，也就是天皇，恭恭敬敬地服从天皇就是纯真之心了。"纯真之心"服从的对象是天皇，支撑天皇的教义就是神道。本居宣长宣扬已经被儒学污染的社会无法回到古代社会，就要服从天皇，坚持纯真之心。他的弟子们有一类伪装得很纯真，变成纯粹的文人，另一类继承武士精神，追求壮烈。

本居宣长宣扬"纯真之心"，就是不用思想完全效忠天皇。右翼讨厌思想，讨厌逻辑思维、理性，可能就来源于此。战后日本接受外来思想，有学者认为日本可以随意拿来别人的思想，因为它没有思想交锋。

讨　论

梁景和：从区老师的报告中可以了解到日本思想的一些特征。那么请问区老师，武士道和大和魂是一致的东西吗？

区建英：是这样的。

梁景和：当今武士道精神在日本还那么兴盛吗？

区建英：战后日本讲民族主义，但是武士道精神仍然没有失去，一般来说是欺善怕恶。

蒿飞（首都师范大学历史学院硕士研究生）：我曾经听一个学者说，日本教科书都是各文部省编，日本教科书对日本侵华持什么态度？

区建英：右翼教科书否认侵华、南京大屠杀，宣扬战争是对外的拯救。随着中、朝抗议减少，各省采用该教科书越来越多。后来该教科书成为畅销书。现在其他版本教科书也把侵华内容大大减少。日本国内右倾化与国民历史教育缺失有关。

张弛（首都师范大学历史学院博士研究生）：我听过这样一个说法，"日本人未必对和平本身有种深刻理解，但是愿意活在和平里"。我们知道，钓鱼岛问题是"二战"遗留问题，美国是背后操纵中日关系的黑手。我的问题是，武士道精神在日本近代化中起到了什么积极作用？

区建英：美国的干涉是出于国家利益，但是并没有干涉日本的右倾化。日本接受西洋思想很快。美国不让日本去掉天皇制，不是管住日本人，是要管住日本人的思想，美国人很了解日本人天皇制的精神。从中我们可以看出日本人在强硬之外还存在虚弱无力的另一面。

赵妍（首都师范大学历史学院博士研究生）：根据您在日本这么多年的所见所闻，您了解日本民间对国民自卫队有何观感？

区建英：自卫队实力非常强，就是军队。日本市民大多数希望日本自卫队越来越强，成为军队。只有日本冲绳、军事基地等少数人否定自卫队。

赵妍：我听说在日本加入自卫队的人有些是迫不得已的，是没有工作的人的选择，是吗？

区建英：的确是这样。中日建立战略互惠关系，日本人就认为可以在某些问题上为所欲为了。

蒿飞：一个日本前首相曾说，日本人对国内的华人都很好，但是一些报道说，日本战败的时候，日本人对在日华人有一些打砸抢，我不知道这些报道是否是真实的？

区建英：抢好像没有，但是打砸还是很多的，日本人也有对华人学校的袭击的，也是很野蛮的。

宋培军（首都师范大学历史学院博士研究生）：区老师您好，我有两个问题想向您请教。（1）经济与思想、生活与思想都是互动的，您对此怎么看？（2）日本学者的《中国的冲击》一书认为日本江户时代由"分权走向集权"，后来又由"集权走向分权"，您怎么看这个近代史的脉络的？

区建英：对（1）这个问题不好回答。对（2）问题，《中国的冲击》是为日本人写的，告诫日本不要小看中国，让日本人清醒。

王栋亮（首都师范大学历史学院博士研究生）：区老师您好，中国社会文化史的兴起受到了西方理论的影响，但是在中国发展过程中又呈现了本土化特征。我想问日本史学界在发展过程中是如何对待西方理论的？

区建英：日本对西方理论接受很快，成为一个流派，但是也相当功利，社会文化史不太发达，文化人类学、社会学比较发达。

王栋亮：日本史学界的研究方法哪些值得我们学习？

区建英：日本学者实证很强，研究很细，但不够全面，与历史研究碎片化比较相似。

梁景和：区老师讲的思想，是从思辨的角度来谈的，比较哲学化。区老师讲的"库存文化"对我们有启发意义，一个国家、一个民族都要有自己的立场，文化的价值要为我所用。民族国家之间产生利益之争也是必然的。好，由于时间关系，今天的讲座就到这，非常感谢区老师。

区建英：谢谢大家！

孙中山民生主义的现代启示

时间：2012 年 11 月 1 日下午 2:30 ~ 5:00

地点：首都师范大学北一区文科楼 408 会议室

主讲人简介

郑师渠，历史学博士、北京师范大学历史学院教授、博士生导师。曾任北京师范大学党委副书记、副校长，北京师范大学历史系中国近代史教研室主任、历史系主任等。社会兼职有中国史学史副会长、北京市史学会会长、教育部历史学科教学指导委员会副主任委员、北京市政府顾问等。长期从事中国近代史、中国近代思想文化史的教学与科研工作。

梁景和（主持人）：

今天很荣幸请来郑师渠老师为大家作报告，郑老师长期从事中国近代史、中国近代思想文化史的教学与科研工作。在《历史研究》《近代史研究》等刊物发表《论近代中国的文化民族主义》《欧战后中国社会文化思潮的变动》等学术论文数十篇。已经出版《晚清国粹派文化思想研究》《在欧化与国粹之间》等重要著作。今天郑老师要讲的题目是《孙中山民生主义的现代启示》，下面就请大家以热烈的掌声欢迎郑老师！

郑师渠（主讲人）：

谢谢梁老师！我今天主要讲四个问题：第一，何谓民生？何以要重视孙中山民生主义思想；第二，19 世纪末 20 世纪初西方社会文化思潮的变动与孙中山民生主义思想的缘起；第三，民生主义的核心与国共的实践；第四，孙中山民生主义的现代启示。

一 何谓民生？何以要重视孙中山民生主义思想？

"民生"一词，古已有之。我们常说国计民生，它指的就是人民的生计。孙中山定义说："民生就是人民的生活——社会的生存。国民的生计，群众的生命便是。"民生是集合词，涉及社会的政治、经济、军事、文化等，它不是孤立的，而是社会有机整体。在孙中山看来，用"民生"两个字来概括社会问题，较之用"社会"等名词更适当，切实而明了。民生是历史的重心，社会的重心，是人类研究一切问题的最后中心。他后来说："民生就是政治的中心，就是经济的中心和种种历史活动的中心，好像天空以内的重心一样。"简言之，民生主义便是让老百姓过好日子。这是孙中山一生为之奋斗的最终理想与目标。

何以要重视孙中山的民生主义思想？其一，孙中山是现代中国的缔造者，中国民主革命的先行者，我们不能数典忘祖；其二，民生主义是孙中山三民主义学说最富生机与活力的部分；其三，今天中国建设和谐社会需要借鉴孙中山的民生主义。

近些年来，民生问题受到关注。党的十八大报告说："加强社会建设，必须以保障和改善民生为重点。提高人民物质文化生活水平，是改革开放和社会主义现代化建设的根本目的。"强调民生、独具体系的孙中山的民生主义思想及其现代的启示，自然就值得特别关注了。

二 19世纪末20世纪初西方社会文化思潮的变动与孙中山民生主义思想的缘起

要理解民生主义思想的缘起，须从其时西方社会文化思潮变动及其中国先进人物对此的关注这一大背景去考察。19世纪末以降，西方资本主义社会陷入了危机，欧战前后更显露无遗。随着20世纪初欧战的爆发，俄国革命发生和社会主义思潮的勃兴，在全球范围内出现了反省资本主义浪潮。20世纪初，中国最重要的两位先进人物，梁启超与孙中山，对此的反映大不同，耐人寻味。1903~1905年，他们先后都考察了西方社会，却有不同的观察与省思：

（1）梁启超看到了西方某些弊端，但未能引出深刻的反思，却引出了非共和的后退结论。

（2）孙中山真正看到了西方社会的深层弊端，引出了深刻的教训："欧美强矣，其民困"，须行民生主义。

孙中山不同于梁启超，他是用发展的眼光看问题，不因欧美社会存在现实的矛盾而否定共和与学习西方。他从西方现实，想到了中国的将来。不仅坚定了革命的取向，且进而提出民生主义主张。归根结底，它是反省西方资本主义即现代社会的产物。目的是避免中国将来出现与西方资本主义同样的弊害。在当时，孙中山是近代以来，对西方社会反省最为深入与系统的人。民生主义（三民主义）是其时中国最先进的思想。

欧战后，梁启超、孙中山二人的思想变化，又有新的不同：

（1）梁游欧归来，接受反省现代性思潮，从此放弃政治活动（不是绝对的），转向学术与教育，主张中西文化融合，发展民族新文化。其晚年改变了新方向，影响不容低估。他不赞成行社会主义，却成新文化运动重要一翼。

（2）孙已是晚年，却使自己的思想进一步发生重大转变——由以欧美为师，转向"以俄为师"。

在共产国际与中共帮助下，1924 年国民党一大宣言，宣布改组。重新解释"三民主义"，强调"联俄联共扶助农工"三大政策，反映孙晚年思想的重大飞跃。也因此，孙中山说："民生主义，就是社会主义，就是共产主义，就是大同主义。"由于严酷的革命环境，孙中山虽于 1905 年同盟会成立时，明确提出了自己民生主义的主张，但未得发舒。1917 ~ 1919 年，著《建国方略》，其中第二部分是《实业计划》，对民生主义作了进一步具体发挥。1924 年 1 ~ 8 月，他做《三民主义》长篇讲演，对民生主义更有具体阐述。共讲了四讲，还有两讲，因故没讲完。但"孙文学说"，缘此大体构成了。

孙中山与梁启超的主张虽不同，但都体现了对西方资本主义的进一步反省。

三　民生主义的核心与国共的实践

国民党一大宣言说："国民党之民生主义，其最要之原则不外二者：一曰平均地权；二曰节制资本。"孙中山在另一处，又说民生主义有"四大纲"：资本、土地、实业与铁路问题、教育问题。其实，最主要的还是：平均地权、节制资本、发展实业。

（一）平均地权

孙中山认为，欧美所以解决不了社会问题，贫富严重对立，岌岌可危，在于没有解决土地问题。文明进步，地价日涨，地主不劳而获，坐享其成，自然富者越富，贫者越贫了。这是极不合理的。这一问题不解决，所谓平等就是空话。解决办法就是平均地权，实现土地国有化。1905 年同盟会成立，平均地权才最终确定为四大纲领之一：驱除鞑虏、恢复中华、建立民国、平均地权。

具体实施方案，综合起来便是：核定地价，照价纳税，涨价归公，照价收买。孙中山认为，行此法，私人永远都不必再纳税，但收地租一项，中国已成地球上最富的国家了。（不过后来孙又承认不再征收其他税款，是不现实的。说明其单税论有所修改。）这非孙独创，而是受西方资产阶级理论家的影响。

以平均地权实现国民平等，是一种理论设计，在实际上是否实现这一点，是另一回事，二者之间还存在很大的距离。一般贫苦民众，也未必感受得到。无地农民更关心的是获得土地。所以，更值得注意的是，孙中山进而提出"耕者有其田"，反映了其思想的进一步丰富与发展。

1924 年国民党一大宣言中讲到，沦为佃农者，"国家当给以土地，资其耕作"。这是第一次公开关注农民获得土地问题。同年 8 月，孙中山又概括为"耕者有其田"。平均地权只是强调国民共享土地增值的价值；而"耕者有其田"，则是明确承诺国家有责任让农民获得土地。这是晚年孙中山的巨大进步。

（二）节制资本

孙中山直到国民党一大，才在其宣言中，第一次提出节制资本，且与平均地权并列为二。他主张节制资本，不是针对资本，而是针对资本家；不是简单反对资本家，而是反对资本家垄断国家经济命脉。孙中山对资本的认识，不仅是节制资本一点，要看到，其中还包含另外两重思想：一是"发达国家资本"，二是利用外国资本。

对于引入外国资本，尽管有失乐观，但孙中山的国际视野与开放的心胸，却是值得称道的。

（三）发展实业

1912 年 4 月，孙中山辞去总统职位，他在告别演讲中说："今日满清退位，中华民国成立，民族、民权两主义俱达到，惟有民生主义尚未着手，今后吾人所当致力的即在此事。"表示今后以发展中国实业，实现民生主义为奋斗目标。

尽管因政权既失，国事不可问，壮志难酬，但孙中山并没有放弃自己的理想。1917～1919年，他著《建国方略》，其中之二《实业计划》，最能集中和系统地反映他的思考。

孙的计划宏大，富有想象力，以往多以为空想而已，改革开放后，现在人们多认识到它包含着许多真知灼见，尤其是国际的视野与开放的心胸，难能可贵。当然，民生主义也有其局限性。

1925年孙去世后，国共双方都强调自己是孙中山事业的真正继承人。民生主义（三民主义）成了双方争夺的政治资源，以证明各自的合法性。

在大陆期间，国民党并未真正实行民生主义。一方面，它借口孙中山说过民生主义可以包含共产主义，攻击中共，反对共产主义；另一方面，它在大陆期间未实行平均地权与"耕者有其田"，甚至连减租也不执行，为此失去广大农民支持，是其失败的重要原因之一。

退败台湾的国民党痛定思痛，除大力发展工商业外，将农村的土地改革提上议事日程。1949～1951年，分三阶段进行，才逐步完成了平均地权与"耕者有其田"的使命。

中共积极传承三民主义。

大革命失败后，毛泽东说，中共党人一直"是革命三民主义的最忠诚最彻底的实现者"，"在共产党方面，十年来所实行的一切政策，根本上仍然是符合于孙中山先生的三民主义和三大政策的革命精神的。共产党没有一天不在反对帝国主义，这就是彻底的民族主义；工农民主专政制度也不是别的，就是彻底的民权主义；土地革命则是彻底的民生主义"。

到抗战时期，中共再次声明："三民主义为中国今日之必需，本党愿为其彻底实现而奋斗。""中国的经济，一定要走'节制资本'和'平均地权'的路，决不能是'少数人所得而私'，决不能让少数资本家少数地主'操纵国民生计'，决不能建立欧美式的资本主义社会，也决不能还是旧的半封建社会。

谁要是敢于违反这个方向，他就一定达不到目的，他就自己要碰破头的。"

新中国成立后，中共在大陆依新民主主义方案，在农村进行土地改革，以激烈方式没收地主土地，实现了"耕者有其田"。同时，没收官僚资本，建立国有企业主导地位。1953～1956年，完成社会主义公有制改造。民营与私有经济被取消，农村土地由农民私有转为集体所有，直到十一届三中全会后才又得到调整。

上述大陆与台湾两种模式，得失正不易言。近年评说多隆后抑前，有些简单化。

四　孙中山民生主义的现代启示

民生主义提出于百多年前。今天的中国与当时的旧中国，不可同日而语。今天的中国不仅独立富强，且成世界第二大经济体。从总体上说，中国今天的发展已大大超越了当年孙中山的许多构想。但是，民生主义有丰富的内涵，对今天仍有启示的意义：

（1）关注民生，不断提升民生的品质，谋求人民的幸福，才是真正的和最终的硬道理；

（2）社会公平正义的实现程度，是检验一个社会是否合理的重要尺度；

（3）民生需与民权并重。

漫谈文学研究原理及方法

时间：2012 年 11 月 16 日下午 3：00～5：00
地点：首都师范大学国际文化大厦第七会议室

主讲人简介

朱虹，1953 年毕业于北京大学西语系。历任中国社会科学院文学研究所及外文所研究员、英美文学研究室主任及学术委员、外国文学系主任、研究生院教授及博士生导师、国际笔会中心会员。50 年代开始发表作品，著有专著《美国文学简史》（上、下卷，合作）、《狄更斯小说艺术》，评论集《英美文学散论》，译著小说集《中国西部小说选》（中译英），主编《外国妇女文学辞典》等。

梁景和（主持人）：

今天我们非常荣幸地请到了朱虹老师来给我们作一次讲座，朱老师新中国成立初期毕业于北京大学，之后一直在中国社会科学院外国文学研究所工作，1992 年以后一直在美国波士顿大学任教。朱老师在西方女性主义研究方面成果颇为丰富，也是我国早期研究女性主义的学者，今天非常高兴请来朱老师，利用这个机会，大家有什么问题可以向朱老师请教。下面欢迎朱老师作报告。

朱虹（主讲人）：

感谢大家来听我发言，我是非常愿意和你们一块儿学习、讨论的。今天我准备就文学研究的性质、文学研究的目的等方面讲一点心得，希望能使大家有所收获。

一　文学研究的性质

我一直在思考这样一个问题：研究和教书的关系是什么，首先我认为研究和教书并没有冲突，相反，教书是一个硬功夫，你对于怎样把一个问题讲清楚的思考，对于你在做研究时如何阐述清楚自己观点的思考是大有裨益的，所以做研究的学者应该教书，应该和学生交流互动。怎样使文科的研究活跃起来，这是和学生的挑战分不开的，我在美国教书时，亦深有此感。我在毕业之后，特别想从事教师和翻译这两个职业，但是出于各种各样的原因，我与这两份职业先后失之交臂，感谢中国社科院的何其芳老师，我进入了刚成立的中国社科院文学研究所，但一开始，让我感到困惑的是文学的研究范围要做的事情是什么？文学研究的性质到底是什么？文学艺术是不是意识形态？我初到中国社科院时，文学研究被赋予了很重要的任务，被给予了很高的评价。现在我个人认为，学术研究本身就是目的，我们不用为它辩护，更不用在此之外赋予它更多的意义和任务。

学术研究的领域很广泛，我们做研究的方法也有很多，但是我认为社会调查特别重要，通过社会调查，我们可以得到许多重要的、有价值的事实，而这在国内和国际上都特别受重视。美国东北大学的学者吉尔马丁就是这样一个榜样，吉尔马丁研究改革开放之后中国乡村的婚姻状况，他来到中国五年，一直在做乡村研究，可以说他在这一方面取得了不少的成就。又如，在美国关于中国知青上山下乡运动的研究有很多，他们认为，知青上山下乡运动是人类历史上最大规模的人口迁移。而在这方面我们研究的还很少，特别是女性，她们是一个弱势群体，有关她们的研究还很少。我觉得在调查和妇女研究的问题上，我们还有些过于回避同性恋这个问题，有资料指出同性恋是生理问题、先天性的，他们不应该受到歧视。在美国许多同性恋者之所以争取同性恋婚姻的合法性，是因为宪法赋予了她们在结婚之后所拥有的权利。另外，现在随着大批农民进城务工，社会上出现了一个严重的现象——留守儿童受到伤害的问题，特别是女童受到性侵害的问题，这是非常严重的，我们都知道这是一个需要立法来解决的问题，但是立法的前提是要有调查、有数据、有统计、有资料、有报道等，所以这就需要我们特别注意，这也是值得我们研究的。科研不是为什么服务，它本身就有价值，就有目的。另外，和妇女相关的问题。一方面我们有很多作家做研究、写文章，例如，冯瑗在山西作了关于收养方面的调研；另一方面，我们在现有条件下做的调查及研究还不够。调研本身就是科研，没有理论作支撑，我们既无法做调查，也无法寻找切入口和案例，所以，我个人认为在调查的基础上写的文章将会更有说服力，外国有学者先在最贫困的乡村做完调查，后又在调查的基础上写文章，这样的文章让人感觉特别有说服力。通过调查取得的资料使我们绝对有发言权。而现在许多调查做得还不够，我们需要扎扎实实地调查，给予关注和重视。以上是我从科研是什么性质、它的目的以及社会调查这些方面谈了一些自己的看法。

二　从观念到宗教

再谈到外国文学的问题上，我有这样一种感想，我们的一些基本观念和外国人的不太一样。他们往往从自己的观点出发，所以他们的道德观也是不以国家或者其他方面为中心而是以自己为中心。例如，在民众使用枪支的问题上，他们认为这是他们的权利，所以即使是发生了枪击事件，取消或者限制使用枪支也是很难的。他们的权利观念是极其敏感和牢固的。另外，当然还有利益驱动——枪支也是生意经。另外，在妇女流产的问题上的态度和我们也是不一样的，美国的民主党和共和党关于这一问题也存在不同的态度，民主党认为堕胎与否是女人的权利，别人无权干涉。而共和党则认为胎儿也是生命，没有人可以干涉。他们都是从个人生命的价值出发。他们的出发点和我们不一样，我们多从整体利益考虑。我们在看作品时也都存在一个问题，怎样理解那些跟我们自己不一样的观点和观念。对外国文学作品，他们自己对作品的内容"一目了然"，而我们则需要在理解他们的文化及文化传统以后才能明白作品的内容。他们的道德是内在的对自己的要求和约束，所以对于"大义灭亲"是否是一种高尚品德，我们双方也是见仁见智的，我们通常视大义灭亲为一种高尚品德，他们则不会，他们认为找家属作证是不人道的，双方在这一点上互不理解。我这一辈人在文章中读到的关于外国的"以人为本"是从文艺复兴开始的，在文艺复兴时期，宗教被认为是愚昧的，宗教是以神为中心的，文艺复兴打破了宗教，主张以人为本，提倡个性解放等，我们就是这样看西方文化的发展。我个人认为这样的观念并不完全符合事实，这应该是我们从苏联那儿套来的，因为宗教也是为了人，比如说基督教。王蒙并不相信基督教，他曾写过，一个人自愿地把自己钉在十字架上来拯救世人，这样的观念就是爱人，对于早期的革命者、共产党人，有人为了尊重钦佩他们的精神，就把他们的作为比作耶稣所做的事情。在一些外国的文学作品中，不论是哪个国家的早期革命党人，他们都不怕献出自己的生命，所以他们被比作自愿钉在十字架上的耶稣，因此我们不能笼统地说，宗教都是愚昧的。例如，英国文艺复兴的标志性事件就是拉丁文的《圣经》开始有了英文版的，普通民众因此可以不通过神父而完全靠自己去理解《圣经》，自己和上帝进行交流，这对人的观念的进步又起了促进作用。宗教可以激励人，并不都是麻醉人的。西方人许多观念就是从宗教来的，所以我个人认为，我们应该增加对宗教的理解，否则我们根本无法弄清楚西方人的许多观念。另外，文学艺术也和宗教有很大的关系，有些书的标题就是从宗教故事来的，例如《头七年》。

以往我们赋予文学艺术过重的责任和包袱，但是我认为，现在随着创作环境的改善，作家在创作时也比较自由，作为一名读者，我也对这些改变表现出了极大的兴趣和热忱，我翻译过一些当代的文学作品，比如苏童的作品。在当代的文学作品中，我也看到有残酷、丑恶、怪诞、变态等表现异类的，这些都比较有意思。

虽然现在有了自由的写作环境，我们可以自由创作，抒写我们内心的意愿和被我们认为是符合时代潮流的思想，但是我们不能忽视老一辈学者在他们的时代里所付出的努力和作出的贡献。有人认为，现在讨论丁玲、冰心等老一辈的学者貌似就是落伍，我以前也没有觉得丁玲的作品有何突出之处，但是后来我给学生开了"女性文学"这门课，在上课的过程中我开始一字一字琢磨丁玲的文字，我觉得她很了不起，我们是达不到她的那种境界的。另外，冰心写的"爱"也是为国际所公认的大作，这种泛爱我们是写不出来的。伟大的作品和经典永远都是经典，它涉及人类灵魂的最深处，需要我们每一代人的挖掘，而我们每一代人在挖掘的过程中也都会有新的发现，比如说在《战争与和平》中，纳西亚站在窗前第一次意识到了自己的青春，这些东西不是随便就能写出来的，而是需要我们一代一代人的琢磨。德国一位学者说过，你在少年、中年、老年时期所读的莎士比亚肯定都是不一样的，每一代人都有自己的发现。

我在美国看过《万尼亚舅舅》，作者本人似乎说过它是喜剧，但是我们都觉得挺悲情的，怎么都没有看出它的喜剧因素。然而扮演主人公的 Jacobi 在获得爵位和许多殊荣后，仍然能够潜下心来花费十年的功夫去研究为什么它是喜剧，该怎样把剧本中的喜剧因素给表现出来，这是极其难能可贵的，所以名著永远是有生命的，艺术也永远需要新的挖掘。

我们的作家是很了不起的，比如说早为美国和欧洲所注意的莫言。我们暂时仍缺乏为世界所瞩目的大作家。当然在未来，我们还会出现了不起的作家，然而在当代，我觉得女性作家更有使命感，《人到中年》就是一部不错的具有使命感的小说，所以，对于当前的小说，我在看的同时也在期待着更多的作品。

最后我再补充一点关于女性文学史方面的内容，我在美国看到过女性作家肖沃尔特写的《美国女性文学：从殖民时期到20世纪》，她研究从1650年至2000年的美国女性文学，以20世纪60年代以后挖掘出的女性作家为主体。这本书通过对300多年间女性作家的创作进行梳理和评价，用百余名女作家在各个历史阶段的不同题材、体裁和主题的文学作品为支撑，表现一个多元化和多样性的美国女性文学，对传统的美国文学史做了难能可贵的必要补充。《美国女性文学：从殖民时期到20世纪》强调美国女性文化和历史在女性文学建构中的作用，突出展现女性文学所反映的女性文化和女性历史，关注女性文学与女性文化的互动，不仅揭示出女性文学与传统美国文学之间的区别，而且拓展了解读女性文学的视角，阐明了发掘女性文学的必要性。按17世纪、18世纪、19世纪和20世纪四个部分分为四章，每章前的"概论"从文化、社会和文学诸方面，对该时期女性文学的创作背景进行评价和总结，史论结合，以论带史，兼具资料、评论与理论的内容，对于学术研究和课堂教学均有很丰富的实用价值。我们都知道，一提起文学史，我们就有一个当然的观念，就是要贯穿阶级斗争或社会发展、文学本身的发展，风格的变化就体现在其中，好像只有这样才能找到这条线，就是文学史。而这本书就不求贯穿什么，它是从早期欧洲移民美洲时期，到独立战争时期，再到内战时期，一直到当前，她着重于每一时期出现了哪些作家，她们的特色是什么，她没有力图贯穿一条什么样的线索，我个人认为这也是一种不错的方法。这样的方法，不会出现因为自己在贯穿一条线索时出现与自己相违背的东西而选择删掉的现象。所以，我觉得写文学史也可以不拘一格。

讨　　论

王洪昌（首都师范大学历史学院硕士研究生）：老师，您对严歌苓熟悉吗？她是不是生活在美国，她的作品例如《金陵十三钗》您怎么看？

朱虹：严歌苓我认识，前些日子还见过她，是在一个活动上。她的作品我关注得比较少，她的作品还是在国内比较受关注。简单说一下《金陵十三钗》这部电影吧。它试图以一些"最脏"的东西来表现一种人性，无论是妓女还是那个给死人整容的人，他们的职业都是社会里最脏的，然而却做出了令人敬仰的事情。不过我觉得，影片表现得有些肤浅，太刻意表现人和人性的东西，让人看着有些牵强吧。

徐晨光（首都师范大学历史学院硕士研究生）：朱老师您好，我想问您两个问题。第一，您讲到文学艺术不是意识形态，作品本身就是价值所在。对此我深表认同。我的问题是，民国作家林语堂的作品以闲适为特色，有些学者却从中硬看出民族大义，对此您怎么看。第二，您谈到妇女问题可以搞口述，通过调查进行实证研究，用数据说话。我由此受到启发。我的硕士论文研究近代中国的助产士，您出生于民国二十二年（1933），正好处在我的研究断限内，想向您请教的是：您母亲生您时是否是在医院，是否由助产士接生？

朱虹：第一个问题，对于文学作品，每个人可以有每个人的不同看法，文学批评并不是一门科学。第二个问题，我出生在天津城内的福临里，具体的出生情况我不清楚，但我的父亲是留学生，我应该出生在医院，并由助产士接生，以后我可以再去仔细查查相关情况。

战争的想象：抗美援朝运动中的
流言蜚语与政治宣传

时间：2012 年 12 月 13 日下午 3:00～5:00
地点：首都师范大学北一区文科楼 408 会议室

主讲人简介

马钊，毕业于中国人民大学，2000 年赴美国约翰霍普金斯大学（Johns Hopkins University）留学，2007 年获得历史学博士学位，曾执教于乔治华盛顿大学（George Washington University）、纽约州立大学（State University of New York），现为圣路易斯华盛顿大学（Washington University in St. Louis）东亚语言文学系、历史系双聘中国近代历史文化助理教授。

余华林（主持人）：
今天很荣幸请来马钊老师为大家作报告，马老师报告的题目是《战争的想象：抗美援朝运动中的流言蜚语与政治宣传》，下面请大家以热烈的掌声欢迎马老师！

马钊（主讲人）：
自 1950 年 6 月 25 日朝鲜内战爆发之后，北京就笼罩在紧张的政治气氛之中。虽然中南海内的中共高层领导没有立即作出入朝参战的决定，但是庞大的宣传机器已经得到指示，开始进行广泛的时事教育和政治动员。7月10日，随着"中国人民反对美国侵略台湾朝鲜运动委员会"的成立，在中宣部的直接指导下，于7月17日至23日在全国范围内开展了"反对美国侵略台湾朝鲜运动周"，声讨美国的宣传攻势达到了新的高潮。9月15日，美军在仁川登陆，朝鲜局势急转直下，中共高层领导着手整军备战。有关参战的讨论和决策并没有向基层传达，但是普通大众已经能够从新闻报纸上感到战争日益临近。

10月26日，《中共中央关于在全国进行时事宣传的指示》明确要求报纸广泛报导美国侵略台湾和朝鲜，并逐步肃清亲美、恐美的错误思想，增加有关加强国防和整顿社会治安的评论。10月27日，毛泽东指示宣传工作要少报作战新闻，突出抗美援朝的政治鼓动。11月2日，志愿军入朝两周后，《中共中央关于在全国进行时事宣传的指示》再次发出，要求宣传工作突出两点内容：（1）我国对美军扩大侵朝，不能置之不理；（2）我全国人民对美帝国主义应有一致的认识和立场，坚决消灭亲美的反动思想和恐美的错误心理，普遍养成对美帝国主义的仇视、鄙视、蔑视的态度。遵照一周前毛泽东的指示，这次宣传工作的重点不是战况介绍，而是强化政治教育攻势，该指示要求"各地报纸及各人民团体与社会人士发表评论、宣言、谈话"，要突出"广泛宣传和拥护抗美援朝运动"的声势。依照中共中央的指示和宣传工作的部署，《人民日报》从11月5日开始，连续刊登了"北大清华燕京等校学生纷纷报名志愿赴朝抗美、各民主党派宣言受到广大师生拥护"（11月6日头版）、"首都文艺界集会讨论拥护各民主党派宣言　纷纷签名志愿赴朝参战"（11月6头版）、"响应民主党派联合宣言　京市五团体发表宣言决心保卫祖国保卫幸福生活"（11月7日头版）、"北京人民印刷厂职工纷纷申请参加志愿军"（11月7日第三版）、"京市总响应各民主党派联合宣言开展抗美援朝保家卫国运动、全市职工纷纷讨论志愿援朝的各种办法"（11月8日第二版）、"北大、清华等校同学欢呼朝鲜人民军获得重大胜利，更增加了粉碎美帝侵略的信心"（11月10日第三版）和"北京市各界妇女成立抗美援朝机构、各界妇女纷纷表示保家卫国决心"（11月11日头版）等系列报道。不仅新闻媒体，文化机构与文艺团体也投身于这场浩大的宣传运动之中，共同弘扬了团结一致、同仇敌忾、中朝必胜、美帝必败的信念，不仅贯穿了1950年至1953年遍及城乡的抗美援朝、保家卫国运动，还最终成为一段难以磨灭的国家民族的历史记忆。

然而就在《人民日报》连续刊发首都各界群众全体响应党和政府的号召，热烈拥护抗美援朝运动的同时，11月12日中共北京市委宣传部悄然完成了一份题为《目前群众的几个思想情况》的汇报材料上报北京市委，材料中归纳了若干关于朝鲜战争和抗美援朝运动的错误思想，例如"为什么要出志愿军？志愿军援助作战的前途如何？""美国一贯的门户开放政策，起码在客观上与中国有利，中国免遭瓜分之祸""原子弹不能决定战争的胜负，倒也有道理，可是它能决定我个人的命运"，以及"高丽棒子贩白面，不是好东西，该挨打，不要管"等。仅中共北京市委宣传部一个部门，自1950年7月初到11月初，4个月时间内，先后整理了11份"思想情况"汇报材料。与此同时，北京市各城区党委、共青团、妇联、工会、行业公会、文教机构、厂矿、街道等也从事同样的工作，将所属部门和社区的干部、职工、学生、商户、住户对战争和政策的反映汇总报告。在整个抗美援朝、保家卫国运动中，各级宣传部门、政府的行政管理机构、人民团体和单位、街道等将整理思想情况汇报纳入日常工作。凡有重大事件或政策决定（如志愿军入朝、五次战役、汉城撤守、和谈、细菌战、战俘遣返、签署停战协议等），各级干部都十分注意了解各单位和各阶层，特别是重点人群（政府干部、工人、学生、教师、商人和旧政权清退人员）的思想动向。通过研究流言蜚语中体现的基层民众对战争和政策的各种反应，以及党政部门针对这些"错误认识"而制订的信息收集、整理、汇报和应对的机制，我们可以从新的角度研究抗美援朝运动和 50 年代初期的共产党政权的政治鼓动和社会改造。

第一，宣传工作不是单线、单向、由上到下、由政府到基层的政策宣讲，流言蜚语和其他来自基层的声音决定了宣传工作的内容和重点、宣传的方式和步骤。普通大众远离中南海的决策中枢，没有机会参与重大政策的讨论，甚至在基层宣传过程中，宣传干部被要求刻意回避敏感问题，例如《中共中央关于在全国进行时事宣传的指示》中要求"一切负责人不要谈到援助朝鲜的具体方法问题，在被询问时可说我们相信中央人民政府必能决定正确的对策，我们虽不知道中央决策的内容，但人民可以提出自己的意见"。但是市井闲谈和流言蜚语形成了无所不在的基层舆论，成为影响高层决策的重要因素。

第二，成长于战争年代的中国共产党，娴熟地掌握了战争环境下如何通过宣传鼓动工作动员人民大众投身于政治运动和社会改造，但是朝鲜战争和之前的土地革命、抗日战争、解放战争不同，硝烟弥漫的战场远在千里之外的异国他乡，普通大众无法亲身经历战场上的枪林弹雨和残垣断壁，他们只能通过各种新闻和文艺的媒介，间接了解战争的进展，想象战场上惨烈的搏杀与壮烈事迹。因此，抗美援朝运动中的宣传工作，是要通过各种宣传媒介向普通大众提供正确的战争想象，要把美国想象成为"中国的敌人""全世界的敌人""纸老虎"，而中国将以正义者的身份投入战场，以胜利者的姿态结束战争。同时，抗美援朝运动正处于新中国成立之初，随着共产党革命胜利建立政权，它从政权的争夺者变成了执政者，宣传工作作为政治斗争的一条特殊战线，在政策和手段等方面都要相应作出调整。调整之一就是如何确立共产党对宣传工作的领导地位，不仅要扩大自身的宣传能力和宣传队伍，还要管理、引导、改造党政体制外的私营出版和文化机构。借助报纸、广播、讲座、黑板报、电影、纪录片、小说、戏剧、曲艺等不同媒介，向基层大众灌输一种经过精细信息过滤和高度政治加工过的战争的想象。然而，思想汇报中收集的各种流言蜚语反映了另一种关于战争的想象，它所突出的不是党和政府所弘扬的爱国主义、英雄主义和国际主义的主题，而更多的是对战争死亡的恐惧，对战争的社会代价的不安，和对冷战中政治角力和军事冲突的不安。表面上看，政治宣传和流言蜚语针锋相对，但实际上它们是同一枚硬币的正反两面，两种截然不同的战争想象，共同塑造了一场想象的战争。

第三，政治宣传和流言蜚语所建构的战争的想象都建立在对战争和政治信息的加工的基础上。党和政府的宣传部门具备有利条件，拥有广泛的信息收集渠道，这包括军事机密、战报、随军记者报道、新闻纪录片影像资料等。但是，所有信息都被放在政治框架内做了重新筛选和加工，从而佐证党和政府决策的正确和可行，最终营造出团结的景象、必胜的信念和抗美援朝保家卫国的国家叙事。流言蜚语被宣传机构定义为错误思想、谣言，甚至是反革命言论，因为它不是官方渠道生产，也不符合官方制定的宣传路线，所以丧失了合法存在的基础，成为被纠正、被消灭、被监控、被批驳的对象。但是流言蜚语并非完全虚构或捏造，它也有一定的事实根据和信息来源，更重要的是，它与当时基层社会中的不安、恐惧，以及对新生政权的怀疑和敌视相契合，由此获得了强大的生命力和持续影响。流言蜚语将笼罩在战争亢奋中的北京变成了一个充满信息的社会，它与政治宣传不断博弈，最终形成了对政府信息控制的软性对抗。

讨　论

张弛（首都师范大学历史学院博士研究生）：该如何定义谣言？50 年代大陆开展的"反基督教运动"中散布了大量对当时的教堂教会负面的传言，很多背后都有政府宣传运作的成分。

马钊：我这里所引用的谣言，大部分是来自政府的认定，即非官方认证的、在坊间传播的"小道消息"。从这一点可以看出，谣言是否成谣，在相当程度上取决于发出者、散布者的身份。但可以肯定的是，谣言都是主观创造的，至于其中有多少真实有多少虚幻，就涉及对其包含的信息进行处理的问题了。

谭君（首都师范大学历史学院硕士研究生）：您所采用的以文化史去解读政治史的方法，是否会产生矫枉过正、过犹不及的风险？

马钊：自从有了文化史，历史就没有了终极意义，成为"负数"。每个个体都有对历史自己的想象，历史很难被定义，更难有明确、放之四海而皆准的结论。我用文化史去解读政治史，并非想以前者取代后者，也不可能取代。而是利用前者的方法和框架，打开新的视域，因为重要的不是谣言的具体内容，而是其背后运作的机制。

张弛：马老师，您把《人民日报》与《纽约时报》相对比，是否会有主观立场上的偏颇？因为这是两份性质完全不同的报纸。

马钊：我所做的对比，并非为了证明《纽约时报》一定比《人民日报》更加客观公正。50 年代的美国盛行麦卡锡主义，大量报道失实。但可以肯定的是，任何体制的国家都有宣传，不过有的隐蔽有的直白。

具体到宣传手法上，中美在对"战争的想象"的塑造上手法出奇地一致。拿两部中美各自反映朝鲜战争的电影为例，一部是中国人尽皆知的《英雄儿女》，另一部是美国拍摄的《猪排山》。它们在表现敌军攻势时，均采用了人海战术。众所周知，在现代战争中，没有哪支军队会真的采用这种容易造成极大伤亡的战术进行冲锋。而电影的这种表现手法背后所折射的机制正是为了把对立面（他者）化为非人的存在，而己方的战士则不仅是人还是英雄，这样才能使大规模的杀戮成为可能，使之获得合法性。

婚姻家庭法的伦理性
及其立法延展

时间：2012 年 12 月 19 日下午 3:00~5:00

地点：首都师范大学国际文化大厦第九会议室

主讲人简介

夏吟兰，中国政法大学教授，博士生导师，兼任北京市妇联副主席、全国妇联执委、中国法学会婚姻家庭研究会会长、中国婚姻家庭研究会副会长、北京市妇女法学研究会副会长等职务。研究方向为妇女人权、亲属法学和继承法学。美国富布莱特访问学者（1996~1997），澳门法务局法律专家（1999~2000）。

梁景和（主持人）：

我们有些同学可能对夏老师比较熟悉，夏老师是中国政法大学的教授，博士生导师。夏老师是婚姻法研究、婚姻家庭研究的著名学者。今天非常荣幸请来夏老师给我们作报告，机会难得。利用这个机会我们可以和夏老师进行交流，向夏老师请教。夏老师这次报告的题目为《婚姻家庭法的伦理性及其立法延展》，下面我们欢迎夏老师！

夏吟兰（主讲人）：

非常感谢王老师和梁处长，给我这次机会和青年学者就婚姻家庭问题做一些交流，可能更多的是需要大家做一些探讨。我最近在做一个项目"民法典体系下的婚姻家庭法的新架构研究"，大家非法律专业出身，可能不知道，民法典是法律人的梦想，中国是一个大陆法系国家，而大陆法系中最重要的法典是德国民法典，德国民法典是平等主体的身份关系和财产关系的规范。亲属法是民法典的重要组成部分，所谓亲属法就是我们的婚姻法或者说是婚姻家庭法，婚姻法这一名词的来源是苏维埃时期的苏维埃婚姻法。因为婚姻法是规范婚姻关系和家庭关系的法律，所以从名称上也可称为婚姻家庭法或亲属法。因为亲属涵盖了婚姻关系和家庭关系，大陆法系中的许多国家包括德国民法典都叫做亲属法。我的这个项目是为了阐述我们从民法典的进程当中怎样来看待婚姻法和其他民法部门法律之间的关系。虽然咱们对伦理性有了更多的了解，但是立法过程中对伦理性是如何看待的呢？这就是我这次报告的题目的由来，接下来我主要从三个方面进行阐述，第一是婚姻法的伦理性（伦理价值）是由婚姻家庭关系的属性决定的；第二是改革开放以来，中国婚姻家庭的观念以及状况的变化；第三是现代婚姻家庭法的发展趋势，即作为立法，其在道德观念和伦理观念的变化过程中会有怎样的发展趋势？

一　婚姻法的伦理价值是由婚姻家庭关系的属性决定的

在婚姻家庭关系当中，它的属性主要是两个方面：自然属性和社会属性。婚姻家庭关系是社会关系的一种，婚姻家庭关系和其他的社会关系最主要的区别就是它的自然属性，即两性关系和血缘关系。婚姻家庭关系是社会关系内在的、固有的属性，是产生婚姻家庭、社会规范的前提和基础，我们在做一个法律规范的时候，肯定不能背离其自然属性，违背自然属性，法律就无法规范婚姻家庭生活，不能和生活相一致。实际上，法律的行为规则是和人的自然生活相一致的，法律在一开始就是自然法，在没有法律之前就已经有了婚姻生活，而这种婚姻生活后来又演变为规则，再后来则演变为伦理，婚姻家庭关系伦理就是人伦关系，这种人伦关系又为法律所验证，即实证法。婚姻家庭的自然属性的表现形式主要有三种：第一是男女两性的性差别和人类的性本能，这是男女结合的生物基础或者说是生理基础。婚姻家庭的自然属性其实就是性差别、性吸引。无论是异性恋还是同性恋，他们之间都存在性吸引和性差别。第二是种的繁衍，种的繁衍是家庭在生物学上的自然功能，人类的生产有两种，一是物质资料的生产，一是种的繁衍，二者是相互依存的。其中，种的繁衍本身就是自然功能。大自然的规律，就是人的本能，也最符合人性。第三是家庭成员间的血缘联系及由血缘联系产生的亲属团体，该亲属团体是客观的自然形成的生物联系。我们每一个人都有自己的亲属团体，我们每位同学都有父母、亲戚以及将来自己的子女等，这些都是血缘联系和亲属团体，而这些亲属团体都是自然形成的生物联系。

我个人认为，我们婚姻家庭法的自然属性是完全不能忽视的，法律最开始的过程就是对两性关系限制的过程，排除直系血亲之间的通婚，降低疾病发生率，提高人种的质量，这也是人与动物的区别。人类发展到今天，经过各种实验的过程，并最终证明一夫一妻制是符合社会稳定发展的理性选择。另外，自然属性与法律的关系——婚龄。每个国家制定的婚龄都必须得和人的成熟年龄相一致，确定法定婚龄的第一要素就是自然属性，违背自然规律的法律是无法实施的，最终的结局也必然导致犯罪率上升，这就与我们立法的初衷相违背了。所以，自然属性对婚姻家庭立法来说是极其重要的，是立法者在讨论立法的过程中必须要考虑的一个重要因素。

婚姻家庭法的另外一个属性就是社会属性，我们通常讲社会属性是社会制度赋予婚姻家庭的本质属性，它是决定婚姻家庭制度发展、变革的最主要的力量。人的自然属性在几千年的历史长河中并没有发生实质性变化，然而婚姻家庭却发生了明显的变化，这种变化也包括法律规定在内。从基本原则上来说，例如，传统封建社会时期实行一夫多妻制，而在现代社会中我们实行的是一夫一妻制。这其实是男女平等以及整个社会制度的变化所产生的变化。法律的变化反映的是伦理观念的变化和社会制度的变化，一个社会经济的发展必然会引起它的政治、文化、道德伦理等的变化，而这些变化反过来又会推动婚姻家庭制度的变化，在每一个时代中，婚姻家庭制度都发生了很大的变革，而这些变革自然是不能脱离自然属性的。伦理价值决定了婚姻家庭法的一个特殊属性，使其与民法中的其他法律相区别，同时婚姻家庭法又不能脱离社会发展，必须和政治制度、道德发展以及文化发展相一致，所以说，伦理性是婚姻法的重要特点。伦理道德和法律是相互影响、相互作用的，司法解释三之所以在社会上引起很大的反响，就在于它脱离了婚姻家庭制度的一个重要特性——婚姻家庭关系的团体主义。在婚姻家庭当中，我们考虑的应该是婚姻和家庭的共同目标，而不仅仅是个人的发展，从这个意义上来讲，我们会考虑社会的基本单位是什么，我们认为家庭是社会的基本单位，而西方人则认为个人是社会的基本单位。我个人认为，个人可能只是组成社会的最小的单元，但就一个单位来讲，家庭才是组成社会的基本单位。当我们说社会和谐的时候，它必然和家庭的和谐有着密切的关系，所以，我们才有家和万事兴的说法，家庭在一个社会当中占有非常重要的地位。我们的婚姻家庭立法的倾向必须是团体主义的，鼓励大家愿意为家庭作贡献，而不是去强调个人主义。婚姻中的一个非常重要的价值观是利他主义，只有有了利他主义，婚姻才可能维持下去。一桩婚姻当中必须要有相互妥协、相互宽容的成分在。当我们讲财产制度时，我们都知道，现在的夫妻财产制度是婚后所得财产共同制，其最重要的理念就是婚后所有财产都归夫妻双方共同所有，不问财产来源，这就是利他主义，这其实也就是婚姻家庭关系的团体主义。

所以，婚姻家庭的伦理价值是由婚姻家庭关系的属性（自然属性和社会属性）决定的。

二　中国婚姻家庭观念及状况的十大变化

婚姻家庭观念在社会发展过程中受到了来自社会的方方面面的影响，我个人认为，婚姻家庭观念的变化非常迅速，我把婚姻家庭观念的变化总结为以下十点。

第一，择偶观的变化，从新中国成立到现在，择偶观的一个重要变化就是从政治到多元，我必须指出的是，这里讲的择偶观的变化是专指女性的，女性的择偶观的变化在一定程度上也反映了社会的变化：20世纪50年代，女性的择偶观是嫁英雄，60年代、70年代嫁工农，80年代嫁文凭，90年代嫁富翁，在新的时代里，择偶观则出现了多元化，所以，我讲到从政治到多元。

第二，性观念的变化，即从禁锢到开放，新中国成立后性禁锢的观念是相当严重的，现在则是相当开放的，许多人完全没有所谓的性禁锢的观念，所以性观念的变化是相当大的。

第三，择偶方式的变化是由媒婆到媒体，在传统婚姻中，媒婆占有比较重的地位，而现在媒介成了重要的"媒婆"，媒体资源的丰富也使择偶观念发生了重要变化。

第四，结婚仪式的变化，即由俭朴到奢华，大家都知道，以前的结婚仪式是非常简单的，多数是先领证，然后再摆两桌酒席宴请自己的亲友就算完婚了，现在的观念则有了很大的变化，好像越来越追求奢华了。

第五，生育观的变化是由多子到丁克，传统观念是"多子多福""养儿防老"，到后来的"英雄母亲"，生的越多越好，到现在则是同居、不结婚、不生育，即所谓的丁克，即便是结了婚，也选择不生孩子，这其实对社会未来的发展有很大的消极作用，因为社会生产的一个重要方面就是种的繁衍。

第六，亲子观的变化是由"老子"到"孙子"，中国传统社会是父权制社会，父亲绝对是"老子"，传统观念是"父让子死，子不得不亡"，中国传统社会中的十恶之首就是不孝，而现在许多父母则是以孩子为中心，满足孩子的一切愿望，未来亲子关系的变化是需要我们关注的。

第七，离婚方式的变化是从限制到自由，从法定程序来讲，离婚有两种形式，一是行政程序上的离婚，即登记，双方都同意离婚就到登记机关办理离婚手续；二是诉讼程序上的离婚，如果双方中有一方不同意离婚，或者是对财产问题和子女抚养问题达不成一致就需要通过诉讼程序。从民事诉讼法的角度来讲，现在的离婚诉讼程序有两种，一是简易程序，即法官形式上的调节，二是普通程序。从目前来看，我个人认为，中国是世界上离婚最自由的国家之一，在西方许多国家是没有行政程序离婚的，当事人必须要到法院办离婚，他们认为婚姻关系是最重要的身份关系，所以它的解除必须通过法院，由法官来裁判财产的归属和孩子的抚养问题。其实，长期以来苏联是中国办理离婚的一个榜样。苏联曾经出现过离婚"杯水主义"，只要一方愿意离婚，就可去婚姻登记机关办理离婚，结果造成了大量孤儿的出现。罗素曾说，如果一桩婚姻中不涉及他人可以离婚，但是，若婚姻中有了孩子，则必须要考虑孩子。我认为这句话说得很好。在现代社会我们之所以会对离婚采取一定的限制，就是在于对家庭、对子女的一种责任。所以，从离婚方式上发生的变化，我们可以看出离婚是比较自由了，但是我们不能因此过分轻易地使用我们的权利。

第八，家庭模式的变化是由联合到核心，传统家庭是几代人住在一起，就是所谓的联合家庭，现在绝大多数家庭是核心家庭，即一对父母和他们的孩子在一块儿生活，当然现在社会上还存在丁克家庭，而在社会学界，单人也被认为是家庭，所以现在的家庭模式发生了很大的变化。

第九，家庭财产的变化是由简单到复杂，新中国成立后最开始的家庭是没有多少财产的，一直到 80 年代以后才有私人财产，现在我们的财产越来越多了，我们财产的形式也越来越复杂了，面对财产形式复杂化的发展趋势，婚姻法也要为这些发展趋势发生相应的变化，而这些最终也会导致婚姻法越来越复杂。

第十，家庭价值观的变化是从团体到个人，我们都知道现在社会上越来越多人强调个人主义。

总的说来，婚姻更自由、家庭更民主、财产更丰富、道德更多元、社会更物质、人情更淡薄、社会老龄化、家庭多元化，是对我们现在家庭的整个状况的描述和概括。

三 婚姻家庭立法的发展趋势

婚姻家庭立法的发展趋势不仅仅表现在中国，国际社会也有这样一种发展趋势。

第一个趋势是私法公法化。婚姻家庭法是民法典的一部分，民法强调的是私权利，每个人都是独立的，公权力对私权利的侵犯是司法学者需要特别注意的，但是在婚姻家庭法当中，私法公法化是国际社会发展的一个重要趋势，现在的立法趋势，则是强调国家公权力对家庭的干涉，国家公权力介入家庭的理由是对人权的保障，而在家庭中，对人权的保障则是对家庭中弱势群体的保证。

第二个趋势是承认婚姻家庭观念的多元化。许多国家逐渐减少对婚姻的限制性条款，也就是承认婚姻家庭观念的多元化，如同居、同性恋等在许多国家的限制性条款越来越少，对于疾病，除了精神病外都是可以结婚的，精神病人之所以不能结婚，是因为违反了婚姻的自愿原则。这些都体现了婚姻家庭观念的多元化。

　　第三个趋势是强化对弱者利益的保护，维护家庭稳定。在现代社会，当我们的性关系越来越混乱，我们的家庭解体越来越容易的时候，西方国家则是在回归传统。当家庭的价值被越来越多地认可时，在立法的过程中，有越来越多的立法开始对婚姻价值观认可，对维护家庭稳定认可，这也是一种立法机制。在许多国家，离婚都有考虑期，比如在德国和美国，他们出台了《困难条款》，即离婚是自由的，但是有一方处于极度苦难时期，那么这种离婚自由是要受到限制的。我认为程序上的这些限制在现代社会是必然的，当然这是我个人的看法。

　　第四个趋势是注重程序公正，设立多元化的纠纷解决机制。调节是中国的"东方经验"，现在在很多国家，离婚前的调节包括婚姻存系期间的咨询、婚姻的辅导都起到了特别重要的作用，我们称之为多元化的纠纷解决机制，因为在婚姻中存在矛盾很正常，问题的关键是我们应该怎样解决，这是最重要的。离婚并没有解决问题，因为婚姻中的矛盾依然存在，可能在以后还会显现。所以，很多国家都设立了多元化的纠纷解决机制，让当事人认识到自己的问题所在，这在某种程度上也维护了家庭的稳定。

　　以上的这些婚姻家庭立法的发展趋势，在中国立法过程中也在体现这样一种变化。这就是我今天要讲的内容，下面，大家有什么问题，咱们可以在这里相互讨论一下，谢谢大家。

讨　论

董怀良（首都师范大学历史学院博士研究生）：夏老师，您好！费孝通先生说"婚姻不是件私事"，这句话是在中国当时社会条件下的总结，是说婚姻是由社会力量的干预促成的，但是在现代社会，尤其是改革开放以后，私人生活逐步从公共生活领域中分离出来，家庭生活和社会生活分离的观念越来越强，婚姻中越来越注重个人的感情，越来越基于当事人双方的自由意志，社会干预越来越弱，在现代社会中，如何理解现代社会中"婚姻不是件私事"？

夏吟兰：我个人认为，从法律上讲，婚姻的权利一定是私权利，属于私法领域，但是私权利会涉及社会利益，我很赞成费先生"婚姻不是件私事"这句话，在现代社会也是这样，现代社会婚姻自由度增高，社会的干预不像以前那样强烈，但是任何婚姻都不可能纯粹是两个人之间的私事，婚姻还要考虑家庭、社会等方面的因素，受这些因素的制约。从法律上讲，结婚不是公共的权利而是个人的权利，但是它确实也会产生社会影响，所以，我们常说离婚不是一件私事，它一定会产生对对方、孩子、社会的影响。

蔡霞（首都师范大学历史学院硕士研究生）：夏老师，您好，法律现在对于平等这一观念已经有了形式上的规定，男女之间在一开始是不平等的，是男高女卑的，在女权主义兴起之后，通过不断呼吁男女平等之后，法律才开始有这样的规定，同样，如果法律上有第三性别的形式，那么它会不会在以后演变成一种实质呢？

夏吟兰：其实你提到的是程序正义的重要性，我们讲人权时，其实并不分性别、种族、肤色等，所有的人及其人格都是平等和独立的，但是，在程序上，我们更关注的是对少数人的保护，因为少数人是容易被忽视的。比如说残疾人，他们占的比例是极少的，但是许多人都认为残疾人的权利是必须要受到保护的。所以，我们在关注人群和权利的时候，我们更强调的是少数人的权益，通过形式主义的关注最终使其达到实质上的平等，所以形式很重要。

廖熹晨（首都师范大学历史学院博士研究生）：夏老师，我有两个问题请教您：第一，我们刚才提到，法律有对弱势群体进行保护的趋势，但是我个人认为司法解释三其实是对强势群体的保护，请您谈一谈您对婚姻法司法解释三的看法。第二，您刚才谈到了法律对文化的引导作用，我个人认为法律是对文化提供一种合理性，您认为法律对文化的作用是什么？

夏吟兰：谢谢你的问题。我首先回答你的第一个问题，我个人认为司法解释三实质上是给了法官一把尺子，从法律上讲，因为我们是大陆法系，我们重视的是成文法，我们是有法律规范和法律原则的，同时我们赋予法官以自由裁量权，法官在规范和原则范围内有权根据自己的心理判定来裁判，但是这样做的一个结果就是你刚才所讲的不公正，因为这会使判决在一定程度上有了法官的主观因素。我认为司法解释三的很多条款都是有问题的，因为它不符合我之前提到的婚姻团体主义。

关于法律对文化的影响，我认为，法律是有倡导性的，这涉及法律与道德的关系。实际上，一方面，法律一定是和主流的道德相一致的，道德是多元化的，但是我们法律是对主流道德的确认，比如说，父母抚养子女，子女赡养父母，这就是我们的主流文化，我们需要确认；另一方面，法律对道德也有引导作用，当道德多元化时，作为立法者，我们需要确认什么样的道德，比如说第三者的问题，它其实是2001年修改婚姻法的一个重要原因。所以，我个人认为，法律一方面是对主流道德的确认，另一方面法律对文化具有重要的引导作用。

孙卫（首都师范大学政法学院硕士研究生）：您刚才提到法律对道德是有引导作用的，针对社会上存在的一些状况，您觉得伦理道德会在哪些方面起到作用？

夏吟兰：其实，法律的作用是有限的，虽然说法律对道德具有引导作用，但是法律是道德的底线，有时候法律是苍白无力的，但是就像刚才所讨论的，在婚姻家庭中，公权力到底有多大的干预力度？比如说，第三者的问题。我个人认为，从目前的情况来看，这个问题是没有解决方法的。这需要我们更多的讨论以寻求解决的方法。

孙卫：现在法律已经这么苍白无力了，道德所能起的作用实在是太有限了。

夏吟兰：我个人认为，在某种意义上，道德比法律更有约束力，但是出现这样的状况，其实是我们没有共同的道德观和核心价值观，比如，我们多是以欣赏的态度来谈论"家里红旗不倒，外面彩旗飘飘"。

孙卫：我觉得现在社会越来越遵循"家里红旗不倒，外面彩旗飘飘"这样的社会状况了。

夏吟兰：我觉得我们在一定程度上受到西方文化的影响，但是我们受中国传统文化的影响其实更大，比如说传统文化中的一夫一妻多妾的影响。

梁景和：夏老师今天的讲演非常精彩，我们讨论得很热烈。好，我们今天就讨论到这里，谢谢夏老师！

后　记

　　这本《中国现当代社会文化学术沙龙辑录》取名为"社会·文化与历史的思想交汇"，是因为我们的系列沙龙活动是多学科、多角度、多层面的学术交流与互动，主要涉及社会、文化、历史等多方面思想活动的阐释与研讨。我们邀请了校内外、京内外、国内外从事历史学、文学、社会学、艺术学、法学的教授、研究员、作家和其他学者24人作为我们学术沙龙活动的主讲嘉宾。他们（以沙龙主讲的时间先后为序）是：饶芃子、白路、郭双林、施雨、印红标、林湄、耿化敏、李国彤、常建华、周兵、朱汉国、李城外、潘鸣啸、石川照子、方刚、施玮、秦方、柏棣、蔡鑫、区建英、郑师渠、朱虹、马钊、夏吟兰。这些主讲嘉宾以自己独特的文化旨趣和学术视野，以个体的学科背景，围绕具体的问题，进行有针对性的讲解和阐述。听者由此受到了多学科不同方法和学科规范的启示，同时也被多学科的学术魅力所吸引。在讨论和交流中，思想的互动，也给听者以多方面的感悟和启迪。因为是沙龙活动，讲述者无需刻板的讲授形式，讲解方法灵活多样，讲授内容可多可少，讲授时间可长可短，现场气氛活跃，参与者轻松自由。讨论与互动也自然灵活：讲授者与听者的对话，听者之间的对话，讲授者的自问自答，听者的自问自答，各类形式，皆无不可。沙龙活动的目的不是为了获取系统的知识，而是要开阔视野，学习方法，锤炼思维，增加智慧，所以沙龙活动是很有实际意义的学习实践活动。

后　记

　　最后，我谨对以上 24 名专家学者致以崇高的敬意和衷心的感谢！今后还请各位不吝赐教。

梁景和

2013 年 4 月 3 日

图书在版编目（CIP）数据

社会·文化与历史的思想交汇：中国现当代社会文化
学术沙龙辑录. 第 2 辑/梁景和主编. —北京：社会科学
文献出版社，2013. 8
　ISBN 978-7-5097-4937-1

　Ⅰ.①社…　Ⅱ.①梁…　Ⅲ.①社会科学－文集
Ⅳ.①C53

中国版本图书馆 CIP 数据核字（2013）第 180911 号

社会·文化与历史的思想交汇
——中国现当代社会文化学术沙龙辑录（第二辑）

主　　编/梁景和
副 主 编/黄胤英　芦　玮

出 版 人/谢寿光
出 版 者/社会科学文献出版社
地　　址/北京市西城区北三环中路甲 29 号院 3 号楼华龙大厦
邮政编码/100029

责任部门/人文分社（010）59367215　　　责任编辑/许　力
电子信箱/renwen@ ssap. cn　　　　　　　责任校对/白　雪
项目统筹/宋月华　吴　超　　　　　　　　责任印制/岳　阳
经　　销/社会科学文献出版社市场营销中心（010）59367081　59367089
读者服务/读者服务中心（010）59367028

印　　装/三河市尚艺印装有限公司
开　　本/787mm×1092mm　1/20　　　　印　　张/17.6
版　　次/2013 年 8 月第 1 版　　　　　　字　　数/295 千字
印　　次/2013 年 8 月第 1 次印刷
书　　号/ISBN 978-7-5097-4937-1
定　　价/69.00 元